楞嚴經講記

——第七輯

——平實導師 述

ISBN 978-986-6431-11-1

以離念靈知心爲眞如心者，是落入意識境界中，與常見外道合流，名爲佛門常見外道；以六識之自性（見性、聞性、嗅性、嚐性、觸知性、警覺性）作爲佛性者，是與自性見外道合流，名爲佛門自性見外道。近代佛門錯悟大師，不外於此二類人之所墮。

以六識論而主張蘊處界緣起性空者，與斷見外道無二；彼等捨壽時若能滅盡蘊處界而入無餘涅槃，彼涅槃必成斷滅故，名爲佛門斷見外道。此類人恐生斷見之譏，隨即益以「意識細心常住」之建立，則返墮常見之中；一切粗細意識皆「意、法因緣生」故，不脫常見外道範疇。此等人，皆違聲聞、緣覺菩提之實證，亦違佛菩提之實證，即是應成派中觀之邪見也。

《楞嚴經》既說眞如心如來藏，亦同時解說佛性之內涵，並闡釋五蘊、六根、六塵、六識、六入全屬如來藏妙眞如性之所生，附屬於如來藏妙眞如性而存在及運作。如來藏心即是第八識阿賴耶識，妙眞如性即是如來藏心體流露出來之神妙功德力用，諸菩薩目之爲佛性。

此經所說法義，迥異諸經者，謂兼說如來藏與佛性義，並將蘊處界入等一切法攝歸如來藏妙心與其功德力用之中。其中法義甚深、極甚深，謂言詞古樸而極簡略，亦謂其中妙義兼含地上菩薩之所證，絕非明心後又眼見佛性之菩薩摩訶薩所能意會，何況尚未實證如來藏之阿羅漢？更何況未斷我見之應成派及自續派中觀師？其餘一切落入意識境界之當代禪宗大法師，皆無論矣！有大心之眞學佛而非學羅漢者，皆應深入熏習以求實證之。

目次

第十五輯：

自序

《楞嚴經講記》是依據公元二〇〇一年夏初開講《楞嚴經》時的錄音，陸續整理為文字編輯所成，呈獻給讀者。期望經由此經的講經記錄，利益更多學佛人，藉以生起對大乘法教的仰信，願意景行景從而發起菩薩性；亦藉此書熏習大乘法義，漸次建立正知正見，遠離常見外道意識境界，得斷我見。同時可由深入此書中所述法義的如實理解，了知常住眞心之義，得離斷見外道邪見；進而可以明心證眞，親見萬法都由如來藏中出生，成為位不退之實義菩薩，親自觀察所證如來藏阿賴耶識心體，絕非常見外道所墮之神我。並能現觀外道所墮神我，實由其如來藏所出生之識陰所含攝，不外於識陰範疇。乃至緣熟之時可以眼見佛性，得階十住位中，頓時圓成身心世界如幻之現觀，不由漸修而成，一時圓滿十住位功德，或能得階初行位中，頓超第一大阿僧祇劫三分有一。如是利益讀者，誠乃平實深願。

然而此經之講述與整理出版，時隔九年，歲月淹久，時空早已轉易；當時為令學人速斷我見及速解經中如來藏妙義而作簡略快講，導致極多佛性義理略而未說，亦未對部分如來藏深妙法義加以闡釋，已不符今時印書梓行及流傳後世之考量，不符大乘法中菩薩廣教無類及顯示勝妙眞如佛性義理之原則。是故應當加以深入補述，將前人所未曾言之如來藏深妙法義中，可以梓之於文者，以語體文作了大幅度增刪，令讀者（特別是已悟如來藏者）得以前後再三閱讀思惟而深入理解經義。由此緣故，整理成文之後，於潤色之時特地作了補述及大幅度增刪，令讀者得以一再閱讀深思而理解之，藉以早日轉入菩薩位中，遠離聲聞種性；並能棄捨聲聞法義之侷限，成眞菩薩。此外，本講記是正覺同修會搬遷到承德路新講堂時所講，當時新購講堂之錄音設備尚未完善，更無錄影設備，是故錄音時亦有數次漏錄情況，只能在出版前另以語體文補寫，一併呈獻給讀者。

大乘經中所說法義，單說如來藏心體者，已經極難理解，是故每令歷代名聞諸方之大師難以理解，更何況《楞嚴經》中非唯單說如來藏心，實亦兼涉佛性之實證與內涵。如來藏心體對六塵離見聞覺知，而如來藏的妙眞如性—佛性—則對六塵不離見聞覺知，卻不起分別，亦非識陰覺知心之見聞覺知；欲證如來藏心體及眼見佛性者，修學方向與實證條件差異極大，苟非一一實證者，縱使讀懂此經文義，亦無法實證之。何況此經文句極爲精鍊簡略，今時人之文言文造詣亦低，何能眞實理解此經眞義？而欲證知經中所說如來藏心與佛性義，欲求不起矛盾想者，極難、極難矣！特以佛性之實證、內涵、名義，古今佛教界中所述紛紜，類多未知佛性、或未實證眼見佛性現量之凡夫所說者；如斯等人或讀此經，必然錯會而誤認六識之見聞知覺性爲常住之佛性；以是緣故，亦應講解此經而令佛教界廣爲修正舊有之錯誤知見。

然而此經中有時亦敘述如來藏具足令人成佛之體性，如同世親菩薩所造《佛性論》之意涵，並非《大般涅槃經》中世尊所說十住菩薩眼見佛性，亦非此經中所說佛性—妙眞如性—現量境界之實證眞義；由是緣故，凡未親證如來藏又未眼見佛性者，往往誤會此經中所說十八界六入等境界相即是佛性境界，墜入六識之見聞知覺性中。是故九年前講述此經時，已依此經所說佛性眞義而略述之，並依此經所說第一義眞義，略加旁述佛性之理；然未盡說，預留讀者將來眼見佛性之因緣，故已隱覆佛性密意而略述佛性之義。藉此覆護佛性密意之宣演佛性方式，促使讀者將來明心之後更有眼見佛性之因緣，得以漸次成熟；或於此世、或於他世，得以一念相應而於山河大地之上，親見自己的佛性，頓時成就世界身心如幻之肉眼所見現量境界，不由漸修而得，一念之間頓時圓成第十住滿心位之身心世界如幻現觀。

又，地上菩薩由無生法忍功德所成就之眼見佛性境界，能由如來藏直接與眾生心相應；雖然凡夫、賢位眾生之心仍不知已被感應，但地上菩薩往往已經於初次相見之時，即已感應其如來藏所流注之種子，由此而知彼眾生往世曾與菩薩結下善緣或惡緣。未離胎昧之已入地菩薩眼見佛性時，具有如是功德，故能由此直接之感應，作出對彼凡夫位、賢位等菩薩應有之開示與因應，此即是三地以下菩薩隨順佛性以後，在無宿命通、天眼通之情形下，仍能妥善因應眾生根性之緣由所在。如是，諸地菩薩於眼見佛性之後所得智慧，迥異十住菩薩之眼見佛性境界智慧，非十住位至十迴向位菩薩所知。一切未眼見佛性而已明心之賢位菩薩，更未能知此。

至於尚未明心而長處無明長夜中之意識境界凡夫菩薩，更無論矣！皆名凡夫隨順佛性。聲聞種性僧人及諸外道，總將識陰六識之見聞知覺性錯認為佛性，據以誣謗十住菩薩之眼見佛性境界，何況能知諸地菩薩所隨順之佛性智慧境界？唯能臆想而妄加誹謗爾。然諸佛所見佛性，又異於十地、妙覺、等覺；謂諸佛眼見佛性後，成所作智現前，能以五識各自流注而成就無量利益眾生之事，化身無量無邊，非等覺及諸地菩薩所能臆測。故知眼見佛性者，層次參差不一，各各有別，少聞寡慧者並皆不知，乃至已經眼見佛性之十住菩薩仍不能具知也！如是眼見佛性境界，則非此經之所詳述者；故我世尊已於別經再作細說，以令圓滿化緣，方得取滅而以應身方便示現進入涅槃。如斯佛道意涵，深邃難知，苟非已有深妙智慧者，難免誤會而成就大妄語，或因難信而生疑，以致施以無根誹謗，未來捨壽後果堪憂；是故平實於此序文中預爲說之，以警來茲，庶免少聞寡慧凡夫聞後惡口謗法，捨壽之後致遭重報。

此外，時值末法，每有魔子魔民身披佛教法衣演述常見、斷見外道法，轉易佛門四眾同入常見外道、斷見外道知見中；更有甚者，身披法衣而住於如來廟堂之中，實行印度教外道性力派—坦特羅「佛教」—譚崔瑜伽男女雙身合修之意識貪觸境界，夜夜乃至白晝公然宣淫於寺院中，成爲彼等眾人寺院中的公開祕密，唯獨淺學信徒不知爾。如是邪說邪行，已經廣行於末法時代之學密佛教寺院中，台灣海峽兩岸亦皆已普及，極難扭轉其勢，豈符世尊法教眞義而不違佛制戒律？身披僧衣而廣行貪淫之行，墮落識陰境界中，豈能相應於眞心如來藏離六塵貪愛之清淨境界？眼見如斯末法現象，平實不能不喟嘆末法眾生之福薄：屢遇如是宣揚外道法之邪師而不自知，更隨之暗地實修雙身法而廣違佛戒，日日損減自己每年布施眾生、供養三寶所得福德。

更有甚者，一心追隨邪師而認定邪法為正法，不知邪師每每身現好相，佯為實證及清淨之人；學人由無明所罩故，以護法之善心而與邪師共同造下破法之愚行，將了義勝妙之正法謗為外道神我、外道自性見；亦將弘揚正法之賢聖謗為外道、邪魔，坐令邪師勢力增廣，導致邪法弘傳益加普及。是則因於無明及名師崇拜，以善心而造惡業；然猶不能自知眞相，每以**壞法**及**謗賢聖**之惡行得以成就，而沾沾自喜為**護法大功**焉，實可憐憫。今此經中，佛陀對此廣有開示，讀者若能摒棄以前追隨名師所聞之先入為主觀念，客觀地深入此書中，一一比對佛語而能深細檢驗；然後一一加以深思，並依本經所說蘊處界功能本質及生滅性之現量加以現觀，即可遠離既有之邪見而轉入正知正見之中；若能正確了知之後，益以正確之護法善行而積功累德，何愁此世無有實證如來藏而悟入大乘菩提之機緣？乃至福厚而極精進者，亦得眼見佛性而圓滿十住位之世界身心如幻現觀。

末後，令平實不能已於言者：對於中國佛門中已存在百年與藏傳佛教密宗已存在數百年之宗喀巴外道法因緣觀及菩提道次第，亦應由此經義而廣破之。謂百年來常有大法師遵循日本學術界中少數人的錯誤觀點，一心想要以學術研究所得取代佛法特重實證的經中教義；而日本近代此類所謂佛學學術研究者，本質仍屬基督教信仰者急於**脫亞入歐**而提升日本在國際上之學術地位，想要與歐美學術界分庭抗禮；於是出之以嘩眾取寵方式而極力批判佛教，冀離中國佛教而且上於中國佛教，於是乃有批判中國傳統佛教如來藏教義之舉——三十年前日本「批判佛教」學派於焉誕生。於是專取四阿含文字表相法義，並扭曲四阿含法義，宣演外道六識論爲基調之因緣觀，取代佛教四阿含所載八識論之因緣觀，自謂彼之謬論方屬眞正佛法，主張一切法**因緣生**故無常，誣指中國傳統佛教如來藏教義爲外道神我。然而，如來藏屬第八識，能出生外道神我，而法界中亦無一法可破壞之，此是一切親證如來藏者皆可現觀而證實之現量；外道神我則屬第六意識或識陰六識，被如來藏所生，乃生滅法；一主一從，二者天差地別，焉可等視齊觀？由此證知日本袴谷憲昭、松本史朗創立批判佛教之學說，純屬無明所言戲論，並無實義。

六十年來台灣佛教則由印順及其派下門人，奉行印順源自天竺密宗之宗喀巴六識論應成派中觀，採用基督教信仰者反對實證之西洋神學研究方法，曲解四阿含中所演八識論因緣觀正理，刻意否定中國禪宗法教之如來藏妙義，貶爲野狐禪及外道神我；藉此表相建立其不落「俗套」而異於傳統佛教之「超然、不迷信」假象，然後佛光山、法鼓山、慈濟追隨印順而奉行之。

然而印順派之思想本質，乃外道六識論之因緣觀，近承日本不事修證之學術研究學說，遠紹宗喀巴、阿底峽、寂天、月稱、佛護等六識論諸凡夫論師；謂彼等因緣觀外道如是主張：**純由根、塵作爲因緣，即能出生六識**。又主張意識常住不壞，公然違背聖教。如是外道因緣觀，全違法界現量─違背現象界中可以現見之事實─諸法不自生、不他生、不共生、不無因生之事實，全違龍樹中觀之教示。

而印順派所闡釋之因緣觀、應成派中觀，正屬龍樹所破之**他生**與**共生**之外道因緣觀；復又違背四阿含中處處隱說、顯說之八識論因緣觀──由第八識如來藏藉所生根塵爲因緣，出生識陰六識（詳見拙著《阿含正義》七輯之舉述），本質正屬外道六識論邪見之因緣觀。今此《楞嚴經》中更出之以**五蘊**、**六入**、**六界**、**十二處**、**十八界皆屬如來藏妙眞如性所出生**之深入辨正，以九處徵心八還辨見之細膩法義，令知「**識陰六識不能自生**，**根不能獨生識**，**塵不能獨生識**，**根塵不能共生識**，**虛空不能無因生識**」等正理，完全符契四阿含諸經所說義理，而更深入闡述正義。如是深入辨正已，阿含聲聞道所述佛門因緣觀正理即得以彰顯，突顯佛門八識論因緣觀異於印順及宗喀巴之外道六識論因緣觀所在，則佛門學人即可遠離外道因緣觀邪見，疾證聲聞菩提乃至佛菩提，終不唐捐諸人一世之勤修也！

佛法特重智慧，是故成賢證聖而入實義菩薩位中，世世悅意而修菩薩道；或者捨壽後速入三塗永爲凡夫而受苦難，多劫之中常與眞實菩提絕緣，世世苦修仍不得入門，茫然無措；如是二類迥異之修學果報緣因，端在當前一念之中：是否願意客觀分辨，及實地理解諸方名師與平實所說法義之異同所在，不依道聽塗說而盲從之，實即憑以入道或下墮之樞紐及因由也！願我佛門四眾弟子皆能冷靜客觀而深入比較及理解，然後理智而不盲從地作出抉擇。審能如是，則此世即已建立修學佛道之正確方向；從此一世開始，佛道即能快速而悅意地修學及實證，非唯永離名義菩薩位，亦得永斷三塗諸惡因緣，眞成實義菩薩，何樂不爲？

此書既然即將開始潤色而準備梓行，於潤色前不免發抒感想、書以爲文；由是而造此序，以述平實心中感慨，即爲此書印行之緣起。

佛弟子 平實 敬序於竹桂山居

時值公元二〇〇八年 春分

第七輯：

《大佛頂如來密因修證了義諸菩薩萬行首楞嚴經》卷第四

（上承第六輯未完內容）

【「阿難！汝今欲令見聞覺知、遠契如來常樂我淨，應當先擇死生根本，依不生滅圓湛性成，以湛旋其虛妄滅生，伏還元覺，得元明覺無生滅性為因地心，然後圓成果地修證；如澄濁水貯於淨器，靜深不動，沙土自沈，清水現前，名為初伏客塵煩惱；去泥純水，名為永斷根本無明；明相精純，一切變現不為煩惱，皆合涅槃清淨妙德。」】

講記：佛說：「阿難！你如今想要使自己的見聞覺知心，可以遙遠地契合未來佛地的常樂我淨境界，應當先抉擇導致你不斷死了又生的根本所依，依於根本心不生不滅而圓滿湛然的本性來成就；以這個本來澄湛的如來藏妙眞如性，來轉變自己錯認虛妄性的見聞覺知性；滅掉有生之見，降伏有生有滅的見聞覺知而返還到原來就有的眞覺中。這樣證得原來即已光明鑑覺的無生滅性如來藏，作爲現在因地證悟時的眞實心，然後次第進修而在未來無量世以後圓滿成就佛位的果地修證。這就如同想要澄清濁水而儲存於清淨無染的容器中，這濁水幽深安靜地放久了不動，濁水中的沙土成分漸漸下沈於底部，於是清水就現前了，這樣就稱爲初次降伏客塵煩惱。接著去掉底部的土泥，那時的純水就稱爲永遠斷除根本無明。當這個光明的法相再繼續精粹純淨以後，一切諸法再度被變現出來時，就全都不是爲了煩惱而變現出來的，那時的見聞覺知就完全符合涅槃寂靜、不生不死的清淨微妙功德了。」

「**阿難！汝今欲令見聞覺知、遠契如來常樂我淨，應當先擇死生根本，依不生滅圓湛性成，**」佛開示說：「阿難啊！你如今想要使生滅性、不淨性的見聞覺知心，能夠遠遠跟未來三大無量數劫以後如來果地常樂我淨互相契合，」見聞覺知心證悟而轉依如來藏以後，要與如來地的常樂我淨遠遠地互相契合——遠契，表示證悟以後到達佛地的過程不是很快就可以完成的。凡夫地都是以見聞覺知心作爲眞實不壞的自我，其實是生滅法。但是證得常住法如來藏以後，距離佛地的常樂我淨境界還是很遙遠；因爲如來藏心體雖然是本來清淨的，但如來藏心體中卻仍有極多不淨的七識心相應種子等待淨除，所以眞悟以後，距離未來果地如來常樂我淨的境界還是很遙遠。雖然如此，所有人修學成佛之道卻都必須在因地先證如來藏，必須先跟如來藏心契應；唯有這個如來藏心才能遠契佛地常樂我淨境界——成佛時仍然是這個第八識心體而不改變，成佛過程中必須改變的只是心體中的各類種子。如果在因地時所證的是見聞覺知心，那是識陰所攝的虛妄心，不能去到未來世，更不可能去到無量數劫後的佛地，當然與佛地常樂我淨之無垢識如來藏不是同一個心，就無法契應佛法了，那當然不能「遠契如來常樂我淨」。

「若是想要遠契如來果地的常樂我淨，就應當要先揀擇死生的根本，」然而死生的根本是什麼？事實上並不是意識在死生，可是眾生不瞭解，都以為自己的覺知心死了，二十年後又是一條好漢，認為下一世仍然是此世的覺知心。所以惡人知道要被砍頭時，竟然也不怕，還放話說：「老子二十年後再來找你算帳。」他不曉得這一死，經由中陰境界入胎後，覺知心永斷，下一輩子根本不記得這輩子被砍頭的事了！因為下一世已經是另一個全新的覺知心，不是同一個覺知心了！當然都不記得前世曾經想要找人家報仇了。所以惡人放狠話，那劊子手才不管他，照斬。這就是說，世俗人根本不曉得覺知心只存在一世，都是想要用這個覺知心到後世去，總以為覺知心就是死生所依的根本心。

如今佛門中的大法師們也和那些世俗人一般，卻不曉得覺知心只要一入胎就永滅了，永遠都不會再有同一個覺知心生起了。覺知心只可以去到中陰，中陰身裡的覺知心生起時，就好像睡了一覺又醒來一樣，都記得生前的種種事情；可是這個中陰身裡的覺知心一入胎就永滅了，下輩子的意識覺知心，是依下輩子的五勝義根頭腦爲緣，和意根配合，才能從如來藏中出生；那已是另一個全新的意識，並不是今生的意識，所以不會記得此世的事情了！可是當代的大法師們都與世俗人一樣不瞭解，錯認見聞覺知爲死生所依的根本心。這證明他們都沒有智慧揀擇死與生的根本心。

學佛人最重要的事情就是要先懂得揀擇，要先確定見聞覺知心是不是死生的根本所依。死生的根本，意思是說，有情之所以會死了又生、生了又死，是以什麼爲根本所依？才能這樣生生世世不斷地死了又生？有智慧的人觀察覺知心夜夜生滅，也觀察覺知心要依頭腦五勝義根爲緣才能生起，而這五勝義根是無法去到未來世的，於是就知道見聞覺知心不能貫通三世，當然不是無量世不斷死生的根本所依，就可以推知一定是另外還有一個不生滅的常住心，才能使生滅性的見聞覺知世世一再生滅，才是一切死生的根本。既然祂是常住的心，當然是無生無滅而從來都不會動心；從來都不會動心，就是永遠湛然如如的心性，這樣的心性才是能夠圓滿成就諸法的常住心。證得這樣的湛然之心，就是「**不生滅圓湛性成**」。

「**以湛旋其虛妄滅生，伏還元覺，得元明覺無生滅性為因地心，然後圓成果地修證；**」證得不生滅而且圓湛性成的如來藏心，已經能現觀祂的妙眞如性，了知如來藏的圓滿湛然自性以後，要依不生滅而「**圓湛性成**」如來藏心本來清淨的自性來修行，來修正覺知心自己原來染污的心行，使清淨自性的如來藏心中所含藏的覺知心自己的染污種子改變，漸漸轉易成清淨種子，不再認爲見聞覺知的自己是常住不壞心；這就是「**以湛旋其虛妄滅生**」，要把見聞覺知心對自己的虛妄認知滅除，這就是有見地了！然而行爲還是無法一時就改過來，得要經由不斷地修行來改變，這叫作「**伏還元覺**」。

也就是說，如來藏心是覺知心的本體，從來不曾有生滅；而意識覺知心是有生滅之法，是依如來藏心才能生起與存在，晚上一睡著就暫時斷滅了。到了半夜裡作夢時，覺知心又出現，這就是又出生了；當夢境過去了，覺知心又不見、又斷滅了，直到天亮時醒來，覺知心才又出生，所以覺知心是有生滅法；有生滅法間斷而不存在時，不可能再度無中生有，一定要有另一個常住心繼續存在，才能在因緣適當時再度生起有生滅的覺知心。只有如來藏才是不生不滅法，意識是因緣所成之法；而如來藏是圓湛性成，是本來就具足圓滿性，也是本來就澄澄湛湛而不曾被六塵所動轉。如來藏這種體性是本來成就而不是修來的，悟後修行而降伏覺知心，還歸於如來藏的元覺（如來藏原來就有清淨的眞覺之性）；這樣證得如來藏「元」有的光明本覺無生滅性，作爲因地所證悟的眞實心；才能次第進修滿足三大阿僧祇劫，圓滿成就將來成佛時的果地修證。

當然，這一段經文所說親證如來藏後的「伏還元覺」，就是轉依如來藏的本覺。但這樣修行仍未完成悟後的見道內容，因爲還要經歷見性一關，這也屬於大乘見道的內容之一；這就是「得元明覺無生滅性爲因地心」，這也就是明心以後進而眼見佛性時所見的眞覺，這裡暫不解釋。「得元明覺」的「無生滅性」作「爲因地心」，才能在將來「圓成果地修證」。所以，想要成佛的人必須先完成大乘見道位的功德，而大乘見道位的功德是包括眼見佛性的，光是明心不但成不了佛，其實是還沒有具足完成見道位的功德。所以《大般涅槃經》說，菩薩如果不曾眼見佛性，最多就只能進修到第九地，沒有辦法進到十地中；若是想要進入十地，那時得要補修眼見佛性的證境才行。雖然九地善慧地有四無礙辯，天下無敵，但還是進不了第十地啊！當十地菩薩宣講見性的境界時，明心直修到第九地的你，可就完全聽不懂啦！如果是在十住位就先眼見佛性了，將來要從九地進入十地時可就快得多了！然而見性以後也不等於是初地心，因爲大乘見道的內容很廣，所應斷的大乘見道所斷的異生性也很寬廣難斷，也還有許多功德都沒有完成，是無法入地的，何況是往佛地前進。所以明心開悟而且眼見佛性以後，得要除性障；性障不除，永遠都只是十住位的賢位菩薩，始終進不了初行位，更別說是進入初地、二地啦！因爲悟後「伏還元覺」的修行內容都還沒有實行，仍然是依覺知心原來的不良習慣性在過日子。一定要繼續降伏自己，讓自己轉依如來藏澄澄湛湛的清淨性，也轉依如來藏直接運作及顯現的佛性，這樣「伏還元覺」而且住在「元明覺」的「無生滅性」的佛性中，作爲因地心；然後繼續次第進修而一步一步圓滿成就將來果地的修證，才能成佛。

「**如澄濁水貯於淨器，靜深不動，沙土自沈，清水現前，名為初伏客塵煩惱；**」這就好比把濁水澄清的過程。本來是清水，由於有人把沙土丟進去，成爲濁水了；後來把濁水舀起來放在容器中，這個容器要稍微埋進土裡才不會被搖動；這樣讓濁水完全靜止不動，時間久了以後就開始沈澱下來，濁水中的沙土成分就會自然地越沈越深，時間久了以後清水自然就漸漸現前了。

沙土比喻煩惱，清水比喻覺知心已經清淨了；也就是說，要讓妄心盡量少攀緣，只要「**靜深不動**」，時間久了以後「**沙土自沈**」，煩惱自然就漸漸地減少了，於是覺知心就回復到以前清淨的模樣了，這就是清水重新現前啦！這樣便叫作「**初伏客塵煩惱**」。

爲什麼叫作客塵呢？客塵是講六塵。六塵永遠都是來來去去的，而眾生的「**元明覺**」並沒有來去。見聞覺知心若是能夠制心一處，也可以假名爲沒有來去，因爲安住不動了嘛！這雖然不是眞正的沒有來去，但是悟後歷緣對境這樣長時間修行，煩惱就因爲這個緣故而沈澱不起，佛性的作用就能一分又一分漸漸地顯示功德，這就是降伏了客塵煩惱，不再被外境所擾動了。

「**去泥純水，名為永斷根本無明；**」降伏客塵煩惱是阿羅漢的境界，然而菩薩一樣要修證，就是把煩惱障的現行斷除。煩惱障的現行斷了就是清水的境界，雖然已經是清水了，卻是只斷現行而不斷習氣種子；因爲清水的底部還有一層沙土沈澱著，只是暫時不會再揚起來而已，所以沒有現行。但是沙土畢竟還是在啊！只要有人來擾動時，沙土煩惱還是會演變成現行而使清水渾濁的，所以接下來要設法成爲「**去泥純水**」。「**初伏客塵**」從戒慧直行的菩薩來說——從大乘五十二個階位次第修行的菩薩來說，是應該證得三果解脫的，所以還不是阿羅漢。但若是阿羅漢迴心大乘來開悟明心、眼見佛性而次第進修上來，那麼這個「**初伏客塵**」的菩薩可就同時是阿羅漢了！

這時已經不會有三界煩惱現行了，可是清水底部的沙土還在，也就是習氣種子都還眠藏在如來藏心中，一旦遇緣時，還是會有輕微的現行。所以接著應該要把清水底部的泥沙除掉，成為「**去泥純水**」，這就是永斷根本無明；也就是煩惱障習氣種子斷盡了，成為八地菩薩。由於三界愛的習氣種子都已斷盡而不再有微細現行了，如同聲聞阿羅漢一般斷盡思惑，卻不像阿羅漢還不曾斷除習氣種子；這時就好像把那一缸清水底部的沙土去掉，成為「**去泥純水**」，就說是永斷根本無明。這時的「**永斷根本無明**」，並且是已經證得七地以前的所有無生法忍果了，所知障所攝的根本無明已經斷盡了，而煩惱障習氣種子也永遠不會再現行了；因為三界愛的習氣種子已經全部斷盡了，只剩下所知障所攝的無記性的無始無明隨眠了，這就是「**去泥純水**」。

「**明相精純，一切變現不為煩惱，皆合涅槃清淨妙德。**」成為「**去泥純水**」以後，還得要繼續進修，也就是把所知障中尚未斷盡的無記性的無始無明隨眠也全部斷除，到最後「**明相精純**」了，也就是如來藏以及祂的「**覺精**」所顯示的光明相已經非常精純，一點點雜質都沒有了——所知障隨眠都已斷盡，那時可以做無量諸法的變現，而那時所變現的無量諸法，全都不是由於所知障隨眠上煩惱，或是煩惱障習氣種子下煩惱作爲原因來變現的。那時都不是因爲煩惱而變現諸法，都是自然而然因爲眾生有所需要，所以就感應而變現的。這種究竟清淨性的變現，完全合於涅槃的清淨妙德。

涅槃就是不生不滅、不來不去、無生無死的寂靜性，這不屬於三界法，是無生與寂靜；是本來就無生無死、本來寂靜，正是如來藏心的清淨自性，永遠都不會與三界六塵中的一切煩惱相應。然而，菩薩悟後修行汰換覺知心的不淨觀念與行爲以後，到達佛地究竟清淨時（也就是連習氣種子及無始無明上煩惱全都斷盡而不再有異熟性種子時），如來藏就不只是本來心體自身的清淨，而是連心體中所含藏的七識心種子全都清淨了；這時到達佛地，是第八識如來藏內外俱淨了，成爲佛地眞如心而同時具有五別境心所法，就可以由如來藏直接跟眾生心互相感應，卻仍然是不動的佛心。

佛地這種能與五別境心所法相應的如來藏境界，是等覺、妙覺菩薩所不知的，卻是從因地證悟之後就一點一滴開始修行而漸漸發動，只是明相仍很不精純，得要到了佛地「明相精純」時才能夠與五別境心所法相應，那時才能具足出現。只有到達佛地「明相精純」了，如來藏才能與五別境心所法相應，那時所變現的一切法「皆合涅槃清淨妙德」。若是還沒到這個時節，覺知心有時還是不合涅槃清淨妙德的，而如來藏也還不能與五別境心所法相應，所以一切等覺、妙覺菩薩都對諸佛無比恭敬。你們看 維摩詰居士去找阿羅漢開示時，都先跟阿羅漢頂禮，可是隨後說起法來可就咄咄逼人了！因此凡是不迴心的阿羅漢們個個都怕，沒有一個人不怕他；甚至於少數菩薩，譬如光嚴童子、持世菩薩等人也都怕他呀！都不敢領命去向 維摩詰居士探病，爲什麼呢？都因爲還是有一小部分煩惱障種子隨眠沒有斷盡，也因爲所知障中無記性的無始無明大部分隨眠都還在。

所以等覺菩薩雖然沒有慢心，願意向層次那麼低的阿羅漢們頂禮，可是爲阿羅漢們說起法來，還是咄咄逼人；因此，大家都怕等覺菩薩，只有等覺菩薩不怕等覺菩薩。所以維摩詰居士那一世示現爲等覺菩薩時，可眞是人人都怕他，這樣才能崇顯諸佛的至尊與珍貴。那時大眾所知的只有一位 文殊師利不怕他，因爲沒有人敢應 佛之命去看 維摩詰的病情，都只因爲明相還沒有完全精純。也許有人聽我這樣說，心想：「那我見了佛可就不會恐懼啦！因爲佛是很慈悲的。」那也不盡然！所有佛弟子見了諸佛時確實都不害怕，因爲諸佛都不會讓你害怕；當大眾見到佛時都會一直想要親近，可是佛的威嚴特重，你是不敢在心中放肆的。

等覺菩薩跟佛的威嚴相比，可就差太遠了！諸佛的威嚴非常之重，只要是見上一次，那眞是印象深刻。因爲你當時一直很想親近佛，可是又覺得祂的威嚴很重，一點點都不敢放肆，心中都不敢隨便動一個念頭，佛就是有這樣的威德。這就是由於「明相精純」了，才能夠有這種威德。這時才是眞實的常，不只是如來藏心體常，連如來藏所含藏的七識相應種子也都完全不再變異了，內外俱常；而廣大福德也完全滿足了，才會有這個現象。這眞是大慈大悲又是大雄大力，讓你不得不畏懼；又同時流露出無比的慈悲，讓你一直想要親近而不願離開。所以那種畏懼跟世間的畏懼不同，或許可以說是非常深厚的敬重而不敢有一點點放肆；同時流注出無比的大慈與大悲，讓你一直想親近佛，讓你覺得在佛身邊沒有任何的憂慮，也不會有任何恐怖的必要。

見佛的感受是一種很奇怪、很難表達的體驗。如果將來你們有能力承接大任務，當佛要交給你那個任務時，你就有機會面見。那時你就會知道我眞是說誠實語，眞的是如此。而這樣的大雄大力大慈悲，只有「明相精純」時才能辦到，如果「明相」不夠「精純」就一定作不到，所以連等覺、妙覺菩薩也作不到。既然「明相精純」了，連一點點的異熟種子都斷盡了，當然那時「一切變現」都「不爲煩惱」；不論是無始無明的上煩惱，或者是煩惱障的起煩惱，都不相應，完全合於涅槃的清淨妙德。

【「第二義者，汝等必欲發菩提心，於菩薩乘生大勇猛，決定棄捐諸有為相，應當審詳煩惱根本：此無始來發業潤生，誰作誰受？阿難！汝修菩提，若不審觀煩惱根本，則不能知虛妄根塵、何處顛倒？處尚不知，云何降伏、取如來位？阿難！汝觀世間解結之人，不見所結，云何知解？不聞虛空被汝墮裂，何以故？空無相形，無結解故，則汝現前眼耳鼻舌及與身心，六為賊媒，自劫家寶；由此無始眾生世界生纏縛故，於器世間不能超越。阿難！云何名為眾生世界？世為遷流，界為方位，汝今當知：東西南北、東南西南、東北西北、上下為界；過去未來現在為世；位方有十、流數有三；一切眾生織妄相成，身中貿遷，世界相涉；而此界性，設雖十方，定位可明。世間只目東西南北，上下無位，中無定方；四數必明，與世相涉；三四四三，宛轉十二；流變三疊，一十百千。總括始終六根之中，各各功德有千二百。」】

講記：上一段經文中說第一義的道理，是所悟的**因地眞心必須與果地覺悟時的眞心**是同一個心，必須因地覺心能夠遠契未來佛地時的果地覺心；也就是所悟的眞心必須是常恆不斷而能去到三大阿僧祇劫以後，仍然是佛地的究竟心無垢識如來藏。假使現在因地時所悟的心是覺知心、生滅心，都還不可能去到下一世，更不可能去到三大阿僧祇劫後的佛地，那麼所證就不是第一義心，而是生滅心了。若是有人想要以只能存在一世的生滅性覺知心意識，遠契未來佛世的不生滅性無垢識如來藏，就不是眞的親證第一義了。不但如此，親證第一義心以後，還得要悟後精進勤修，將濁水澄清明淨以後，再將澄清後的清水底部土泥去掉，成爲究竟清潔的水，不論如何晃動——不論境界如何變化影響，始終都不會再有渾濁的現象，確實成爲佛地眞如，也成爲佛地隨順佛性的究竟境界。像這樣實修而證得因地心的人，才是實證第一義的菩薩，才能說他眞的開悟了。

以上所說「第一義」的主要內容是說，想要實證本覺妙心的人，一定要親證如來藏，不許落入意識離念靈知境界中，而且還得要眼見佛性，證得如來藏妙眞如性——覺精。可是事修上面又該如何修行？這可得要有一番正確的道理，大家才容易信入及實修，所以接下來開始解說第二義，從第二義門讓大眾比較容易入手親證第一義。佛說：「你們如果已經確定想要發菩提心了，想要在菩薩乘中生起大勇猛心；也已經決定要捨棄聲聞法所修——因爲聲聞法所觀行內容全都是蘊處界等有爲相上的法，那麼你們就應當要很詳細地觀察煩惱的根本。如何詳細地探究煩惱的根本呢？就是要探討清楚：這個能夠從無始劫以來不斷地發起種種業果，滋潤未來世一再受生的勢力到底是什麼？造業受果時又是誰造作了業行？然後是誰在受果？」

「誰作誰受」確實是個大問題，卻一直是當代佛教界所有大師與學人們都不關心的題目。若不弄清楚這個道理，就不知道法界實相的正理，又怎能有開悟般若實相智慧的因緣呢？究竟是誰作誰受呢？其實可以說是自作自受，也可以說是異作異受。但是我們今天暫且不講這個道理，留到宣講《菩薩優婆塞戒經》時再來解說；那部經中也有說到第一義，也是很微妙的義理，那時再來說（編案：已經講完並整理、出版，名爲《優婆塞戒經講記》，共八輯）。現在 佛陀提出一個很重要的題目：應當要先弄清楚發業與潤生時，究竟是誰作業？又是誰來受果？一般人大概都會想：「是過去世的我作的，所以由今生的我來領受。」這個想法，可以說「對」，也可以說「錯」；因爲這裡面有幾種說法，都不能說完全正確，也不能說完全錯誤，因爲是互相牽連而不可分割的。所以其中的異作異受、自作自受的道理，也得要弄清楚。

「阿難！你們想要修學佛菩提，如果不能詳細觀察煩惱的根本是從哪裡來的，就無法了知二乘解脫道所說六根六塵六識虛妄的現觀，是依什麼處所而說是顛倒的知見？如果六根六塵所依的處所都不能夠了知，當然就不知道根塵是依什麼處所而出生及壞滅的眞相，如何能降伏無明而證取未來如來境界的果位呢？阿難啊！你且看看正在世間修行想要解開生死結的人們，如果他們都沒有看見已經被打起來的結，又怎能知道要怎麼解開那個結呢？」

也就是說，修學二乘法解脫道的人，不必現觀蘊處界是如何從本識如來藏中出生的，只需信受 佛所說是由本識出生的，本識就是無餘涅槃中的實際，也就可以斷除我見與我執而出離三界生死苦了。但是菩薩卻必須親證本識如來藏，並且現觀本識是如何出生蘊處界的，才會知道蘊處界本來就屬於如來藏，全都要攝歸常住的如來藏心，於是蘊處界等生滅法就與如來藏合一而成爲不生不滅法了，這樣才能繼續進修成佛之道，不再落入聲聞法的滅盡一切法境界中，將來才能成佛。所以，修學大乘法的人都必須先弄清楚這個結的所在，不能修學大乘法，或是修學大乘法卻始終都不能實證，或是悟錯了，原因都是不知道錯證、錯悟的結是什麼。這個「結」其實就是不知道本識的正理，所以成爲盲修瞎練、錯修錯證；因此 世尊吩咐大眾要先瞭解「結」的所在，找到了「結」以後，才能打開「結」。

講到「結」，我記得大約半年前或一年前，有人問我關於佛像的手印，想知道我們這尊玉雕的釋迦佛像手印的緣由。這其實是《楞嚴經》的手印，表示正在解結。這個手印的起源，講到後面經文時你們就會理解了。你們如果家中想要建立佛堂，便於日常修行及供養而去請購佛像，有一種手印的佛像絕對不能請回家；這種手印是這樣的（導師以雙手作出一種手印），這是什麼佛的手印？是密宗所謂的大日如來手印。絕對不能請回這種手印的佛像，這手印是代表密宗藏傳佛教奉行的雙身法。這手印其實是喇嘛與明妃坐姿交合時雙方性器官的模樣，已經結婚的人自然懂得這個手印的由來。去年台灣的中華郵政發行了一組郵票，說是古代佛像大展的紀念；把其中一尊印在郵票上流通，我看了就覺得很難過，因爲那是密宗雙身法中冒名的大日如來像，那個手印正是藏傳佛教雙身法中男女二根交合的表徵。可是《華嚴經》中的大日如來（梵音：毘盧遮那如來）並不是這樣的，他們密宗把大日如來都給誣衊了！知道眞相的人都會覺得很痛心，不知道的人還拜得很虔誠呢！眞是眾生愚癡啊！

學佛得要有智慧，千萬別被邪師邪法給誤導了！同樣的道理，你要解結，一定要先知道結在哪裡，要先找到結的所在。然後 佛又開示說：「從來不曾聽說過虛空被你們拉下來打破，爲什麼呢？因爲虛空沒有模樣也沒有形色，當然不可能打結來讓你們解開的緣故；」這意思是說，如同虛空一般的如來藏，從來沒有結可以讓任何人來解開；因爲如來藏是本來自性清淨涅槃，而且是猶如虛空的體性啊！從來沒有生死結存在，誰能把如來藏的結拿來解開呢？結只存在於眾生的五陰世間，或者只存在於覺知心中，如來藏本身並沒有結，因爲如來藏正是涅槃的本際。譬如阿羅漢想要進入無餘涅槃之前得要修證有餘涅槃，但有餘涅槃只是把五陰自己的生死結解掉而已，如來藏本身並沒有生死結，不需要解如來藏的結，所以如來藏不需要修行。

需要修的是覺知心與處處作主的意根，應該修正有生死的覺知心自己的知見與行爲；當你證得如來藏以後，知道覺知心自己有生有滅所以虛假，原來都是自己在貪著、在執著，而如來藏從來沒有貪愛與執著，祂本來就是涅槃，不必你爲祂修行有餘、無餘涅槃。當代的所有大法師們都教人說：「我們把覺知心修到一念不生時就是證眞如，我們入無餘涅槃時是由覺知心進入涅槃中一念不生，所以涅槃寂靜。」全都錯了！都是不知結的所在，當然也都不是能解結的解脫者。

阿羅漢所修的菩提爲什麼叫作世俗諦？緣覺所修的菩提爲什麼也叫作世俗諦而不是第一義諦呢？因爲他們都是在世俗法上修的嘛！他們所修的

內涵都沒有牽涉到實相，所以不是第一義。因爲二乘聖人都是在五陰、十二處、十八界法的範圍中所作的觀察：**五蘊虛妄，六根、六塵、六識虛妄，斷盡我見與我執而出離三界生死**。所觀察的內容都不曾外於蘊處界，可是蘊處界等法全都是世間的法，十八界諸法虛妄只是世俗法中的眞實道理，所以叫作世俗諦。第一義諦的修證並不是只在十八界法中，而是跟十八界法同在一起卻不落於十八界法之中，是能生蘊處界法的三界外法，也可以藉著蘊處界而在三界中示現出來，這個法就叫作如來藏。如來藏雖然是出三界的法，因爲出世間法是從祂來的；但世間法也是從祂而來，是萬法功能差別背後的眞相，是萬法的本源，所以是第一義聖諦。

所以二乘菩提修行時不是修祂、證祂，而是把蘊處界對自己的執著給修掉了；當你捨報後不再受生了，十八界滅盡以後只剩下如來藏單獨存在，不再有蘊處界流轉生死了，這就是不生不滅的無餘涅槃。所以二乘菩提所修的法不是在親證如來藏上面，而是在修除對蘊處界自己的執著，當然首先要修除錯認蘊處界自己常住不壞的我見。修學佛菩提道的菩薩們卻不一樣，不但要修二乘菩提而斷除我見與我執，還要實證如來藏心的所在；也要進修眼見佛性的境界，卻不許滅盡蘊處界，得要世世常在人間受生學法，每一世自度度他；直到成佛之後還是不許入滅，繼續在三界中利樂有情永無窮盡。所以菩薩悟後要使自己的意識、末那轉變清淨，成爲無漏有爲法，不許滅盡蘊處界，必須一再受生於人間，才能夠到達佛地來廣利眾生。

所以菩薩悟後是修正自己，不是修正如來藏。如來藏心體的自性是本來清淨而不必修行的，可是當你修正自己的身口意行時，就會使如來藏中含藏的覺知心自己種子轉變清淨；所以正在修正自己時，對如來藏而言是非修非不修，正是中道。所以修行是修自己，不是修如來藏。如來藏是自己修禪時應證悟的目標，不是悟了祂以後教祂來修行。悟了以後修正自己成爲清淨心，如來藏含藏的覺知心自己的種子就自然清淨了。不知這個道理的人，總以爲覺知心自己是眞心，都不知道覺知心自己正是敗壞家財的家賊，所以佛向阿難尊者開示說：「那麼你阿難眼前的眼耳鼻舌以及身心總共六根、六識、六處，其實正是賊媒——賊人的媒介，是在打劫自家寶物的家賊。」

正如《法華經》所說的「認賊爲子」，假使誤認了賊人作兒子，那個賊兒子一定會把你家裡所有的財寶都偷出去賣掉；他每天都在偷，不斷地偷到外面去，所以家中老是貧窮無財。同樣的道理，如果認這見聞覺知六識賊人作爲自己的親兒子，這六識本質上卻是賊媒，總是與外賊聯手把家中法財一直往外撳，還能有什麼法財可以由自己來受用呢？所以 佛說：「由於這個緣故，無始以來就一直存在著的眾生世界，都因爲這樣自己產生了結纏繫縛的緣故，就於器世間不能超越。」當然得要不斷地流轉生死了。當代的所有大法師們也是如此，都是由於對六根、六塵、六識等身心中的見聞覺知，不瞭解其有生有滅的虛妄性，老是把六識見聞覺知當作是眞實法，卻不知道見聞覺知等六識心是外賊的媒介，並不是眞正的自己，於是就落入五陰世間、山河大地世間之中，無法超越世間而成爲永遠在世間流轉生死的凡夫，因此始終無法超越劫濁乃至命濁。

佛又開示說：「**阿難！云何名為眾生世界？世為遷流，界為方位，汝今當知：東西南北、東南西南、東北西北、上下為界；過去未來現在為世；位方有十，流數有三；一切眾生織妄相成，身中貿遷，世界相涉；而此界性，設雖十方，定位可明。世間只目東西南北，上下無位，中無定方；四數必明，與世相涉；三四四三，宛轉十二；流變三疊，一十百千。總括始終六根之中，各各功德有千二百。**」

既然說到眾生流轉生死的結，當然得要把結顯示出來讓大眾看到，並且還要說明結的性質，所以 佛說：「**阿難！爲什麼名爲眾生世界呢？『世』是**

變遷與流轉，『界』爲方向及位置，你現在應當知道：東西南北、東南西南、東北西北、上下等十個方向及位置就稱爲『界』；過去、未來、現在不斷變遷及流轉就稱爲『世』；位置與方向總共有十個，前後變遷流轉的數目共有三個；一切眾生就在『世』與『界』中，也就是在時間流轉與空間位置之中，編織了虛妄的『世』與『界』，於是虛妄相的五陰世界便成就了，當然有情的五陰身中就有了轉易與變遷，因此而與時間及空間互相涉入。十方空間的法性，施設出來時雖然總共有十個方向，確定的位置則是可以明白指陳出來的。然而世間人卻只看到東西南北，對於上方下方及東南東北、西南西北等六方，就不曾指出其位置，而中央也沒有固定的方位；因此對世間人而言，這東西南北四個數目必然明白無誤，當這四個『界』的數目與時間流轉的『三世互相涉入時；以三乘四或者以四乘三，不論是用哪一個方式來計算，始終都會成爲十二；這十二個數目，配合空間十方而流轉變遷三次以後，每一方都可乘以十，總共就有百千之數了。然而總括流變的初始及最終，可以發現六根之中，每一根的功德最多只有一千二百，不出此數。」

「云何名為眾生世界？世為遷流，界為方位，汝今當知：東西南北、東南西南、東北西北、上下為界；過去未來現在為世；位方有十、流數有三；」

什麼叫作眾生的世界？當然得先瞭解「世界」的意思，才能知道眾生是生活在什麼樣的環境中？而這些環境又是從哪裡來的？才能解開生死之迷的結。「世」就是變遷流轉，也就是從過去到現在，從現在到未來的過程，這個流轉的過程就叫作「世」。「界」就是方位或處所，把空間分成幾個方位來定位，叫作界。「界」有東西南北四方，這四方又分成東南、西南、東北、西北，就有八方了；然後還有上方與下方，所以「界」總共就有十方了，這就是「**位方有十**」。所以「界」就是方位，方位總共分成十個。「世」是過去、現在、未來三個時段，這三個時段不是靜止而不流動的；既然是變遷而不停流動的，才會有三個時段的現象不停地顯現，所以稱之爲「世」；因此，「世」是表示時間的遷流與變動。「世」既是過去、現在、未來三個時間的過程遷流，所以說「**流數有三**」。

「**一切眾生織妄相成，身中貿遷，世界相涉**；」人間的一切眾生全都是「**織妄相成**」，「相」讀作「向」音。人間有情是把虛妄法「世」與「界」，也就是把虛妄的時間與空間編織在一起而成爲五陰眾生；當有情在虛妄的時間與空間裡編織成虛妄的五陰世間時，「**虛妄相**」當然便「**成**」就了，於是開始了色身中的種種貿易變遷了，這就是「**身中貿遷**」。這樣一來，當然就與時間及空間互相涉入了，所以說「世界相涉」。

想想看，人間有誰不是將虛妄的「世」與「界」編織在一起而成就五陰世間的？所有人都是藉六根、六塵、六識等十八界虛妄法編織起來，一直都處於三世時間與十方空間之中，所以才有這個五陰眾生啊！如果不是這十八界在世與界等虛妄法中編織起來，就沒有五陰眾生了。這十八界虛妄法編織得越少，就表示煩惱越少，在三界中的層次就越高；如果到了無色界，只剩下幾界呢？只剩下意根、意識、定境法塵等三種界，在人間進入四空定的等至位中就是這樣。所以，界越多的有情，表示煩惱與染著等虛妄法編織得越多；所以，人間的五陰世間眾生，都是由「織妄相」來「成」就的；當五陰世間具足時，就名爲「織妄相成」。

「織妄相成」以後就開始「身中貿遷」。「貿」是貿易，貿易是雙方互相交換物品或體力與時間，譬如某甲給某乙錢財，某乙付給某甲勞力及時間；或者雙方以金錢交易食物或財物，是有對價而平等地互相交換，各取所需。五陰世間既是以虛妄的時間與空間編織成的，虛妄相已經成就了，當然五陰身中的貿易與遷流就成爲不可避免。由於這個緣故，五陰身中的世與界就互相牽涉，就不能自外於時間與空間的變遷與流轉了。所以說，由於身中貿遷的現象持續存在的緣故，「世」與「界」繼續轉換貿易變遷而持續三世的流轉過程；也就是前後三際流轉的結果，必然會在十方世界不斷地受生變遷，當然十方界的方位就與三世時間互相涉入了，所以說「**世界相涉**」。

「**而此界性，設雖十方，定位可明。**」也許有人剛才聽我說過，有情的層次越往上提升時，界就越少，於是心想：「**我們在人間共有十八界，是最具足的，那我們人類的層次是最差的。**」可是卻又隨即發生一個問題了：**為什麼十方諸佛皆在人間成佛，終不在天上成佛？**這是因為成佛時所依憑的智慧境界是一切種智，而一切種智就是證知如來藏所含藏一切種子的智慧；種子又名界，又名功能差別。如果你生在無色界中，只有意根、定境法塵、意識等三界，那你能夠具足了知如來藏顯示出來的一切種子嗎？不能親自體驗及了知一切種子時，還能成就一切種智嗎？當然沒有辦法。所以還得具足十八界，才能成佛，而人間正好具足十八界。

或許有人這樣想：「**你說應該具足十八界才能成佛，那麼生在地獄中也有十八界啊！也應該可以成佛吧？**」可是地獄中太苦，每一個時刻都在逃避痛苦，逃難都來不及了，哪能修行？餓鬼道也是一樣啊！時時刻刻都在求一口濃痰來填補空虛極餓的肚子，想要壓滅餓火中燒的痛苦，卻總是求不可得。畜生道中卻又每天都得求食，忙得沒時間，也沒有言語能力而無法學習佛法。至於天道呢？在欲界天中，享樂都來不及了，都嫌時間不夠用，哪有心思想要修行？空有十八界也是沒辦法修學佛法的。若是生到色界天中或無色界天中，總是一念不生如同愚人一般，只喜愛定境而不想多聞熏習佛法，也不可能修學佛法的。只有人間苦樂相半，而且十八界具足，因此諸佛都在人間成佛，也因此而可以教導人間有情學佛。

雖然人間的一切眾生都是「**織妄相成，身中貿遷，世界相涉**」，可是畢竟人間還是最好修行的地方，因爲有苦而懂得要學佛出離生死苦，因爲有樂也有閑暇，所以能有時間及能力學佛，因此諸佛都會來人間成佛。所以如果你有一天看見某一個人，可別看他頭髮留得長長的，一個大男人卻又戴個耳環，也許那個人是等覺菩薩，可是有誰知道呢？釋迦牟尼佛出家時也是戴著耳環的，因爲出家前是王子。所以眞的不可以貌取人。

「**世間只目東西南北，上下無位，中無定方；四數必明，與世相涉；**」接下來說，世間的人們往往只看到東西南北四方，因爲眼睛生來是只看四方的，很少去看上方與下方，所以一般生活中往往是不看上方虛空與下方地下的；而且更不會時時把自己所在的處所定位爲中央，直到與人談論方位時，才會定位自己的所在是中央方位，所以說「中無定方」。從世間人的平常生活中來看，東西南北四個數目是一定常常與人們相應的，因此說「四數必明」；既然「四數必明」，又同時生活在過去、現在、未來三世時間之中，也就是生活在過去一刹那、現在一刹那、未來一刹那中，當然就與「世」互相涉入，已經不是單單與方位「界」相涉了。

今天有三個問題要我解答：「老師慈悲：學生是一個才疏學淺知見不足的女眾，在佛經戒律中常見佛說女眾是壞佛障道之言詞，心甚覺慚愧；但在遇男眾舉引佛經戒律來渺視罵謗女眾時，心就會又不甘示弱。雖然男女性別雖是不同，但佛性是一，可是在佛經上卻找不出什麼言詞可以回覆男眾的。今見老師《無相念佛》一書，末頁第八十四頁續貂三記第二行下，有寫言『見道之人雖是女人，亦名丈夫』之言句，甚爲歡喜，覺得要拿出志氣來修給男眾看。但不知此語出於何經？又請問老師還有其他可以告訴男眾，不要如此瞧不起女眾，又可提起女眾精勤修道的志氣的知見嗎？老師智慧無量，辯才無礙，請慈悲垂示。」

我沒有智慧無量，也沒有辯才無礙，因爲那是九地菩薩的事。最近不是有人在談廢除八敬法的事嗎？這是由於比丘尼學了世間法中的男女平等觀念而爆發出來的，想要與比丘們平等，不想屈居比丘之下，更不想禮拜比丘們。但是在我們正覺沒有這個問題，因爲我們正覺道場一向是依著制度去運作，不管男女的身分，所以我們目前還沒有八敬法的問題存在。因爲我們還沒有根本道場，所以還沒有常住法師。以後會有，但目前還沒有，所以我們也牽涉不到這個問題。不過，若是在道場中常住共修上面來說，這是維持一個僧團的運作所必須的規矩；至少在聲聞法中是必須如此的，所以 佛怎麼規定，我們就怎麼認同。我們沒有任何權利，也沒有任何證量可以去改變 釋迦佛所制定的規矩或者戒法，除非我們比 佛的證量更高。如果跟 佛的證量一樣，也不能改變它，因爲佛佛道同。除非比 佛的證量高，才可以去改變它，所以目前對八敬法，我認爲不該廢除。

然而，這個是否廢除八敬法的問題，永遠都不會在正覺同修會中存在，不論是現在或未來都一樣。因爲正覺是一個菩薩道場，不是聲聞道場。八敬法是聲聞法中的規定，只對聲聞法道場中的出家人才會適用，這與菩薩道場無關，與一切出家菩薩們無關。自從佛世以來，菩薩們向來都以實證果位來定尊卑，不以在家相或出家相定尊卑，更不以男女相來定尊卑，所以我們正覺道場現在與未來都不會有八敬法存在，更不會有是否要廢除八敬法的諍論產生，因為那是在聲聞法道場裡的出家人之中才會適用，不適用於菩薩道場中。在菩薩道場中的出家人，不論是現出家相或在家相，也不論是男身或女身，同樣是五十二階位中的菩薩，而不是聲聞果中的四雙八輩聲聞人。

五十二階位中的菩薩們出家共住於道場中，並不適用聲聞出家人才適用的八敬法。如果有人自命為大乘法中的出家人，只因為自身是比丘尼，就想要廢除八敬法，想要免除對比丘們的禮敬，要向比丘們力爭平權，這表示她對聲聞法與大乘法的本質還沒有弄清楚，才會主張要廢除八敬法，可見她對三乘菩提的定義與內涵還沒有釐清。凡是在大乘法中出家的菩薩們，不論男女，都一樣尊貴；而且向來都只依憑五十二個階位的證量來區分，從來不在身相上的出家在家、男身女身上面來區分的。所以在正覺道場中，永遠都不會有在家卑而出家尊、男尊而女卑的現象存在，現在如此、未來也將如此。

大乘法中，在經中有說到凡是悟道底人，不管是女人或男人，都是丈夫，達摩大師也是這樣子說的。「丈夫」不是指欲界中女人的配偶，而是說具備了丈夫相。因為如來藏從來沒有女人相，佛性也是這樣，所以悟道了就是丈夫。也不必理會是否要降伏男眾這個題目，只要問對方「悟得眞」或「悟得假」就行了。只管對方是否悟了，當對方自稱證悟了，要弄清楚是悟個什麼？

要釐清對方是否眞的懂佛法嗎？這樣就夠了，不必理會男尊女卑的問題。如果眞的證悟了，就不會有這個問題繼續存在。如果悟了以後還有這個問題，就表示自己的「悟」是有問題的。

第二個問題：「老師！阿彌陀佛！學生常常在素食店或其他公共場所，看到有關密宗的結緣書，和一些附佛法外道的書，心裡難過，很想全部帶回去回收掉。可是書中有佛像經文和咒語，這樣做是不是對佛像不恭敬、犯了因果？應該怎麼做才好？懇請老師指導。」不必去回收外道書籍，隨緣就好。你去回收他們的書，他們也會回收我們的書；在世間法上冤冤相報，無有了期。現代人講求宗教自由，如果有人願意選擇邪教邪法，也是他們的自由；我們的任務是把法義不同的事實顯現出來，由社會大眾自己抉擇；所以我們不必去動外道書籍，我們只要把正法的書送出去就行了！如果有人送你邪見邪法書籍，你就理所當然接受；回家以後要怎麼處理，則是你自己的事，想要環保回收當然可以。如果書中有印佛像，可以把佛像那一頁撕下來，放在大香爐或焚紙爐中化掉，書本就送去環保回收，這不會有什麼問題。

第三個問題，「蕭老師道鑑：我是週六麗水共修處的學員，懇請慈悲賜予解答。緣起是二〇〇二年四月二十日下午共修時，有同修學員要供養食物，但我以『福德不足、慚愧受供』之理由拒絕了，當時氣氛很尷尬。因這是二年半來第一次有人如此異類而令自己尷尬的事，這檔子事是在慚愧受供之念升起之當下，不假思索地率直而行；並有其他同修出來打圓場，勸說不要如此固執之時，發現該念不受意識思維影響，這期間之心行過程了然於胸。疑惑一：請問這種直心而行是否就是非心心之運作，六塵不入卻了眾生心行？」事實上這並不是般若諸經說的直心、非心心。「這種覺受在禪三回來後特別明顯強烈，而且在生活中不經意的陸續出現。」我想，這問題不宜公開答覆，下面的字句就不公開宣讀了。請您私下來跟我談，因爲這屬於禪宗參禪的密意，公開談論並不適宜。當然，我不是說這個心行好不好的問題，這密意與心行好或不好，是兩個不相干的題目。這是說，這一類有關參禪密意的題目，自古以來就不適合公開回答；因爲這牽涉到如來藏跟末那識互相運作的問題，所以應該私下來談，請你下課以後再來跟我討論。接著繼續講解《楞嚴經》。（編案：後來正覺同修會中規定：若不是在禪三精進共修場合中，平實導師都不與任何人討論參禪密意的內容，更不許爲人引導、勘驗、印證。若有親教師違背者，應開除其親教師職務。）

「三四四三，宛轉十二；流變三疊，一十百千。」上週講到世間人們通常只會注意到東西南北四方，在日常生活中很少會注意到上方、下方與中央，所以在「界」的部分通常只有四方而不會有上下二方以及中央，所以「界」的數目有四。至於時間「世」，「世」就是時間，也就是前後三際的遷移；有情對時間的牽涉或涉入，只有過去、現在、未來三際，或是過去世、現在世、未來世等三際的涉入，所以「世」的數目有三。就在四方與三世之中互相涉入而成就十二個變化相，不論是以三世乘四方而成為十二，或是以四方乘三世，宛轉相乘的結果都是十二。

為何說「流變三疊」呢？譬如「界」有四數，「世」有三數，把世與界互相涉入的結果，就是以三世乘四界，或是以四界乘三世，其結果都同樣是十二，這就是第一次相乘相涉所得的流轉演變，稱為第一疊流變。從第一疊流變相乘出來的十二，再繼續演變，也就是再乘以「界」的十方，就成為一百二十的數目了，這就是第二疊的流轉演變。換句話說，一般人所知的三世四界等十二個時空之中，還可以演變成一百二十個往生的處所，這就是第二疊的流變。若是在第二疊的基礎下繼續演變，就稱為宛轉流變；宛轉流變是說，再依第二疊流變所得的一百二十個處所，再產生了細分而配合其中各個時空中的更微細十個方界時，就會成為一千二百的數目，這就是第三疊的流轉演變，這樣構成十方三界眾生在各自五陰世界之中的見聞覺知功德。這一類有情眾生身心中的見聞覺知功德，同樣都是剎那剎那不停地生滅相續，不離三世四界。若要再繼續細分下去，可就無量無數了，卻已經都不是凡、愚眾生所能知道的了。這就是後面經文中所說的「六解一亡」，然後就能發起佛地無邊的功德而不被世與界所限制，才能使如來藏原有的偉大功德發起，那就是佛地四智圓明的境界，那時的如來藏就能與五別境心所法相應，而且永遠都不再受到時空的限制了。

「**總括始終六根之中，各各功德有千二百。**」至於三「世」四「界」的「**宛轉十二**」與「**流變三疊**」，繼續流變發展下去而變成「**一十百千**」；然而不論流變多少疊，自始至終還是要全部回歸於六根之中各各都有的一千二百功德之內。懂得這個道理了，再從六根之中去實地觀察時，可以發覺人間有情的每一根之中，其實都由於這種原因而各有功德一千兩百。雖然六根各有一千兩百功德，卻又因爲各有不同的原因，也就是運作時的外在環境所影響，導致其中產生了不同的差別。爲什麼會有差別呢？佛就開示說：

【「**阿難！汝復於中克定優劣。如眼觀見後暗前明：前方全明，後方全暗；**

左右傍觀，三分之二；統論所作，功德不全；三分言功，一分無德，當知眼唯八百功德。如耳周聽十方無遺，動若邇遙，靜無邊際，當知耳根圓滿一千二百功德。如鼻嗅聞，通出入息，有出有入而闕中交，驗於耳根三分闕一，當知鼻唯八百功德。如舌宣揚，盡諸世間出世間智；言有方分，理無窮盡，當知舌根圓滿一千二百功德。如身覺觸，識於違順；合時能覺，離中不知；離一合雙，驗於舌根三分闕一，當知身唯八百功德。如意默容十方三世一切世間出世間法，惟聖與凡，無不包容，盡其涯際，當知意根圓滿一千二百功德。阿難！汝今欲逆生死欲流，返窮流根至不生滅，當驗此等六受用根：誰合誰離？誰深誰淺？誰為圓通？誰不圓滿？若能於此悟圓通根，逆彼無始織妄業流，得循圓通與不圓根，日劫相倍；我今備顯六湛圓明本所功德數量如是，隨汝詳擇其可入者，吾當發明，令汝增進。十方如來於十八界一一修行，皆得圓滿無上菩提，於其中間亦無優劣；但汝下劣，未能於中圓自在慧，故我宣揚，令汝但於一門深入，入一無妄，彼六知根一時清淨。」】

講記：世尊開示說：「阿難！你接著再於六根之中確實定下各自功德的優劣。譬如眼根運作時的所觀所見，是後方暗昧而前方明白：是前方全部光明無遺，而眼根的後方全暗不見；若是轉動頭部及眼珠向左右傍觀時，也只能看見四方影像的三分之二。統合起來討論眼根的所作時，會發覺人類眼根的功德並不完全；若把具足看見四面影像作為一千二百功德，把這一千二百功德劃分為三分來說眼根能見的功能時，這三分裡面其實有一分是沒有德用的——是看不見的，由此應當知道眼根只有八百功德。譬如耳根可以周遍聽聞十方傳來的聲音而無遺餘，當聲音動起來時或近或遠，當有人相諍而大聲吵鬧時，同樣都沒有邊際，只要聲音能夠傳到，都是可以了知的，由此應當知道耳根圓滿一千二百功德。」

「譬如鼻根嗅聞香臭時，一定要藉著通達的出入息來運作，然而呼吸縱使一直都是通透的，可是呼吸時一定有氣息出入才能嗅香聞臭，卻一定會在呼與吸轉換的過程中有所停頓而無法與香塵相交；這樣檢驗於鼻根時，把鼻根的一千二百功德分成三個等分時，就成為鼻根在呼與吸時各有一分功德，而呼與吸正在轉換時沒有氣息出入而無法嗅知香臭，所以鼻根的功德三分闕一，由此應當知道鼻根只有八百功德。譬如舌根宣揚所有各種世間智慧與出世間智慧，言語本身雖然是有方所與時分的限制，然而所說的正理卻是無窮無盡，由此應當知道舌根圓滿一千二百功德。」

「譬如身根能感覺觸塵，經由身根來識別違心境與順心境；然而身根是與觸塵相合的時候才能覺知觸塵境界，若是在離開觸塵時就不知道順心與違心的境界相了；若把身根的一千二百功德分成三個等分時，離開觸塵的狀況有一種，與觸塵相合的狀況有二種——觸知順心境、違心境，這樣子檢驗於身根的時候，就知道身根的三分功德之中缺減了一分，由此應當知道身根唯有八百功德。又如意根默容十方三世一切世間法與出世間法，上從不共一般有情的聖者，下至一切凡夫眾生，全都包容在這個道理中；也就是說，意根可以窮盡一切法的邊際，無所不緣而無所限制，由此應當知道意根圓滿了一千二百功德。

「阿難！你如今想要逆行上溯生死欲流，想要返身窮究生死流的根本而到達不生滅的境界中，應當要檢驗這六種在人間受用六塵境界的六根：其中有哪一根是有合有離而使功德不具足？有哪一根是與虛妄法交織很深？有哪一根與虛妄法的交織比較淺？這六根的功能之中又是誰的功德最圓滿而且通透？是誰的功德不圓滿？如果能從這個道理中悟入六根圓通的根源，逆觀那無始以來編織虛妄業行的生死流；這樣依循六根中的圓通根與不圓通根來修行，所需要的修行時間，是以一日或一劫互相來比喻的倍數；我釋迦牟尼如今具足顯示六種所依根的澄湛圓滿光明，本來所具有的功德數量如同上面所說這樣，隨著你自己詳細選擇其中可以悟入的某一根，我將會把其中的道理顯發明白開示出來，使你阿難可以增進而得悟入佛菩提中。」

「十方如來於十八界中的任何一界都可以悟入，進而修行成佛，同樣都可以證得圓滿無缺的至高無上菩提，所以若從十方諸佛而言，於這六根中間也是沒有優劣可以比喻的；但是因爲你阿難的根性低下而拙劣，沒有辦法於六根中自己圓滿不生不滅的自在智慧，所以我釋迦牟尼加以宣示闡揚，使你只要從六根中的其中一門深入觀行，只要能夠進入其中一根返流之時證得無虛妄性的六根源頭，那六種能了知六塵的所依根，也就一時之間全都可以清淨了。」

「阿難！汝復於中克定優劣。如眼觀見後暗前明：前方全明，後方全暗；左右傍觀，三分之二；統論所作，功德不全；三分言功，一分無德，當知眼唯八百功德。」佛解釋六根各有一千兩百功德，但在人身的限制下卻有差別性，應該怎麼樣來觀察，然後才能確定自己應該從哪一根來入手修行。佛陀教導阿難尊者，要在六根中詳細觀察，確定自己從某一根來下手修行，將會得到比較好、比較殊勝迅速修證的功德。然後就舉例說，譬如眼根，當眼根在觀看色塵時，眼根的背面是黑暗而看不見的，眼根的前方則是光明而可以清楚看得見的。所以說，眼根「前方全明，後方全暗」，因為根本看不見後方。為了看見後方的影像，所以轉動頭和眼根，可以左觀和右觀，可是左觀右觀之時還是無法具足一千兩百功德。若是依轉頭及眼珠跟著左右觀所見的全部色塵境界而言，一般人只能夠看見四面八方影像的三分之二，仍然無法全部看得見；所以眼見的一千二百功德之中，只能作用出八百功德。因此說「三分言功，一分無德」，所以應該要知道眼根只有八百功德。

「如耳周聽十方無遺，動若邇遙，諍無邊際，當知耳根圓滿一千二百功德。」接著又討論耳根，耳根可以周遍聽聞十方傳過來的聲音，只要聲音能夠傳到，不論是從哪一方傳過來的，沒有一方會被遺漏，耳根都可以聽得很清楚。事實上，從來沒有人聽不見背後或上方下方傳過來的聲音，因此說「如耳周聽十方無遺」。而且「動若邇遙」，「邇」是很近，「遙」是很遠；只要有了動靜時，若近若遠的聲音，不論是從哪個方向傳過來的，只要聲音傳到這裡了，耳根就會聽得出來。耳根的功能運作時就好像無遠弗屆一樣，只要聲音能夠傳到耳根處，就都可以聽得見，所以是沒有距離與方位限制的。而且，聲音傳到耳根的時候，並沒有限制是哪一類的聲音，從哪個方位傳過來的才無法分辨；所以有所諍的時候，只要聲音夠大就可以分辨清楚是什麼意思，因此說「諍無邊際」，由此可以知道耳根的功德是圓滿一千兩百的。

「**如鼻嗅聞，通出入息，有出有入而闕中交，驗於耳根三分闕一，當知鼻唯八百功德。**」如果是鼻根，鼻根是要透過出入息來作用的；如果不是通出入息，鼻根就無法分別香塵了。能聞到香味，是因爲有呼吸而有空氣在鼻根出入；如果把呼吸停了，空氣不再於鼻根中出入時，就聞不到香味了，因此一定要透過出入息才能產生分別香塵的作用。可是當我們說「**通出入息**」時，就一定是一進一出的了；正當空氣進出轉換時，一定「**有出有入而闕中交**」，這時所嗅的香味就暫時不在了。當你嗅聞一個物品香味時，如果嗅不清楚，就要吐氣之後重新再吸氣；當你吐氣時，剛才吸入的空氣中香塵已經很淡了，已經沒什麼可供分別的香味了！而且正當吐氣完畢時，還沒有新的氣味進入鼻根中，當然無法瞭解是什麼氣味，這時正是「**而闕中交**」的時候。一定要重新再吸氣時，才能延續分辨所嗅的香塵。吐氣後重新再吸氣時是如此，吸氣後重新吐氣時也是如此，都會有暫時停頓而沒有氣息出入的狀態，都有暫時闕了**中交**的時候。這樣觀察檢驗時，把鼻根與耳根來作一個對比，顯然鼻根的功德，三分之中已經闕了一分，所以鼻根的功德只有八百。

「**如舌宣揚，盡諸世間出世間智；言有方分，理無窮盡，當知舌根圓滿**

一千二百功德。」再來講舌根，譬如舌根宣揚正理時，可以談盡世間一切法，也可以道盡出世間一切法。世間的智慧可以藉舌根來傳達，如同儒家所說「傳道、授業、解惑」一般；出世間法的所有智慧也可以藉舌根來傳達，如同諸佛宣揚三乘菩提。如果不能藉舌根傳達，所有世間學校都該關門，佛門中的說法聚會也都可以停止而不必再說法啦！正因爲舌根可以宣揚，能把一切世間智慧和出世間智慧全部加以宣揚；因此，縱使「言有方分」，所說的言語雖然都是有一個方向與分際的限制，然而所說的法義卻可以無窮盡而圓滿地表達出來，讓修學者可以依照諸佛所說的究竟正理，次第修學而究竟佛地的智慧，所以「理無窮盡」，沒有不能藉舌根解說出來讓弟子瞭解的，所以說舌根圓滿了一千兩百功德。

這就像我們當初出來弘法時，我想：「佛法大約而言，就只是這兩樣，第一是解脫，第二是佛菩提。解脫道，只要我見斷了，剩下的自然就會次第解決而出離生死。佛菩提道，只要明心與見性了，後面的部分也就自然會解決了。」所以我當年想得很單純：「只要有人會了佛法這兩個主要道，他們就自己去進修及弘法，我就可以退隱下來過我的田園生活，不必再辛苦住世弘法了。」結果諸方善知識竟然沒有人願意承接我傳授的世尊法教，甚至我親自送上門去也沒有人願意接；於是死了這條心，辛苦地自己弘法及講經。如今心中的經典講完了沒有？還沒講完，能講出來的大概只有三分之一；因爲所能講出來、寫出來的佛法，大概只能做到三分之一，沒有辦法一時全部講出來、寫出來。雖然其中有很多是由於法義現觀的實證秘密而不可以外洩，緣未熟的人不可以聽聞；但是最大的原因是，所能夠說出來、寫出來的速度必然比較慢，所以永遠都是很有限，無法同時把所知的佛法一時具足講出來、寫出來；這也顯示**「言有方分，理無窮盡」**。

雖然從我們的智慧講起來好像很簡單，就只有解脫道與佛菩提道兩個法門而已，可是這兩個法門中的法義卻是多得不得了！眞的要寫、要說，永遠都是寫不完、說不完的。所以佛陀說法四十九年以後，晚年竟然說：**「我所已說法如爪上塵，所未說法如大地土。」**想要以言語把所有法義說完，眞的沒有窮盡的時候。可是對於任何需要某一部分法理的佛弟子而言，諸佛都可以藉著舌根來表達，讓弟子實際親證而得理解；所以言語固然有其侷限，舌根卻可以運用各種方便，來使弟子親證而可以理解，雖然理解以後一樣知道**「理無窮盡」**而**「言有方分」**。由此可以證明舌根圓滿了一千兩百的功德。

「如身覺觸，識於違順；合時能覺，離中不知；離一合雙，驗於舌根三

分闕一，當知身唯八百功德。」然後再來講身根，身根能夠覺知觸塵。身根是在觸塵上面作了別，是對冷暖澀滑粗細乾溼軟硬……等觸覺境界作各種了別，所以能夠「識於違順」——能夠識別違心之境以及順心之境。「識」就是認識或了別的意思，譬如天氣很熱，就知道是熱得難受的違心之境；進了講堂有冷氣，覺得很舒暢，就知道是順心之境；又如天氣很冷時，若是曬到太陽光，就覺得很舒暢，這些全都是順心、違心之境。身根能夠識別違心與順心之觸覺境界，可是卻必須相觸，也就是相合時才能識別；若是與觸塵相離之時，就無法識知是順心或違心的觸覺境界了。

譬如有人把你眼睛蒙起來，提供一個物品要你猜測，那你只能夠用手去接觸感覺，從那個物品的硬軟、乾濕、澀滑……等觸覺上去猜測，才能猜得出來；沒有辦法不與物品相合（不接觸）而能感覺出來是什麼物品，所以說「合時能覺，離中不知」。當你與所接觸的觸塵相合時，必然會有兩種境界可以觸知，也就是順心境與違心境兩種，所以「合時能覺」的識別性共有兩種，這就是「合雙」；而離開所感受的觸塵時，所識別的卻只有一種，就是知道沒有觸塵了——沒有別的觸塵可以感知了，由於離開觸塵時的境界只有一種無覺，所以說是「離一」。假使把舌根能夠宣揚世間出世間一切智慧的一千二百功德來與身根互相比擬時，可以說身根的功德是三分之中缺了一分，所以身根確實闕了一分功德，當然身根只有八百功德。

「**如意默容十方三世一切世間出世間法，惟聖與凡，無不包容，盡其涯際，當知意根圓滿一千二百功德。**」意根默容十方三世一切世間出世間法，是說意根的所緣極廣、極遠，不像意識所緣只在有限的範圍之內。請問大家：**你的意根有沒有像意識覺知心一樣，在語言文字中了知這個法，或者表示自己不知道那個法？意根有沒透過言語表示喜歡這個法、討厭那個法？**嗄？有啊？其實那都是意識心啦！意根從來沒有這樣表示過，意根從來不曾以言語表示意見，所以是「默容」。只有意識才會用語言文字來表示，會在覺知心中一直想下去，但意根從來都沒有這樣。意根很像旁觀者，總是看著意識在處理各種事務，看著意識在思惟、分析、歸納、統計、建議……等，然後意根在最後作出決定、付諸實行。意根才不會在那邊分析、統計、歸納等等，從來都不管這些事情，都不表示意見而直接執行，所以稱爲「默容」。

在覺知心中打語言妄想的是意識，愚人以爲覺知心很厲害，其實只是總經理意根手下的一個業務經理而已。業務經理意識一天到晚忙死了，不斷地處理各種事務，可是總經理意根只是坐在那邊翹著二郎腿，等意識了別及分析完成了，然後意根就只是下個決定：「買了！」或是「賣了！」就這樣決定了。意根只作決定，從來不跟語言文字相應，會跟語言文字相應的永遠都是意識。意根從來不會思惟說：「我想要作什麼，我不想作什麼。」意根只是抓緊意識，控制意識去爲祂觀察、思惟、分析等等。事實上，意識覺知心從來都不是爲自己設想的，從來都是爲意根設想的。但是意識卻往往會誤導意根，因爲意根的了別慧非常差，幾乎完全要依靠意識來爲祂識別及分析。所以比較有智慧的學人就知道，打語言妄想的覺知心是被意識自己所用的；比較沒有智慧的學人，就落入意識亂想之中而弄不清楚狀況，誤以爲想東想西的覺知心才是眞正的自我。由於意根自己不太會識別、分析、思惟，就誤信意識的了別，就隨著意識的錯誤識別而學錯法、大妄語，這一類人就是愚癡凡夫。有智慧的人得要趕快提昇到意根的層次，更有智慧的人則是提昇到如來藏的層次，就有實相般若智慧了，所以智慧的層次是有差別的。

然而，佛說猶如意根默容十方三世一切世間出世間法，意根要理會的各種法相實在太多了，分心遍緣十方三世一切法的結果，當然會使祂的了別慧很差；所以祂當然無法生起語言文字妄想，也不會生起佛法的知見來。會生起語言文字妄想，能夠理解自己已經瞭解多少佛法的心，都是日常所應用的意識覺知心。而意識覺知心是被意根所掌控的，但意根卻常常被意識覺知心所誤導，因爲意根的了別慧很差。這個意根即是四阿含中所說十八界中的意，就是唯識學中所說的末那識。意根從來沒有語言文字，也從來不刻意表現，可是祂很安靜地執著一切法，把如來藏的功德以及其餘十七界的功德，全都掌控在自己手裡，執著爲自己所知、所能的功德。

而且，意根遍緣十方三世一切世間法與出世間法，我們就來講最直接、最簡單而容易懂的；太深的意根遍緣內容不易使人相信，也很難以理解，我們就不說它。譬如前一世、前三世死掉以後被子孫埋葬在土裡的臭骨頭，已經被墳上長出來的樹根處處穿透咬住了，意根常常會反應在此世的色身上，感受到病痛之苦而始終無法治癒；並且意根也會在意識不知不覺的情況下，直接對過去世的子孫感應出來，也就是讓過去世的子孫色身出生問題，卻始終醫不好。於是那些子孫只好尋求神祇或風水上的改善，來解決問題；於是過去世的臭骨頭就被好好地處理，這一世的色身也就跟著健康了！祖墳風水影響子孫的健康或事業，其實就只是這個道理，都是意根運作如來藏中的種子而造作出來的，所以說意根默容十方三世一切的世間法和出世間法。

「惟聖與凡，無不包容」，無論是聖人或是凡夫，無不包容在意根所默容的範圍之內。一切聖者與凡夫都一樣有這個意根，也都是在意根的運作下存在著，否則早就死掉了，還能有聖人與凡夫可說嗎？末法時代有很多人弄不懂佛法，原因就是在這裡；不論是大法師或是大居士，都沒有把十八界弄清楚，所以就不知道十八界法全都是生滅性的無常法，總是落入蘊處界中，錯將虛妄底離念靈知心誤認爲常住眞如心，老是想要把覺知心修行變成沒有妄想妄念，就以爲是變成常住不壞的眞心了。如果佛法眞的像那些大法師們這樣說的，那麼佛門聖人們到底是有幾個識？都只有六個識嗎？就拿初轉法輪四阿含所說的聲聞解脫正理，用十八界把那些大法師所說的六識論套一套，看能不能套得上去？一定會發覺，不論你怎麼套，都沒辦法用六識論與十八界套好，因爲他們都少了一個意根嘛！所以我說他們不瞭解佛法。

如今我把這道理說明出來以後，他們其實都知道自己的說法錯了，知道自己以前主張人類只有六個識的說法不正確，可是知道錯了以後卻沒辦法承認啊！因爲他們若是要承認錯誤，等於要把一生所修、所說、所寫的法義，得要全部回收，送進廢紙廠去。那該怎麼善後？是不是要封山？而且要永遠關門啦？由於這個緣故，雖然看見蕭平實每年一本書又一本書，一直寫出來，那些大法師們個個都只好當鴕鳥，你們現在終於知道我幾週以來常常說的鴕鳥是指什麼啦！（大家笑……）如今最大的鴕鳥是哪一隻呢？佛教界最大的佛法鴕鳥，當然是養在最大的寺院中；如果有誰宣稱他的寺院最大、他的勢力最大，他就是那隻最大的佛法鴕鳥。

為什麼當代的大法師們都必須當鴕鳥呢？因為不知道要怎麼面對正覺同修會印出來流通的書中法義，不知道面對正覺的八識論正法時究竟該怎麼辦？到底是要認錯呢？還是應該要反駁呢？若是想要反駁，自己根本就沒智慧可以反駁啊！因為這蕭平實寫出來的法義跟佛經所說的完全一樣，眞是一模一樣，沒有一個地方是不同的。如果強行反駁出來以後，問題可就更大了！因為正覺同修會的同修們，快則半年，慢則兩年、三年，一定會出書回應反駁；一旦被回應而反駁出來了，他們就再也沒有回應的餘地了！那該怎麼辦？眞的沒有辦法啊！所以現在台灣佛教界各大山頭只好串聯起來，組成了一個很大的鴕鳥俱樂部；這個很大的鴕鳥俱樂部只做一件事，就是一致對佛教界發言：「我們不屑於跟蕭平實對話，他又沒有大名聲，他的程度也太差了，我們都懶得理他，我們全都默擯他。」所以現在各大山頭傳出來的一致風聲就是：「大家以後都不要去談論蕭平實，讓他自唱自演。」可是他們不知道我當年指名道姓的目的，就是要使他們不再亂評論，由著我又唱又演，他們都別來對我作不實的評論，我就是想要達到這個目標。也就是說，我所說的法義，他們都不要來評論我；我指名道姓評論大法師的法義，目的就在這裡。本來我也不想評論別人，所以早期沒有主動評論過任何人；可是他們不斷地否定我們，我們正法勢力很小，根本沒有人願意聽，簡直只有挨打的份，於是不得不開始走上評論抵制正法的山頭這一條路。當年準備走上這一條路的時候，我的目標就是要使他們都不要再來妄評我說的如來藏正法。所以我同修常常跟我說：「你那個公案拈提能不能別寫了？停筆好不好？」我說：「我也很想停筆，因為我已經寫得很膩了！」每年寫來寫去就是寫這一些公案，可是我又不能不寫啊！事實上還有比公案拈提更重要的法義要寫，可是仍然得要繼續寫公案拈提，每年出版一輯，要寫到他們停止無根謗法了，寫到他們停止亂講禪的時候，或者他們寫出來的禪書法義已經是正確的，我的公案拈提系列就停筆啦！所以我到底會寫出幾輯公案拈提？我自己也不知道，只能繼續騎驢看唱本。（編案：這是二〇〇二年所說，當時公案拈提系列已出版至第五輯《宗門正道》。二〇〇三年七月出版第七輯《宗門密意》後，觀察各大山頭謗如來藏正法的情況已經稍歇，平實導師即將第八輯《宗門直指》擱筆中止，成為殘書，已不再續寫公案拈提書籍。）

所以，我們的目的是讓他們不再誤導眾生，只要他們誤導眾生的業行停止了，我們就不再評論啦！但是當他們還沒有站出來承認自己原來講的法錯誤，或是還沒有停止毀謗如來藏正法之前，我還是會繼續寫。基於這個緣由，我會繼續評論印順法師的法義，寫到有一天印順法師出來公開聲明：「**我的法不對！不要再弘揚了。**」我才會對印順停筆，否則就會一直寫下去，直到把印順《妙雲集》的錯誤全部都辨正完為止。這意思就是說，其實法無窮盡，而意根能含容無窮盡的法，卻從來都不表示意見。意根能夠默容無量無數的世間法、出世間法，可是印順法師他們卻敢大膽把祂否定，公開主張人類總共只有六個識，沒有意根——沒有第七識。

可是 佛明明說意根是心，因為意根能識別粗糙法塵；既然能夠識別法塵，顯然不是物，也不是種子。既然是心，又是意識的所依根——意識依意根為助緣才能出生，而且意根也是意識存在時的俱有依，當然意根一定是現行運作著的心，那就有七個識啦！生滅有為的十八界中已經有七個識啦！怎麼會是只有六個識呢？印順等人卻顛倒過來說：「**第七識意根是部派佛教時期，由後人從意識中再細分出來的。**」意思是初轉法輪時期 佛陀沒有說過有意根。如果印順的說法對，他的意思顯然是指稱 佛陀說錯了！因為 佛在四阿含中處處說「意根與法塵因緣生意識」，所以大乘法中也說意根是意識的俱有依根。既然意識是藉意爲所依緣才能出生，所以意識當然以意爲根、依意立名才叫作意識。意識既是依意爲根而立名的，顯然意根是在意識出生之前就已存在的；如果有人主張意識是從意根細分出來的，還勉強可以被無智人接受，有智人仍然是不接受的，因爲意識是從如來藏中生出來的，不是由意根生出來的；但印順竟然把它倒過來，說後生的意識可以細分出先前已經存在的意根，這怎能說得通呢？可憐的是竟然還有一堆大、小山頭的法師們接受，那些人顯然是與印順一樣無智。這就好像世間愚人告訴別人說：「母親是從兒子身中細分出來的。」或者說：「母親是兒子所生的。」這眞是滿口荒唐言，可是台灣大、小山頭的大、小法師們，竟然會信受這種荒謬的說法。所以我說他們對意根完全不瞭解——對第七識完全無瞭解。

連第七識意根都不信受、不瞭解，對第八識又如何能信受或瞭解呢？對他們而言，有一個第八識叫作自性清淨心，而這個自性清淨心竟然會有染污，這眞是無法瞭解的事。這對他們粗淺的世間智慧而言，眞的無法瞭解；所以勝鬘夫人說凡夫與愚癡的二乘聖人們，都無法瞭解如來藏自性清淨而有染污的道理；不幸的是當代各山頭所有大、小法師們，都是無法瞭解這個實相的凡夫。但是對諸位同修而言，當你證得第八識如來藏而出生般若總相智時，才只是剛剛入門而已，這個證境卻已經是會外各大道場的大法師與學人們的終極目標。親證如來藏而現觀祂的眞如法性，在正覺同修會裡只是剛入門，才剛剛註冊完成而頒給你學生證，準備要進入佛教大學進修，即將在成佛大學中開始上課而已；這是正覺同修會跟外面各道場完全不同的地方。

所以說，意根能夠默容十方三世一切世間法與出世間法，因爲祂是遍緣的，是無所不緣的，意識是作不到的。意識所能作的，只能專住於某一個法上面去用心，才能有定力與極好的慧力。然而意根遍緣一切法，無一法不注意，所以意根可以同時默容一切法——同時遍緣一切法，意識永遠都作不到。而這個意根，不論是聖人或凡夫，無不包容。沒有一個聖人或凡夫是沒有意根的，也都全部活在意根的境界中。這已經很清楚地說明（如來藏且先不提），在人間，六識加上意根等七識心「惟聖與凡，無不包容」。請問二乘聖人們有沒有意根等七個識？（眾答：有）絕對有嘛！印順等人怎能隨同日本研究佛學者中的一小撮人，大力主張六識論呢？這樣，究竟是八識論正確或者六識論正確，道理就很容易可以瞭解了。

「盡其涯際」，是說意根對於一切法都可以接觸，意識是絕大部分無法接觸的。當你修定修得很好，在等至位中練熟了，不會退失定境了，以後上座時可以直接進入等持位中，就可以看見一些過去世的事物；請問，那是靠誰的力量？是靠意根。那時意識只是作一個旁觀者，觀察所看見的那些境界的內涵。意識無法指定要看什麼、不要看什麼，這完全是由意根運作而現行出來的。意識只能夠在其中加以了知，但是讓你能了知那些往世情境的還是意根，只有意根有那個能力。意識無法掌控或改變所要看見的某一個時空，除非有進一步的鍛鍊，知道如何去轉換你所要了知宿命的前後層次，但仍然要有意根去運作才能辦到，意識自己是作不到的。宿命智或宿命通也是由意根來掌控的，意識只是作一個旁觀者、瞭解者，沒有辦法自己去轉換。

但是，意根轉換時空時並不是在心裡觀想或作意要去某一世境界中觀看，這與宿命通不一樣；而宿命通只能看到短短的一、兩世，無法看到過去多劫以前的事。修得宿命通的人，他的意根轉換，從前一世要轉換到前兩世、前三世，一樣只是念頭動一下就過去了，都只是一念而已。譬如有許多人禪三小參時，往往說我放光對他投射，然而放光投射時不必觀想，根本不需要用語言或觀想才起作用，只要作意一出現就完成了。這就好像對初禪境界不很純熟時，得要有「提」的作意時，胸腔的樂觸才會出現；若是不「提」，樂觸就不會出現。可是這個「提」，不是像氣功那樣提，與色身下盤的上提無關，只是覺知心中一個「提」的作意。那麼這個作意雖然是意識在提，然而背後又是誰在作意？還是意根在作意「提」。心中若是不「提」，樂觸就不見了。後來初禪很純熟了，不論提或不提，樂觸一直都在；除非要進向二禪等至位，所以故意去捨，否則會一直都有樂觸存在胸腔中。

這也說明意根的體性完全不用語言文字，所以是「默」容一切法。意根只是直接作意，所應出現的法就直接出現了。譬如八地菩薩於解脫道已經無功用行：三界愛的習氣種子都已斷盡，解脫道的加功用行對他而言全都無功用了。八地菩薩只剩下所知障所攝的異熟種子還在變易，所以變相變土時能夠隨意自在，這也是由於意識有智慧對意根加以訓練而達成的，使祂能夠如意地變現，不必在變現時作任何的加行，這是意根的默容一切法層次又提升了，進入八地心中了。所以意根的默容一切世間、出世間法，有很多層次上的差別，一直要到究竟佛地時才能圓滿。這也證明意根的體性眞是默容一切法，跟意識迥然不同。可是現代的佛教界大師們完全無法了知意根默容一切法的事實，他們連意根的所在都不知道，才會落入六識論中，才會抵制正覺的如來藏妙法，才會錯將意識認定爲禪宗所開悟的眞心。

如果今天說的這些意根的法義，被有心人轉述出去了，他們聽了一定會說：「這蕭平實眞會扯。」他們會說我胡扯，事實上卻眞是我所說的這樣。這就是說，一般人首次聽到聞所未聞法時會起煩惱，可是久學菩薩首次聽到聞所未聞法時卻是非常踴躍歡喜；新學與久學就在這裡分野，二者的心性完全不同。所以我有時中午在外面過堂時，那素食餐廳中，不論鄰座有人正在說佛法時多麼興高采烈，我全都不聽；因爲那是在浪費我的時間嘛！我還不如繼續無相念佛。假設我聽了以後起個念，想要爲他們指正，那也是多事而無益，因爲我講出來的法義他們一定沒聽過，反而會誹謗正法。而且我的個頭小，也不像　佛陀那麼莊嚴，人家可能會罵起來：「你這個糟老頭，眞會胡扯。」所以不如不講，大家也就相安無事。於是我念我的佛，他講他的法，各自隨緣自在。所以，這一種深妙法，離開同修會以後，要到哪裡才能聽到呢？好在有我們同修會可以演法，讓大家在末法時代還可以聽聞深妙法。

實際上，十八界法的體性已不是阿羅漢們所能具足了知的；這十八界的體性，阿羅漢們也只能了知一個總相，對意根是無法深入理解的。慧力很好的阿羅漢，譬如舍利弗、摩訶迦旃延、富樓那、須菩提尊者等人，在還沒有轉入菩薩乘悟得般若以前，也只是知道別相而已，對意根還是無法深入了知的。後來轉入菩薩乘，悟入菩薩位中，隨佛修學才開始漸漸發起種智，所以他們後來都成爲地上菩薩。但在還沒有迴小向大之前，還是只知道別相而已；在進入第三轉法輪時期以前，這些阿羅漢們對意根是無法深入了知的。至於一般的阿羅漢們，大概都只能知道總相；所以對十八界法的具足了知，是佛地的事；菩薩們也不敢說具足了知，所以意根的體性非常的深妙。

常常有人說我們正覺講堂好像很重視意根，我說：「對。」因爲如果要進修佛菩提道，而且能夠快速前進，得要從意根下手。把意根的體性弄清楚了，才能具足二地滿心的無生法忍，才能夠自我掌控。如果還沒有弄清楚意根，就無法自我掌控。能夠自我掌控時，猶如鏡像、猶如光影的現觀才能實證，開始由自己來決定何時斷除三界愛的習氣種子，那個速度是由自己來決定的。甚至於猶如谷響、如水中月、變化所成、非有似有等現觀，乃至七地滿心的念念入滅盡定，都要在意根下手，所以在佛菩提道的正修行中，意根非常地重要。但是經中說到意根的部分卻很少，反而是如來藏說得很多；這是因爲意根這個部分是屬於報身佛所講的範圍——一切種智的範圍，通常不在人間解說，只對地上菩薩才作解說。

猶如鏡像、猶如光影的實證，可以使自己隨意控制內相分的境界，卻是要由意根來作，意識永遠都作不到。意識能觀察、思惟、分析，也能實際去理解應該怎樣親證這些現觀的智慧，但是意識親證之後去轉變內相分的事情，仍然要回歸到意根的默容一切法來，因爲實際上的執行者仍然是意根。還沒有親證這些現觀智慧之前，意根當然無法轉變內相分；然而應該要怎麼親證這些現觀的智慧呢？得要熏習修學增上慧學，意識才有能力實證，但實證後的轉變還是由意根來執行的，所以意根在佛道中佔著很重要的地位。增上慧學的熏習能夠幫你親證諸地的現觀，可是在親證之前一定要發大心；若是沒有發起大心，佛菩薩要如何賜給你發起現觀的因緣呢？縱使給了因緣，你也沒有辦法實證的；因爲若不是大心者，福德一定不夠，也就無法生起現觀的智慧了。然後最重要的是，要把入地所需的大福德修足，還要修除性障。修除性障也是福德的重要內容之一，性障若是不修除，根本沒有入地的資格，何況能夠證得諸地滿心位的現觀智慧？

修除性障時可就得要從意根下手了，意根是染污的，染污的意根會使你沒有辦法自己作主，於是只能一直在染污的內相分中流轉。在諸地的現觀境界中，都是要實際上去體證及檢驗的，不是單靠思惟來達成的。必須從這個境界轉入那個境界中，體驗過以後要再回來人間六塵境界中再作思惟整理，思惟整理以後得要再作現觀，於是還要再轉進去內相分境界中，檢驗自己是否眞的已經轉變某一部分的內相分了！要這樣不斷地進出而重複去作。這個在內相分與外相分中不斷進出的功夫，得要有訓練了意根的功夫，也就是你的意根要能夠降伏下來，自己能夠控制，才能夠作得到。否則，把實證現觀境界的道理跟你明講了，也沒有用處的，因爲你完全無法掌控意根，要如何隨意進出內外相分境界呢？然而實證後，還是靠意根的運作才能進出內外相分的境界，所以說意根是最厲害的。

我們爲什麼一直在強調意根呢？因爲意根的修證認知，可以幫助你在如來藏種子上面作迅速的轉變；當你把意根修好了，如來藏的種子就可以自己轉變了。當你證得如來藏以後，如來藏需要你去修祂嗎？不需要啊！如來藏本來就涅槃、本來就無生，要你爲祂修涅槃作什麼？祂本來就清淨，要你修祂清淨作什麼？眞要修行的是七識心自己，七識心自己染污了，所以如來藏裡面的種子就染污了，而祂心體自身還是清淨性的，不與染污種子相應。所以只要把七識自心修行清淨了，把染污意根變成清淨意根，如來藏中的一切法就可以直接相應；這就是懂得修行佛菩提的人用功的地方，一切種智所說的也就是在這上面著眼。

所以意根默容一切法，是很大而且很深妙的題目；而意根運作時都是直接的運作，都不透過語言文字的思惟。但是你若想要轉變意根自己，得要透過意識覺知心的熏習、思惟以及觀察，然後親自證實，才能夠轉變意根。因爲意根的習性非常地深重，從來都是任性而爲，一時很難轉變；由於意根無始劫以來就是這樣的熏習，所以必須要透過很長時間、很精進地努力，才能夠轉變意根；直到證得猶如光影的現觀以後，才能夠輕易轉變意根。

意根可以直接與諸法相應，也是諸法的直接領受者；因此說，在佛菩提道的修行中，意根的功德是最大的。如果要講六根之中的差別，眼根八百、耳根一千兩百、鼻根八百、舌根一千兩百、身根八百、意根一千兩百，看來似乎能被我們運作的功德各有差別。其實六根本來的功德都是一千二百，並無差別；但這是本初佛的境界，也是最後成爲究竟佛時的境界，是可以六根互通而無遮障的。但這與我們相距太遠了，且不說它，就回到我們眼前的修行境界中來說。若是眞正在努力修行的人，到後來都會發覺，不論從哪一根入手，其實都還是從意根入。新學菩薩修行時仍然是從眼耳鼻舌身五根入，所以未來世你們如果乘願再來，由於未離胎昧而示現猶如凡夫，下一世初學佛時從耳根入而被人家誤導了，可是你後來終於能夠自參自悟時，一定還是從意根發起的，意根的功德就是這樣難思議。

譬如我這一世沒有人為我引導開悟，我是自己從意根入手的啊！你們去禪三精進共修時，我弄出很多神頭鬼臉，又是殺人刀，又是活人劍，好不容易弄出一半的人明心開悟。想當年，有誰引導我呢？當年我跟隨大法師學來的禪，全都是錯誤的知見，教我不斷地打坐、數息，說要數到**數而不數**，他的禪七就只是這樣子啊！後來我發覺那樣不行，空有自己修成的看話頭功夫，常常住在見山不是山的境界中，想要開悟是遙遙無期的。說老實話，我這一世的師父連看話頭的功夫都沒有；可是我每天坐著看話頭，進入不觸五塵的話頭境界中，一直都無法悟入；所以最後我就把他所教的全都丟了，我自己來參禪。以前是每天面壁打坐看話頭，其實面壁是錯誤的；面壁是悟後止心用的，悟前不該面壁息心。

悟前應該到處去逛、到處去參究，但因為這一世被我師父教的知見是以定為禪的錯誤知見，所以每天面壁打坐。面對粉白的牆壁，有什麼好看的？（大家笑⋯）法身慧命能有什麼出生的因緣？根本就沒有嘛！後來全都丟了，就直接探究禪宗的開悟究竟是悟個什麼？這可以說是從意根下手的，因為這樣探究的結果，往世所悟的內容就直接出現了，還是由意根從如來藏中直接相應，答案就直接出現了，於是心也明了、性也見了，智慧就開始出生了。這完全是自己從佛法的道理去整理，意根就直接從如來藏中把證悟的內容送給意識，然後得出一個自己以前都不曾想到過的結論出來，當下就解決了，就是這樣簡單地當下解決了。

可是在這個「當下」之前，我可是用聖嚴師父所教的方法，獨自在家中「參禪」整整靜坐了十九天，根本沒個入處。最後我用自己的理路下手參究，雖然思惟的是意識覺知心，可是直接提供答案的卻是意根，是意根與如來藏中的往世開悟種子相應，所以還是從意根入手成功的啊！所以你們看我主持禪三，我都教你們不要打坐，大部分都讓你們在活動中參究，累了才坐下來參究，對不對？因爲打坐想要破參眞的很難啊！可是未來世，你們一世一世的修下去，到後來，在你還沒離開隔陰之迷之前，你每一世入佛法內門來，都是要以意根入；除非當時有眞正的善知識，也就是說我們這個法還繼續在弘傳，你可以遇到善知識指導你，你就由舌根、耳根入；否則你要自己參，那時就得從意根入，因爲你往世已經悟過了！

所以意根的功德最大，在這裡說意根和其他兩根——舌根、耳根，同樣具有一千兩百功德；但是如果到了種智的層次修行時，絕大多數是在意根上面，其他五根都只是配合而已；由此可見，意根是六根中的樞紐，而諸法也都被意根所普遍含容、普遍攀緣著，所以一切聖凡有情都不能稍離意根而存在，全都在意根的所緣下生活與修行，因此說「惟聖與凡，無不包容，盡其涯際」。「盡其涯際」是說一切諸法的究竟邊際，意根全都可以到達、可以接觸，那麼還有哪一根比祂更伶俐？所以佛說意根圓滿一千兩百功德。

「**阿難！汝今欲逆生死欲流，返窮流根至不生滅，當驗此等六受用根：誰合誰離？誰深誰淺？誰為圓通？誰不圓滿？若能於此悟圓通根，逆彼無始織妄業流，得循圓通與不圓根，日劫相倍。**」佛的開示是說，如今不管是誰，假使想要跟生死流顛倒過來而走回本初佛境界，不是順著生死流而在六種客塵煩惱中流轉；若是眞的想要「返窮流根」到達本來面目的不生滅境界，想要循著諸根返窮原鄉、親見本地風光，當然要先從六種受用根來作辨驗，這六種受用根中究竟誰是與所緣的境界有合也有離的？又是誰與無始虛妄業流交織得很深？而誰與無始虛妄業流交織得比較淺？還住在人間境界中而不是已經到達佛地境界之時，這六根的功能之中又是誰比較圓滿而通透？又有幾根是比較不夠圓滿的？所有修學大乘佛菩提道的人，都應該先從這裡入手觀察；從比較容易與妙眞如性相應的一根入手，就比較容易證悟佛菩提。

如果有人能從這個道理中悟入六根圓通的根源——逆觀到如來藏妙眞如性，自然就會知道都是因爲無明而執著生滅性的蘊處界，爲了生滅性的蘊處界而生起種種客塵煩惱，而造作種種業行；因此而從無始劫以前開始編織各種虛妄業行，導致永續不斷的生死流轉；直到今天，這生死流還是持續不斷在流動。當你找到生死流的源頭——找到如來藏妙眞如性了，就會知道這六種受用根之中，哪一根的圓通法性比較圓滿，哪一根的圓通法性比較不圓滿；就可以選擇圓通根來修行，這樣開始修行以後，完成三大阿僧祇劫成佛之道的修行時間，將會縮短很多。如果不懂這個道理，誤選了不圓通根來修行，成佛之道的三大阿僧祇劫時間，將會展延到很長的時間。

這樣依循圓通根與不圓通根來作區別時，譬如有人選錯了，努力修行一劫以後才等於選對的人努力修行一天的成果，這就成爲一日與一劫互相比較的無量倍數差別了。由此緣故，世尊才會特地具足顯示六種所依根的澄湛圓滿光明差別。其實，這六根本來所具有的功德數量是完全相同的，但因爲無始劫累積下來的無明以及所造的無量業行，導致凡夫地六受用根的功德有所差別；如今在凡夫地想要溯本返源時，當然得要詳細選擇其中比較容易悟入的某一根來修行。

「返」就是返身，眾生總是順著生死流而往下游流轉的，因爲這是最輕鬆的事；可是如果想要出世間，就要逆著生死流而往上走，逆水而上當然是辛苦的。學人逆水往上走到源頭時就是窮盡生死流了，這盡頭就是生死流的根本——如來藏。當你窮盡生死流的根本，就是到了不生滅的境界了。如果想要「返窮流根」到不生滅的境界，應當要先檢驗六受用根。爲什麼叫作受用根？因爲眼根能受用色塵，耳根能受用聲塵乃至意根受用法塵，所以叫作受用根。如果有某一根不能受用某一塵，就稱之爲殘障人士。如果不能正常受用時，就得上醫院去治療，花多少錢都願意。這表示看見色塵時就是一種受用，如果見色時不是受用而是純苦，一定會拿著湯匙把眼睛挖掉，或者去醫院動手術挖掉，爲什麼還要留著眼根來時時受苦呢？可見觸六塵時不論是順心境或違心境，六根全都是受用根。

乃至看見一堆狗屎而覺得厭惡時，也都是受用；如果眼根只能觸受美麗的色塵，對於狗屎卻完全看不見，那你要不要這樣的眼根？一定不要！因爲將會常常踩著狗屎。所以，即使是看見討厭的色塵，也是一種受用，因爲可以因此而避開違心境。六根都是如此，所以叫作六受用根。那麼意根又是受用什麼？受用法塵。由於有意根時時刻刻受用極粗糙法塵——從來不曾間斷一剎那地遍緣一切法塵，才能讓意識間斷而受用睡眠，人間有情才能安心睡覺；否則是連睡覺都無法睡的，早就累壞色身而死亡了，所以意根一樣是受用根。而且意根還可以在條件成熟時，爲我們聯結往世的事情而使往世的各類種子現行，所以意根當然也是受用根。這樣，六根自然全都是受用根。

眞正學佛而不是學羅漢底人，想要眞正邁向成佛之道以前，當然要先檢驗這六種受用根，看這六種受用根之中，哪一根是與所緣有合有離的？若是某一根與所緣的對象有合也有離，這一根的功德就無法圓滿具足，依這一根來進修佛菩提道時，功德就不容易顯發，成佛的速度當然很慢，必然是要一劫又一劫辛苦地修學，整整三大阿僧祇劫以後才能成佛。如果選定的某一根是與所緣的對象沒有離合現象的，那麼這一根所顯發出來的功德法相一定是不會有間斷的，一定是具足顯發全部功德出來的，那麼依之而修的結果，速度一定是快很多的，可能只需半劫、半劫地修學，提早一半時間成佛。

接著還要再探究已經被我們選擇出來的，都能圓滿一千兩百功德的耳根、舌根、意根，在這三根之中，依娑婆世界還在凡夫菩薩位的有情人類根性而言，哪一根是最圓通？哪一根比較不圓通？如果找出比較圓通，也就是找出使人比較容易圓滿了知而通透的某一根來修行，將會比較快速成就功德。然後還要找出是哪一根的功德最爲圓滿，在悟後進修時可以使人快速圓滿所應進修的妙法？如果能夠在這六根之中作出正確的認識與選擇，悟得最圓通的某一根，由這一根反觀而逆流上溯，找出無始劫以來不斷編織虛妄業行之流的根源時，就知道一個事實：依循圓通根修行而了知不圓通根的原因，這樣修行的結果，眞的是以一日來對比一劫的。

依不圓通根來修行的人，他們的成佛之道是三大阿僧祇劫的時程；若是依圓通根來修行的人，悟後也懂得依止最圓滿的那一根來修行的人，他在人間修行一天的功德，與那個依止不圓通根修行，然後再依止不圓滿根悟後起修一大劫的人，所獲得的功德是一樣多而沒有增減的；這就是 世尊所說「日劫相倍」的意思。最怕的是自己沒有智慧抉擇，又迷信未得言得、未悟謂悟的大法師們，悟前根本就不懂得要選擇圓通根，更不懂得要選擇圓滿根來悟後起修，當然得要整整三大阿僧祇劫來修完成佛之道。老實說，當代的所有大法師們，連選根都不懂，全都是落入識陰之中，從來不與圓通根相應，連正知見都沒有，怎能正確地開悟呢？又如何能教導徒眾悟後起修呢？

有智慧底人，在悟前應當選擇舌根作爲圓通根，但不是依循自己的舌根，而是依循善知識的舌根；若是要依循自己的舌根而求證悟，那是往世悟後乘願再來底人，才有可能重新悟入，否則絕無機會。追隨眞悟善知識的舌根修學正知見，把學佛方向導入正確方向以後，再依止善知識的舌根而悟入宗門——親證如來藏心體與祂的妙眞如性，然後依止最圓滿根來悟後起修。能夠這樣抉擇最圓通根、最圓滿根修學佛法的人，成佛之道是以一日當作一劫來過的——他修學一天的佛法等於別人修學一劫的佛法；是這樣以一天與別人的一劫倍數來比較的。

這意思是說，舌根具足一千二百功德，眞是實話。雖然舌根無智也無骨，然而舌根在證悟者口中，卻是可以隨意扶起放倒，想要怎麼說法都行；悟錯底人怎麼仿效都不會逼眞，總是錯謬連連，所以悟前依止舌根修行時，是依止善知識的舌根，不是依止自己的舌根；等到眞的證悟以後，才知道其實也可以依止自己的舌根，只是很難證悟。舌根與所說法義從來不曾相合，也從來不曾互離，所以沒有不圓通之處；所以舌根眞的太棒了，不像是身根與自己的所緣有合有離。

再談深與淺，請問舌根自己能說法嗎？要靠誰？沒有意根還動不了呢！舌根的運作每一剎那都離不開意根，那你說是舌根這個法深？還是意根這個法深？是哪個法？（眾答：意根）所以這裡面，以「合、離、深、淺」來顯示圓通或不圓通，以「圓滿、不圓滿」來顯示是否為究竟根；這裡面得要分清楚，才能選出圓通根、圓滿根，才能更快速返溯本源，更快速「返窮流根至不生滅」。悟前依止耳根的道理也是一樣，不論善知識說什麼法，你都能聽得進去，當然得要用耳根來修行；然而，在悟前依循耳根時，仍然是要依循善知識的舌根以後才依循自己的耳根啊！悟後直到進入初地之前都是如此，不可稍離舌根與耳根。

可是諸位要瞭解，這《楞嚴經》是為我們娑婆世界的眾生而說的，這一部經如果到了別的世界去，如同後面文殊師利的揀擇就不一樣了，是隨著不同世界不同根器的眾生，而有不同的揀擇。在這裡修三昧，先教你修耳根圓通；悟後以及他方世界的事，這裡且先不談。我們是從全面性的佛法，從佛菩提道全面性的佛法來為大家解說這個道理，所以我說意根才是最圓通、最深、最圓滿的法；最究竟法的如來藏且先不說，因為一切法全部都從如來藏生出來的。但因為這時是在解說悟前的所依根，要找出最好的所依根而修行證悟以後，才可能談到如來藏心體以及自性的現觀。所以如來藏就暫時不講，先說六根。但是，如果入了地，不論是耳根、舌根，全都離不了意根，所以彌勒菩薩在後面為什麼會選唯識種智作為圓通法門？主張要從意根進修，自然有祂的道理。可是，選擇唯識種智的 彌勒是等覺菩薩，而《楞嚴經》不是要講給等覺菩薩聽的，也不是講給諸地菩薩聽的，是要講給那些迴心大乘的阿羅漢及二乘有學聖人們聽的，是要教導他們悟入佛菩提，成爲七住賢位菩薩的；所以在稍後的經文中，世尊爲迴心的聲聞有學、無學聖者揀擇，要用耳根圓通法門。我現在所說的是超出這個層次之外，特地爲大眾補充宣講的，不屬於《楞嚴經》的圓通範圍之內，所以請你們不要把這些額外的法義套在二十五種圓通法門中來看待。

如果這樣正確分析下來，你會發覺（意根不算，因爲那是地上菩薩的事），三個具足一千兩百功德的所依根，除了意根就只剩下耳根和舌根；但是現在讓你們用舌根修行，你們能修行嗎？叫你上來正覺講堂這個法座上說法，有很多人會說：「我連腳都軟掉了，怎敢上來說法呢？」當然是無法用舌根修行的。而我坐在這裡說法，我其實也是在修行，不是彰顯自己多麼行；我是在修集增上無生法忍所需的福德資糧，藉著說法的機會來增益福德。如果我所承擔的任務必須擁有更高的無生法忍，佛就會爲我加持。有時候我藉著說法的機會，也能少分增長智慧，所增加的福德就更多了！所以我也是藉舌根修行。可是對一般人而言，還沒有悟入以前，都沒有辦法用舌根修行，最好的修行方法是用耳根來修行。所以諸位來到正覺講堂時要盡量聞法，每一句都別漏掉，這也是悟前應修的耳根圓通中的一種！那麼耳根在法的熏習上面以及禪定的修證上面都有它的作用，後面經文還會說到。

因此我們從這裡去判斷，這三根之中，在眼下悟前的階段中，最適合我們的是哪一根呢？當然是耳根嘛！所以佛說如果能夠在圓通根上面去了悟哪一根對我們自己是最好的，用哪一根來「逆彼無始織妄業流」是最好的，能夠依循圓通根來修行，與別人依循不圓通根去修行，確實是以一日和一劫來相比擬的。這眞是誠實語，所以你們在老參班也許常常聽到老師開示說：「來正覺同修會學法，當你剛剛進入老參班的時候，可以檢查一下自己現在的知見，比起同修會外人家學佛二十五年的知見，超勝太多了。」雖然目前還沒有破參，只要去對照一下，你的知見絕對比會外學佛二十五年的人還要強，而且完全正確；因為你遇到了正確而易修的法門，也遇到好老師，也懂得用耳根來修學。人家是二十五年都學不到這個地步，你是兩年半就到這個地步，這樣一差就是十倍了！

然而這是還沒有破參時，如果有一天破參明心了，那就不是十倍差距了！那就差很遠了！然而破參明心開悟，只是一念相應的事，不過那麼一剎那就解決了！可是這一念相應，對會外的學佛人來講，那可能還得要修學一劫、兩劫乃至百千萬億劫以後，才能證得，因爲這個破參開悟眞的很難。所以說，循著圓通根來修行，以及不能循著圓通根來修行，這個成佛之道的期間眞是「**日劫相倍**」啊！所以人家以一大無量數劫作爲一大無量數劫來修學，你是以一天當作一大劫在修學——修學一天的成績等於別人修學一大劫的成績；所以有很多人要修學一大無量數劫才能成爲初地的入地心，但是在我們同修會中，將來可能有人在這一生之中就進入初地的入地心中，因爲是以一天作爲一個大劫，就這樣過一大無量數劫而進入初地。這就是會修行與不會修行之間的差距，眞的是「**日劫相倍**」。

佛陀又說：「**我今備顯六湛圓明本所功德數量如是，隨汝詳擇其可入者，吾當發明，令汝增進。**」「備顯」，是全部、具足地顯示出來。「**我今備顯六湛圓明**」，是說，我如今完全具足地顯示六根之中澄湛而圓滿的光明。爲什麼說是六湛呢？前面不是講六根之中有合有離、有深有淺、有圓通不圓通，以及圓滿與不圓滿嗎？爲什麼這裡又說是「六湛」呢？因爲，從佛地來講，其實六根功德全都是圓滿具足的，所以叫作「六湛」。佛陀如今具足顯示六湛圓明本來所有的功德數量正是如此，只要阿難等人能夠依照所聞的原則，隨著世尊的開示而作正確的抉擇，應該從哪一根進入佛菩提道中，世尊都會爲大眾開發明白，讓大眾可以增進佛菩提道。

「十方如來於十八界一一修行，皆得圓滿無上菩提，於其中間亦無優劣；但汝下劣，未能於中圓自在慧，故我宣揚，令汝但於一門深入，入一無妄，彼六知根一時清淨。」其實十方如來對六受用根中的任何一根，都可以通達而且圓滿具足一切功德，因爲十方如來都已究竟返歸本源，因此返六歸一以後，都可以六根互通而無遮障，根本就沒有被六根所限的差別；所以十方如來以前在因地時各自於十八界中不同的任何一界去修行，都同樣可以圓滿無上菩提，因此說十八界法是完全平等而沒有一界是有優劣差別的。但是當時阿難還只是聲聞初果人，還很下劣；而其餘與阿難同時迴心大乘的阿羅漢們，也都還沒有證得佛菩提，所以都無法在六根的任何一根之中圓成自在智慧。正因爲如此，所以得要世尊加以宣說而表揚出來。

當大眾聽聞清楚，知道凡夫與二乘愚人之間對於六根功德有這些差別，就懂得抉擇對自己比較相應的某一根，然後一門深入去修學就可以了。只要能夠從六根中的某一門深入修學，一門深入而實證本源以後，證實所證的本源如來藏是不虛妄法，很清楚地了知了，於是就不再對生滅而虛妄的十八界執以爲實，那時六知根不就攝歸唯一眞實本來清淨的如來藏了嗎？那時六知根也就一時清淨了。

如何是六知根一時清淨？當你證得如來藏時，觀察從如來藏所生的六知根，就會發覺這六根其實沒有清淨或不清淨的差別。這六知根會出現不清淨的原因，是因爲意識心帶著前五識心在客塵中生起貪染；只要把六識心對六塵諸法的貪染全部修除了，六知根就完全不跟有漏法相應，也就清淨了！即使是六識與有漏法相應的時候，六知根本身也還是清淨的啊！也許有人會這樣說：「意根是我執識，祂有遍計執性啊！怎麼能說祂是清淨的呢？」然而，意根的俱生我執以及遍計執，都是因爲無始劫以來被前六識長期教壞了！如果不是被識陰長期把祂教壞，而是無始劫來就以清淨法教導祂，早就清淨而不再自我執著了。因爲意根從來都不思惟及領受六塵中的苦樂，祂是無記性的；只因爲被意識錯誤教導，才成爲有覆性而成爲我執識。所以都要怪見聞覺知的你自己，不能怪我執識的你自己。

所以，當你從如來藏來現觀六根，把六根攝歸如來藏時，有哪一根不是清淨的？本來就都是意識在作怪。當你悟得如來藏了，現觀如來藏本性清淨，也確認意識自己是生滅與虛妄的，當然就知道六根其實本無染污可言，所以世尊說：「入一無妄的時候，六知根就隨著一時清淨了。」

說到這裡，想到一個題目。我們常常聽到一些善知識的開示說：「我們修行就是要捨識用根。」但是我要反問他們：「你能夠捨掉識而用根修行，請問你是住在什麼境界中用根修行？」請問：正常人六識不現行時，是什麼境界？是睡著無夢。睡著無夢時，他還能修什麼行呢？或許有人說：「那是入無想定。」然而無想定中沒有六識現行，既無六識現行，他能修什麼行？要用哪一根來修行？老實講，能夠每天晚上在夢中修行就已經算是修行很好的人了，但我要請問的是：夢中修行時有沒有用到意識？（眾答：有）還是有啊！獨頭意識分明存在啊！若是沒有獨頭意識存在，他還能在夢中修行嗎？那顯然也不是捨識用根來修行的。

沒有意識存在的境界，還有其他三種狀況：正死位、滅盡定位、悶絕位。在正死位中一樣是沒有六識，覺知心都不存在，那麼正死位還能修什麼行？至於滅盡定與悶絕位中也是同樣的道理，都沒有意識存在，根本就不可能修行，怎能說是捨識用根來修行呢？所以捨識用根是不可能修行的。選擇某一根修行時，是以意識專在某一根中用功修行，是偏在某一根中用功而不是捨識用根。閱讀經典時不應該隨意誤解，應該要謹愼。於六知根中選擇一根來修行時，還得要配合意識；若沒有意識在六知根中配合，是沒辦法修行的。所以，這裡是告訴大家一個方向，讓大眾瞭解應該從哪一根下手悟入以及悟後修行。但是不論從哪一根下手修行時，一定都有那一根相應的識以及意識跟隨著，否則是無法修行的。或許還有人說：「那我用舌根修行就不必用舌識了！譬如修到三地、八地了，單用舌根修行就可以了，因爲我說法時不必由舌根辨別味塵，所以我用舌根而離開舌識來修行，這不就是捨識用根嗎？」講得好像有道理，然而請問：當你用舌根說法如雲如雨時，請問你要不要用到意識？（眾答：要）還是要嘛！再請問：當你用舌根說法時，需不需要舌根伴隨著身識來了別舌根的運作？那時要不要由舌根上的身識來了別舌根的運作？還是要！如果不是舌根上的身識運作了別，你連話都講不好，還能說法嗎？所以還是無法離開識。

所以那些善知識說法時都不曉得自己漏洞百出，以爲修行就像他們所說的那樣子，然後自己也信以爲眞，而信徒大眾當然更不知道，於是師徒一生就這樣亂修一氣，所以叫作盲修瞎練。這在　佛世是很少有的現象，但是　佛滅後兩百年、三百年、四百年以後就越來越嚴重，今天則已經是邪說遍地了！

所以捨識用根不是正確的說法。但大家都可以依照佛所說的道理，選擇六知根中的某一根，覺得比較適合自己的某一根去用功，但還是要配合識陰所攝的識去修行的。

【阿難白佛言：「世尊！云何逆流深入一門、能令六根一時清淨？」佛告阿難：「汝今已得須陀洹果，已滅三界眾生世間見所斷惑，然猶未知根中積生無始虛習，彼習要因修所斷得；何況此中生住異滅，分劑頭數？今汝且觀現前六根為一？為六？阿難！若言一者？耳何不見？目何不聞？頭奚不履？足奚無語？若此六根決定成六，如我今會與汝宣揚微妙法門，汝之六根、誰來領受？」阿難言：「我用耳聞。」佛言：「汝耳自聞，何關身口？口來問義，身起欽承，是故應知非一終六、非六終一，終不汝根元一元六。阿難當知：是根非一非六，由無始來顛倒淪替，故於圓湛，一六義生。汝須陀洹雖得六銷，猶未亡一；如太虛空參合群器，由器形異名之異空；除器觀空，說空為一，彼太虛空云何為汝成同不同？何況更名是一非一？則汝了知六受用根，亦復如是。由明暗等二種相形，於妙圓中粘湛發見，見精映色，結色成根；根元目為清淨四大，因名眼體如蒲萄朵，浮根四塵流逸奔色。由動靜等二種

相擊，於妙圓中粘湛發聽，聽精映聲，卷聲成根；根元目為清淨四大，因名耳體如新卷葉，浮根四塵流逸奔聲。由通塞等二種相發，於妙圓中粘湛發嗅，嗅精映香，納香成根；根元目為清淨四大，因名鼻體，如雙垂爪，浮根四塵流逸奔香。由恬變等二種相參，於妙圓中粘湛發嘗，嘗精映味，絞味成根；根元目為清淨四大，因名舌體如初偃月，浮根四塵流逸奔味。由離合等二種相摩，於妙圓中粘湛發覺，覺精映觸，摶觸成根；根元目為清淨四大，因名身體如腰鼓顙，浮根四塵流逸奔觸。由生滅等二種相續，於妙圓中粘湛發知，知精映法，覽法成根；根元目為清淨四大，因名意思，如幽室見，浮根四塵流逸奔法。阿難！如是六根，由彼覺明有明明覺，失彼精了，粘妄發光，是以汝今離暗離明，無有見體；離動離靜，元無聽質；無通無塞，嗅性不生；非變非恬，嘗無所出；不離不合，覺觸本無；無滅無生，了知安寄？汝但不循動靜、合離、恬變、通塞、生滅、暗明如是十二諸有為相，隨拔一根脫粘內伏，伏歸元真，發本明耀；耀性發明，諸餘五粘應拔圓脫，不由前塵所起知見。明不循根，寄根明發，由是六根互相為用。」

講記：阿難尊者向佛稟白說：「世尊！如何是逆流修行深入一門，而能夠促使六根一時清淨呢？」佛陀告訴阿難：「你如今已經證得須陀洹果，已經滅除三界眾生世間見道時所應斷除的迷惑了，然而依舊不知道六根之中累積而生起的無始劫來虛妄熏習，那虛妄的熏習必須經由見道後的修行才能斷除而獲得智慧；何況能知道六根積習之中的生住異滅，有多少的種類與數量呢？如今你暫且觀察現前可徵的六根數目與功能究竟是一呢？或者是六呢？阿難！假使說這六根是一，耳根為什麼不能看見？眼根為什麼不能聽聞？頭又為何不能走路？腳又為何不能說話？如果這六根決定成為六種，就如同我釋迦牟尼如今這個法會中為你宣揚微妙的法門時，你阿難的六根，是誰來領受這些妙法呢？」阿難聽了就回答說：「我阿難是用耳根來聽聞。」

佛就開示說：「你阿難的耳根自己聽聞妙法，又與你阿難的身體與嘴巴有什麼相干？卻由你的嘴巴來向我請問義理，而身體又同時站起來恭敬應承。由於不能互代的緣故，應當知道這六根的種類與功能，不是同一個，終究是六個；但也不是分為六個，終究還是同一個，因為全都互相關聯與配合；所以終究不能說你阿難的六根原來只是一根，也不能說原來就是六根分開的。阿難！你應當知道：這六根原來不是一個也不是六個，由於無始劫以來心想顛倒而淪墮交替，才會在如來藏的圓滿澄湛自性之中，有了一根或六根的義理產生。你們聲聞初果人雖然已經證得六知根全都虛妄的智慧，使得執著六知根爲眞實我的邪見銷亡了，卻仍然沒有把六知根合併成『唯一』妙眞如性的這個『一』滅除掉。如同無邊虛空中摻雜混合著各種不同的容器，由於容器的形狀各各相異的緣故，而說各種不同容器中的虛空是不同形狀的虛空；然而你阿難若是除掉容器而觀察虛空時，又說虛空只有一個，而那個無邊虛空爲什麼會因爲你的緣故成爲相同或不同呢？何況你阿難更進一步來建立爲一個虛空或非一個虛空呢？那麼你阿難能了知六塵的六種受用根，道理也是像這樣的。」

「由於光明與黑暗等二種法相形貌，因此意根就在如來藏微妙圓滿自性中，沾黏了澄湛之妙眞如性而發起見的功能；如來藏中這種見精映照色塵時，就開始結集物質色法成爲能見之性的所依根。這種眼根的『根元目』是清淨四大聚集所成而無法眼見的，因爲這個緣故，依可見的色體猶如蒲萄的形狀而立名爲眼根；就由這個浮塵根在四大所成的六塵之中，眼識能見之性就不斷地流逸出去而奔向色塵。」

「由於聲塵中的動與靜等二種法塵互相衝擊，意根便於如來藏微妙圓滿自性中，沾黏了澄湛之妙眞如性而發起聽的功能；此時如來藏妙眞如性中的聽精，映照聲塵時，如來藏妙眞如性就開始捲收聲塵而漸次成就耳根的根元目，成爲能聞之性的所依根。這個耳根的『根元目』是清淨四大所成就而無法眼見的，因爲這個緣故，便依外表可見猶如新捲荷葉的浮塵根耳朵的體形，立名爲耳根；耳根這個浮塵根就在四大所成的六塵之中，耳識能聞之性便不斷地流逸出去而奔向聲塵。」

「由於疏通與阻塞等二種法相的發生，意根在如來藏微妙圓滿自性中沾黏了澄湛之妙眞如性而發起嗅的功能；如來藏中的嗅精映照香塵時，就爲了開始收納香塵而結集物質色法，成爲能嗅之性的所依根。這種鼻根的『根元目』是清淨四大聚集所成而無法眼見的，因爲這個緣故，便依臉上可見的鼻子色體，而將根元目勝義根名爲鼻子的自體；而外在可見的鼻子則如同雙垂爪一般，就由這個浮塵根鼻子在四大所成的六塵之中，鼻識能嗅之性即不斷地流逸出去而奔向香塵。」

「由於恬適與變化等二種法相互相摻雜，因此由意根在如來藏微妙圓滿自性中，沾黏了澄湛的妙眞如性而發起了嚐的功能；如來藏中這個嚐精映照著各種味塵時，如來藏就開始絞結味塵，於是漸漸結集四大成爲能嚐之性的所依根。這種舌根的『根元目』是清淨四大聚集所成而無法眼見的，因爲這個緣故，就依外在可見的色體舌頭而立名爲舌根；就由這個猶如剛剛被遮掉一半的明月形狀的舌頭作爲代表，立名爲舌根；然後由這個浮塵根的舌頭在四大所成的六塵之中，舌識能嚐之性就不斷地流逸出去而奔向味塵。」

「由於離開與相合等二種法相中，有著互相摩擦的現象；意根就在如來藏微妙圓滿自性中，沾黏了澄湛之妙眞如性而發起覺的功能；如來藏中這種覺精映照觸塵時，就開始結集物質色法成爲色身中能覺之性的所依根。這種覺精的『根元目』是清淨四大聚集所成而不曾顯露在外的，所以無法眼見；因爲這個緣故，就依可見的身體猶如腰鼓形狀而立名爲身根；就由身根的浮塵根在四大所成的六塵之中，身識能覺之性就不斷地流逸出去而奔向觸塵。」

「由於出生與滅失等二種法相不斷地延續著，意根就在如來藏微妙圓滿自性中，沾黏了澄澄湛湛的妙眞如性而發起知的功能，如來藏中的這種知精映照各種生滅不斷的法塵時，就持續閱覽法塵，由此促使如來藏開始結集物質色法成爲能知之性的所依根。這個能知之性的『根元目』是清淨四大聚集所成而無法眼見的——遍布於五勝義根中，由意根所緣而能作各種思惟；因爲這個緣故，就依能夠被我們覺察到的意涵而命名爲意思；如同幽隱的暗室中出生了能見的功能一般，就由意根所緣的浮塵根在四大所成的六塵中的法塵上，意識能知之性便不斷地流逸出去而奔向各種法塵。」

「阿難！就像這六根的道理，由於如來藏妙眞如性的覺了光明之中，有光明性的明了知覺，卻因爲無明而失去那個精明的覺了性，沾黏虛妄的六塵而發起覺知六塵的光明作用；就由於這個緣故，你阿難如今若是離開黑暗也離開光明時，就沒有能見的自體了；若是離開動相也離開靜相時，原來就沒有能聽的本質存在；若是沒有氣息的疏通也沒有氣息的阻塞，能嗅之性就不能生起；若不是有變化與恬適的覺受，能嚐之性就沒有能夠出生的因緣；若是與觸塵不離也不合時，能夠覺了觸塵的自性本來也就不存在；若是法塵沒有滅失與出生，你又怎能確實知道能知之性究竟要安寄於什麼地方？你阿難只要不依循動靜、合離、恬變、通塞、生滅、暗明等十二種有爲的法相，隨著你拔掉六知根中的某一根對所緣塵境的執著；脫離了對所沾黏境界相的執著，向如來藏妙眞如性之內降伏下來，把貪緣外塵的攀緣性降伏而回歸原本就在的妙眞如性，發起本來就有的光明與照耀的功德；把這一根對諸法照耀的自性發明了，其餘五知根對所緣塵境的沾黏也就同時感應而拔離所緣境，自然就圓滿而解脫於所緣境，從此以後不必再由眼前所面對的六塵所生起的能知能見來知覺諸法。這時妙眞如性照耀諸法的光明性，已經不必再依循於所緣的各種有色根了，卻可以寄託於這六種不可眼見的有色根，而使光明發揮出來；由於這個緣故，這六知根就可以互相通流作用了。」

阿難白佛言：「世尊！云何逆流深入一門、能令六根一時清淨？」佛告阿難：「汝今已得須陀洹果，已滅三界眾生世間見所斷惑，然猶未知根中積生無始虛習，彼習要因修所斷得；何況此中生住異滅，分劑頭數？今汝且觀現前六根為一？為六？阿難！若言一者？耳何不見？目何不聞？頭奚不履？足奚無語？若此六根決定成六，如我今會與汝宣揚微妙法門，汝之六根、誰來領受？」阿難言：「我用耳聞。」

由於世尊開示說：「但於一門深入，入一無妄，彼六知根一時清淨。」所以阿難尊者就向佛請問：「世尊！什麼是向上逆流修行而深入六根中的某一法門，就能夠促使六根一時清淨呢？」佛陀是如此開示的：阿難如今已經證得聲聞法中的須陀洹果，成為初果人，這時已經滅除三界中一切眾生在解脫道中見道時應該要斷除的迷惑了，也就是斷了見惑；然而這樣的聲聞初果人，依舊不知道六根之中累積而生起的無始劫來的各種虛妄熏習的內容，而且無始劫來那麼多的虛妄熏習，必須在大乘佛法中見道之後，再經由悟後修行才能斷除而獲得更高層次的智慧。阿難當時連大乘佛法中的見道智慧都還沒有，也就是還沒有獲得佛菩提道中的見道智慧，何況能知悉無始劫以來六根之中不斷積習的生住異滅等虛妄法，究竟有多少種類與數量呢？

正因爲這個緣故，所以 世尊勸告阿難：應該要先觀察現前可以徵明出來的六知根數目與功能，究竟是一種呢？或者是六種呢？一定要先弄清楚究竟是有六種各別無關的功能，或是單單只有一種整體的功能？假使說這六種功能的所依根只是一個，就應該每一根都能夠普遍作用六種功能出來，可是耳知根爲什麼卻不能看見？眼知根爲什麼就不能聽聞？頭又是什麼原因而不能走路？腳又爲何不能代替嘴巴說話？然後 世尊就反問阿難說：「如果這六種功能的所依根必然是分爲六種，就應該互相無關，那麼我釋迦牟尼如今在這個法會中爲你阿難宣揚微妙的法門時，你阿難的六知根，又是由誰來領受這些妙法呢？」阿難聽了就直接回答說：「我阿難是用耳知根來聽聞的。」

因爲 佛說要選擇一個圓通根來修行，所以阿難就問：應該要如何才能夠逆流？如何能夠一門深入而使六知根可以一時清淨？佛先指出阿難當時已經得到須陀洹果了，卻還是不懂佛菩提的。當時阿難迴心大乘以後還沒有悟入佛菩提，還是在聲聞解脫道中的初果位，所以當時的阿難尊者還不如你們之中已經破參明心的人，他是在聽聞這部經典以後才進入初地。所以當時是已經滅掉了三界眾生世間的見道所斷惑，也就是滅掉聲聞解脫道初果人所斷的見惑。三界眾生是指欲界、色界、無色界等眾生，世間是指三界眾生的五蘊。於三界眾生世間修學解脫道，在見道時應該要斷除的見惑，阿難尊者當然已經滅除了，可是仍然不能了知六知根中累劫以來的各種虛妄熏習。

累劫以來無量虛妄熏習的三界愛都已經成爲種子，於是蘊成三界愛的習氣種子留存在如來藏中，得要修到七地滿心時才能斷盡；累劫以來本已存在的所知障無明，以及無量虛妄熏習的所知障無明，也都蘊集在如來藏中，得要成佛時才能斷盡。這種無始無明與煩惱障習氣種子，得要在大乘法中證悟後的修行過程中，才有辦法漸次斷除；何況這裡面有很多的生住異滅無法計數，更加難以修斷。但是諸佛修到最後階段時，都有方便法，可以在那時一舉斷除。於是 世尊就開示，可以觀察現前能夠被感受出來的勝義根（根元目）以及浮塵根，總共有眼耳鼻舌身意等六知根（眼知根函蓋眼的勝義根、浮塵根及眼識）；應詳細觀察一下，這六知根到底是一還是六？如果說這六知根只是一根而不是六根，就應該每一根的功能都可以互通，就應該每一根都同樣可以見也可以聽，可以嗅也可以嚐，可以覺也可以知。問題是，如果主張六知根是一，爲什麼耳知根看不見？爲什麼眼知根聽不到？如果六知根是一，頭爲什麼不能走路？腳爲什麼不能講話？如果改口說不是一，認爲是六，世尊又提出一個質疑：「如果說六知根一定是六，那麼我如今在法會中爲你阿難宣揚這微妙的法門時，你阿難的六知根是由誰來領受我所說的法門呢？」阿難當然答覆說：「我用耳知根來聽。」世尊早就確定阿難一定會這樣答覆的，於是 佛又有問題提出來了。

佛言：「汝耳自聞，何關身口？口來問義，身起欽承，是故應知非一終六、非六終一，終不汝根元一元六。」佛開示說：「你阿難說是用耳知根來聽我宣說妙法，那是你的耳知根自己聽到妙法，又跟你阿難的身體和嘴巴有什麼關係？爲什麼你的耳知根聽聞妙法以後，卻是用舌頭來向我請問法義？而不是用耳知根來問話？」眞的是有問題。不但如此，「當你阿難耳知根聽到我說法以後，爲什麼不是耳知根起身恭敬承受，而是由你阿難的身體起身欽承呢？」爲何是由身體表示接受這些法義，而不是由耳知根來表示接受這些法義呢？「所以你阿難應該要知道，這六知根不能說是一個，而應該說是有六個；但也不該說是六個，同時也應該說是一個。若是推究到最後，終究不可以說這六知根原來只是一個，也不可以說這六知根原來就是六個。」因爲不論說一或說六都錯啊！若要說是一個，問你說：這個法好不好？那你應該用耳知根說好，可是明明你是耳知根聽聞而用舌知根說好啊！也是用身知根點頭，不是用耳知根點頭啊！

「**阿難當知：是根非一非六，由無始來顛倒淪替，故於圓湛，一六義生。**」

實際上，這六知根既不能說是一，也不能說是六；但是由於眾生無明所籠罩的關係，所以從無始劫以來不斷地顛倒熏習，結果是互相淪落而交替，於是就漸漸分為六種不同的功能而各自區隔開了！所以在本來圓滿湛然而不可分隔的如來藏妙眞如性之中，就產生了區隔而分化出六個不同的功能性，所以一與六的道理就出生了。也就是說，本來如來藏的妙眞如性，是可以直接了別一切六塵萬法的，不必區分為六種；但因為眾生心想顛倒，誤認五蘊十八界為眞實法，忘了自身如來藏本有的妙眞如性，於是執著六塵中的種種生滅法，以致亡一而分六，唯一妙眞如性的無邊功能就被限縮而區隔為六種，從妙眞如性中細分出來，原來就不在六塵中了別的其餘妙眞如性，則繼續保留在如來藏心體自身運作；其餘與六塵有關的部分，就全部區隔開來，分散在六知根中運作，於是就有了一與六的區別了。這都是由於三界眾生迷惑顛倒，忘失了本心的妙眞如性而淪墮於三界六塵之內，區分出六種妙眞如性而忘了自己眞正的妙眞如性，或者把六種知覺性合而為一而說自己具足了見聞覺知，認為同樣是自己一心的功能，「**故於圓湛，一六義生**」。

「**汝須陀洹雖得六銷，猶未亡一；如太虛空參合群器，由器形異名之異空；除器觀空，說空為一，彼太虛空云何為汝成同不同？何況更名是一非一？則汝了知六受用根，亦復如是。**」聲聞初果人雖然已經證得六知根全部虛妄的智慧（六知根當然是包括依根而生的六識在內，才能稱爲六「知」根），使得執著六知根爲自我的邪見銷亡，成爲聲聞初果人，卻仍然沒有把最後所剩微細自我這個「一」消滅掉，這就是「六銷」而未「亡一」。這時 世尊舉例來說明：如同無邊虛空中摻雜而混合著各種不同的容器，由於各種容器的形狀與大小互相不同的緣故，而說各種不同容器中的虛空是各種不同形狀的虛空；然而一旦除掉那些容器而觀察虛空時，又只能說虛空只有一個。那無邊虛空其實本來就是同一個，並沒有兩個或更多不同形狀的虛空，又是什麼原因而爲你阿難成爲同一個虛空或不同的各種虛空呢？世尊提出這個譬喻，使阿難容易理解：原來如來藏妙眞如性本來就是同一個，同樣都是從同一個如來藏妙眞如性的無邊法性中分出來的，哪來這六種區別呢？都因爲人爲造作了各種不同的容器，才說有各種不同容器中不同形狀的虛空；都因爲人爲造作而執著六塵中各種生滅性的萬法，才會使如來藏妙眞如性分割出六種互不相通的六知根，而成爲六種不能互通的功德。所以 世尊接著提出反問：何況你阿難又在本來非異的妙眞如性所產生的六知根之中，更進一步建立爲一個虛空（一個妙眞如性），或者建立爲非一個虛空（非一個妙眞如性）呢？世尊由此作了結論：你阿難能了知六塵的六種受用根，道理也是像這樣的。

所以說，聲聞須陀洹果所證得的智慧，雖然六銷，猶未亡一。六銷就是他已經否定自己的六知根——確定六識與六根虛妄，所以已經「六銷」；可是他們迴心而修學大乘法以後卻「猶未亡一」，因爲聲聞人聽聞到這裡時，只知道要把六知根的六種功能合併起來看待，以爲就是如來藏妙眞如性全部了，一時還沒有想到這是與聲聞解脫道相違的；都因爲還不知道六知根的六種功能合併起來時，仍然不是如來藏眞正的妙眞如性，依舊還墮十八界虛妄法中；因爲如來藏妙眞如性並不是只有這些功能而已，祂還有其他許多不屬於六知根中的功能。由於聲聞人當時把六知根的全部功德合併爲一個大功能時，仍然沒有超過六知根的全部功德，也無法觸及六知根以外的如來藏妙眞如性其他的功德，就不可能生起實相般若智慧；所以當阿難尊者等人把六知根的全部功德合併起來成爲「一」的時候，仍然沒有超出六知根的範圍，仍然落在合六為一的範圍中，因此說這些剛迴心大乘的阿羅漢與初果乃至三果人，全都是「雖得六銷，猶未亡一」。必須「六銷」而且「亡一」以後，才能超越於六知根的功德之上，才有可能觸及如來藏妙眞如性，否則仍然不能超出六知根所緣的六塵範圍以及六知根的功能之外。

這就好像「太虛空參合群器」一樣，太虛空與很多的容器混在一起，由於容器的形狀有許多種類的不同，所以那些容器裡的空就有了各種不同的名稱。譬如杯子裡沒有裝液體時，就說那杯子裡的虛空是圓空；一顆汽球裡沒有灌水或其他液體，就說汽球中的虛空是球形空；方形的容器中沒有裝物品時，就說那是方形的空；一根長管子裡空洞無物，就說管子裡是長空；管子若是短的，就說爲短空；這全都是因爲容器的長短方圓各不相同，而施設那些容器中的虛空各有不同的名稱。又譬如有人看見乾旱而無水了，就說是河空；有人看見整個村落的人們全都搬走了，就說是村落空；然而河空、村落空、長空、短空、圓空、方空，同樣都是空無，本來就只是空無而說爲虛空；後來把這些容器都除去以後，仍然是原來的空無、虛空，不曾有過虛空以外的第二個虛空。

當各種容器中的空存在時，其實各種容器中的虛空仍然是原來的虛空；只是因爲有所遮障與阻礙的地方，不能無礙地通過或作另外的使用，才施設有物之外的地方爲虛空。事實上，虛空本來就是空無的意思，這個空無只是覺知心中的一種觀念，是相對於各種「有」才產生出來的觀念，所以並沒有虛空，純粹是空無。然而空無不是可以獨自存在的法，是依附於有物之處才能施設無物之處是空無，就把這個空無稱作虛空。所以不論是依任何容器中的空無所說的虛空，而說那些虛空是圓空、方空、長空、短空、河空、村空，全都「由器形異」而「名之異空」。

如果把所有容器都除掉了，所看到的虛空其實還是空無，並沒有第二種空無，所以就說虛空或空無只有一個；至於太虛空也是同樣的道理，當然不可能因為某人的緣故而把虛空變成各種不同的形狀與數目。既然虛空事實上只是空無的別名，各種不同容器中的虛空也都同樣是空無；既然同樣都是空無，根本沒有實法可說，又怎能主張虛空是一個或是多個呢？而人間有情的六知根，道理也是一樣的。太虛空譬如如來藏心，圓空、方空、扁空、直空、長空、短空譬如六知根；太虛空函蓋了人間各種的空，但人間各種容器中的空卻不等於太虛空，而都應該攝歸太虛空；所以如來藏妙眞如性函蓋了六知根的所有功德，但六知根的所有功德合併起來並不等於如來藏妙眞如性全部，因為如來藏還有其他許多六知根所沒有的功德性。

所以有許多大師們讀經時總是誤會經義，自以為眞的懂了！其實絕大多數是誤會，然後就誤以爲六知根的所有功德加起來就是如來藏了，就認爲事實上沒有如來藏，就說如來藏只是一個施設的名詞，說如來藏只是代表六知根的全部功德。也常常有人來聽我講經以後，往往這樣子想：「我知道如來藏了，把六知根全部合併起來成爲一個心的時候就是如來藏了。」其實都是誤會，因爲我並不是這樣講解的。所以說，佛菩提道之所以難學、難悟、難證，原因就在這裡。再舉一個簡單的例子，請問大家：手指算不算身體？（眾答：算）算！可是手指等於身體全部嗎？當然不是啊！因爲手指被剁掉以後，還是有其餘大部分身體存在著。

可是愚人讀經時往往誤會，就直接套用上去，於是十個手指合起來時就說是整個身體；事實上善知識講解說手指也是身體，只是指出一個入手的方向，不是指稱十個手指就是身體主體。所以，六知根合起來時的總相，並不等於如來藏妙眞如性全部，然而卻可以使人容易從這裡入手而找到如來藏全體，甚至於眼見如來藏的妙眞如性——眼見佛性，但六知根不等於如來藏妙眞如性。由於六知根是從如來藏中生出來的，循著六知根返源逆流時就容易找到如來藏妙眞如性。六知根與如來藏的關係，就好像寶珠上面顯現出來的光影，當然不能說寶珠表面上的光影不是寶珠，因爲那也是寶珠許多功能中的一種；但是光影畢竟只是光影而已，不等於寶珠自體。所以讀經時千萬別自以爲知，到底是眞悟或是悟錯了？都得要等精進禪三時讓我勘驗了再說。如果有人自以爲悟：「**我來聽這幾個月的《楞嚴經》，已經大悟了！**」然後就走人了，那可就會錯得很離譜。我不是要留人，其實我應該要趕人；因爲現在講堂眞的再也擠不下了（編案：當時尚未增購第二講堂，每週二講經時都擠滿了人。稍前開講《起信論》時，三百平方米的講堂坐不下了，甚至在穿堂、電梯間、樓梯間都放滿了塑膠凳子，把音箱拉出去播音，滿足大眾渴求正法之心；隨後才購買第二講堂，以視訊音訊同時傳送）。我的意思是說，佛菩提道甚深難解難證，總是錯悟者多、眞悟者寡。雖然有些人在精進禪三中，只是辛苦四天，我們就幫他們悟了，所以他們覺得開悟好像沒什麼奇特，就這麼簡單。可是悟得這麼簡單，若不是我們經由兩年半的禪淨班課程中，教授了那麼多正確的知見，然後又在禪三期間施設許多機鋒，還能覺得簡單嗎？所以證悟如來藏而發起實相般若，還眞的是困難。所以千萬別因爲聽到這一段經文，就自以爲悟了，其實還是沒有悟。

「**由明暗等二種相形，於妙圓中粘湛發見，見精映色，結色成根；根元目為清淨四大，因名眼體如蒲萄朵，浮根四塵流逸奔色。**」這一段經文爲我們說明眼知根生起的原因。由於色塵中的明與暗等兩種法相而顯示出形狀等色塵，由於無明而攀緣執著色塵的緣故，便在如來藏的微妙圓滿自性中，沾黏了本來澄湛的妙眞如性，於是就從澄湛的妙眞如性中發起了能見之性。這個見精藉著明暗二相而映照了色塵時，想要攀緣識別這些色塵而領受它，於是在如來藏心中就開始糾結了色法四大的功能，漸漸地造就了眼知根，成爲眼知根的勝義根，隨後並且漸漸造成眼知根的浮塵根。當眼知根的勝義根被如來藏藉著妙眞如性首先創造出來時，這個眼知根稱爲眼根的根元目；這個眼知根的根元目，是以清淨四大所造成的，是不可眼見的。

這個眼根的**根元目**——眼根的勝義根，其實就是頭腦中掌管視覺的部分。「目」就是分類的意思。眼根的根元目就是眼根的勝義根，是以清淨四大—就是以清淨的地水火風—來造成的，不能受到染污的。而眼根的浮塵根則是可以被看得見的，是浮在身體表面而可以被大眾看見的，所以稱爲浮塵根；這個浮塵根也是常常被污染而需要每天清潔的，不屬於清淨四大。由於眼知根的勝義根—根元目—是不可見的，難以立名；於是以另外一種「**結色成根**」而可以看得見的浮塵根，也就是體如蒲萄朵的眼球，將根元目與眼體等二種眼知根，立名爲眼根。而這個體如蒲萄朵的眼球浮塵根，也就處在明暗二相所顯現出來的色塵中，不斷地流逸出去而奔向色塵了。「浮根四塵」，為什麼說是浮根呢？為什麼說是四塵呢？因為眼球不是眞正的勝義根，是浮現於身體表面而可以被人看得見的，而且是追逐四大所形成的色塵，所以說是「浮根四塵」。眼知根的浮塵根總是向外流逸，追逐四大聚合所成的色塵。

浮塵根，又名為扶塵根，是從不同方向立名的。扶塵根，是說它專門接觸外塵（接觸就是「扶」的意思），所以又稱為扶塵根。一般人總是向外流逸而追逐色塵，當然得要有扶塵根來接觸外色塵，所以走在路上時總是看來看去。當你看見一個人在路上行走時是這樣流逸的，就想：「這不是一個修行人。」因為他不斷地「流逸奔色」。如果是修行人，他就不太向外攀緣，大多是看著前方地上，或者直直地看著前方，不會東張西望；除非有什麼意外狀況，才會去注意一下。但這只是講一般的修行人，如果是入地以後，可就很難觀察了，根本看不出他是一個大修行人。

所以哪一天如果維摩詰居士來到這裡，大家都不認得他，看起來他跟平常人完全一樣；因為全都是隨緣而行，不會特別顯示什麼給大家容易瞧見，這叫作眞人不露相。其實每一個人都是眞人，因為「眞佛內裡坐」啊！

趙州不是講：「金佛不度爐，木佛不度火，泥佛不度水，眞佛內裡坐。」眞佛就是講你的眞如心，這位眞佛從來都在身中坐，從來不向外攀緣；但祂一樣是不度爐、不度火、不度水，因爲祂無形無色，怎能度水火與爐呢？而水火與爐卻都觸不到祂，所以祂是不度水火與爐的。因爲祂一向都是內裡坐，從來不出門，出門的永遠都是你；只有你才會出門，祂從來不出門。

不出門的意思懂嗎？你們離家來到正覺講堂時，說你出門了，祂還是沒出門。因爲你們五蘊中的覺知心一天到晚出了六根門頭，流逸奔色，眞佛如來藏卻都不曾出到六根門頭——從來不了別六塵，所以不曾出門，這個才是眞佛。然而眼知根一運作，就一定是「流逸奔色」，這就是眼知根的特性。沒有人是眼知根完好而不流逸奔色，你看嬰兒出生不久，眼浮塵根就開始轉來轉去，總是奔向色塵；如果看不懂的，他會努力端詳清楚。有哪一個嬰兒是張著眼睛不看色塵的？所以人類眼知根的浮塵根，一定是在四大所成的色塵中持續攀緣而「流逸奔色」。修行人也免不了「流逸奔色」，只是能夠控制而侷限於一法中，制心一處而不會亂攀緣，差別只是在這裡。

「結色成根」，就是凝結了色法四大微塵，也就是凝結四大而成就了眼知根。這是事實，可是以前有很多人不信。現在生物學與醫學上都已經證明確實是如此的，譬如有一些生物生活在極深的地洞裡，已經延續幾十或幾百年了；後來有探險家深入地洞數公里處，發現那些長住地洞中的生物都沒有眼睛，有一些是在眼球處還稍微有一點點突出，但已沒有眼睛了；有一些則是平整而完全沒有突出的現象了，這表示牠們的眼知根退化了！都因爲長年都沒有明暗二相，以致於沒有色塵可供識別嘛！導致如來藏中的見精不需要出現運作，於是就不會與如來藏妙眞如性中的見精相應，如來藏就不必「**結色成根**」，所以就從原來有眼知根的色身演變退化而失去勝義根與浮塵根了。反過來，如果把長期生存於地洞中的沒有眼知根的蝦類，長期放養在有明暗二相而具足色塵的環境中生活，幾十年演化以後就開始看得見滋生眼睛的狀況，可能幾十年後的後代就有完整的眼知根了，這就叫作「**見精映色，結色成根**」。

「**由動靜等二種相擊，於妙圓中粘湛發聽，聽精映聲，卷聲成根；根元目為清淨四大，因名耳體如新卷葉，浮根四塵流逸奔聲。**」耳根之所以會形成，當然有其原因，否則不會在母胎中發展成耳知根。諸位都知道我們的五色根各有兩種根，一是浮塵根，另一個是勝義根——根元目。譬如說耳知根，勝義根是指頭腦中掌管聽覺的部分，在身內而不在身體表面，所以看不見它在何處；另外一個是浮塵根，浮在身體表面而可以被看見，也就是耳朵（當然包含耳道裡面的耳蝸、耳膜、聽覺神經、傳輸神經纖維等，全都屬於耳的浮塵根）。有色根都是要兩根具足的，沒有浮塵根就無法接受外面的聲塵，即不能轉化外聲塵成爲訊號傳到勝義根——頭腦中掌管聽覺的部分；當外聲塵轉化爲訊號傳進勝義根，阿賴耶識如來藏就在頭腦中掌管聽覺的部分（勝義根）顯現出內相分的聲音——聲相。

腦袋中的聲相其實不是外塵的聲音，而是自己如來藏變現出來的內相分聲音；實際上跟外聲已經完全不同，但是有情都會認爲那才是眞正的聲音。有情無始以來都是聽聞到內相分聲塵，不曾聽聞到外相分聲塵，所以會認定自己所聞的內相分聲塵就是外相分聲塵。其實眞正接觸外聲的是浮塵根耳朵，但浮塵根不是心，怎能聽得到聲音呢？所以耳朵接觸外聲卻沒有聽到。但是耳朵會將所觸外聲的訊息傳送到腦袋中的勝義根，如來藏在耳的勝義根中接觸到外聲的訊息時，就在那裡變現出讓有情覺得與外聲一模一樣的內相分聲塵；這若是嚴格說來已經不是聲音了，因爲是心所變現的，但是有情都會認爲這才是自己所聽到外面眞正的聲音。這時耳識就跟著生起了，於是從勝義根中聽到內相分聲塵而聯結身外的聲塵，就以爲聽到外界的聲音了。但是大家所聽到的都不是外界的聲音，而是自己如來藏根據外聲塵而變現出來的內相分聲塵。

勝義根與浮塵根在剛入胎時是不存在的，都是由於無始以來攀緣聲塵的緣故，才會有造作耳知根的動力，由如來藏在母胎中造作出耳知根來，這當然要追溯到最初攀緣聲塵的原因了。有情會攀緣聲塵，都是由於有動與靜兩個聲塵的法相，互相衝擊；也就是說，聲音來時是動相，聲音停止了是靜相；當聲音動相來時，靜相就被逼走了；當靜相來時，動相就被逼走了；這樣子動相與靜相互相衝擊不停。當聲塵的動相與靜相互相交替的過程中，在如來藏微妙圓滿的自性當中，沾黏（或者說依附）於本來澄湛的如來藏妙覺明性，便促使如來藏中的妙覺明性（也就是妙眞如性）發起了聽聞聲塵的功能；當這個聽聞聲塵的功德（也就是聽精）發起之後，這個聽精就不斷地「卷聲成根」——持續吸取外聲塵而造出聽精所能運用的勝義根；這個耳知根的勝義根根元目，是由清淨的四大製造而成的。

「聽精映聲，卷聲成根；」當意根秉著無始以來的熏習而攀緣聲塵時，如來藏入胎後當然會繼續流注出聽精種子；當聽精的功能持續運作時，當然會與外聲塵互相輝映；只是這時還沒有識陰等六識，當然是還沒有耳識而無法由覺知心來領受聲塵，是由意根藉如來藏發起聽精而映照外聲塵。由於「聽精映聲」的緣故，如來藏就會「卷聲成根」。聽精將所接觸的聲音加以攝取，就稱爲「卷」，也就是捲收聲塵；於是如來藏就開始聚集四大而次第形成耳朵的勝義根，然後才次第形成耳根的浮塵根。

如果有一種生物是從來都遠離聲塵，經過數十年或數百年的演化以後，牠們耳根將會退化，最後將不會有耳根。但是經由接觸聲塵，時間久了，牠們就開始出現耳根的勝義根，就是在頭腦中先發展勝義根，然後才會有浮塵根成形——在身體表面產生出一個猶如荷葉的耳朵以及附屬的構造，所以耳根的浮塵根是在勝義根之後才會出現於身體表面。耳根的根元目——勝義根，藏在頭部之內，從外表是看不見的；也是不許被身外污濁的四大所染，所以耳根的「**根元目爲清淨四大**」。由於耳根的根元目爲清淨四大而不可眼見，無法立名；因此從可以看得見的浮塵根—「**如新卷葉**」—好像剛剛被捲起來的荷葉的模樣，把耳根依「**如新卷葉**」的浮塵根立名爲耳根。

「**浮根四塵流逸奔聲**。」浮根就是浮塵根。四塵是說：六塵是由地水火風四大所形成的，就以四大微塵代表六塵。能夠直接觸受外聲塵的不是勝義根，而是浮塵根，也就是耳朵。耳朵向來都是對外聲持續攀緣的，總是往外流竄而奔向聲音；所以如果後方突然出現聲音，就趕快轉頭過去瞧一瞧，想要明白聲塵突然出現的原因。轉頭去看的原因，正是從攀緣聲塵而來的，正是想要瞭解聲塵突然出現的原因。時時都在留意身外聲塵中的變化，就是「流逸奔聲」。

這一小段經文中的意思，其實正是現代生物學中進化論的道理。進化論其實也可以說是退化論，因爲退化也是演化進步的一種，藉以適應不同的新環境。凡是演化都是一種進化，只是把不需要的器官萎縮而另外發展出所需要的器官，所以退化其實也是進化。這意思就是說，耳根爲什麼會被演化而出生呢？正是因爲有外面的聲塵，然後如來藏妙眞如性在無明攀緣的前提下，就會「粘湛發聽」；既然發起能聽的自性了，「聽精映聲」以後如來藏妙眞如性就會「卷聲成根」，於是耳根的勝義根與浮塵根就會形成，當然是由如來藏所造的，不是由母親所造的，母親只是提供我們如來藏製造耳根所需的四大物質與環境。

這個道理如今經由極深的地洞中生物觀察而證明了。極深地洞中的生物在那裡面生存很久了，牠們所觸的色塵就只有暗，並沒有明暗相激所以不能看到形色、顯色等色塵，根本不需要用到眼識；當眼識一直都不現前時，見精不再「**結色成根**」，時間久了以後眼根的勝義根就退化了，接著眼根的浮塵根也跟著退化，到最後眼睛全部消失掉了。所以，已經在地洞裡生活上幾十代乃至幾百代演化以後的生物，已經沒有眼睛了！這時當然更沒有眼的勝義根，假使將牠們的腦部剖開來作研究，將會發覺牠們都沒有掌管視覺的部分，就是勝義根與浮塵根都消失了。如果把牠們移置到有明暗交替而可以看得見色塵的地方，經過幾十代以後牠們的眼根又漸漸出現了，勝義根與浮塵根全都漸漸出現了。眼根如此，耳根當然也是如此。所以說：「**由動靜等二種相擊，於妙圓中粘湛發聽，聽精映聲，卷聲成根**」，然後就由浮塵根「**流逸奔聲**」。這在醫學及生物學不發達以前，沒有人相信，只有菩薩們眞的相信。可是如今已經由生物學及醫學實驗而證明是事實了！

「**由通塞等二種相發，於妙圓中粘湛發嗅，嗅精映香，納香成根；根元目為清淨四大，因名鼻體，如雙垂爪，浮根四塵流逸奔香。**」鼻根是由通與塞兩種法相所觸發的，每一個人的鼻根都是由於通與塞兩種法相存在，才能成就嗅香的功能性。通就是把外面空氣吸進來時沒有阻塞，由於空氣中存在著香塵，所以藉由吸氣來嗅聞香塵。吸氣滿足而使胸腔脹滿了就得要停下來，不能再吸氣了，這時候就叫作塞。然後再呼氣出去，這時已經不能嗅知外香塵，只能嗅知自己肺部呼出空氣裡的香塵了。就由於吸與呼互相交替，才能嗅知香塵；如果沒有呼氣時把香塵暫停一下而使鼻根暫時回復無嗅狀態，鼻根的功能就很難持續正確識別香塵了；所以說識別香塵的鼻知根，是要先有通與塞兩個法相來交替變換，才能夠開始造色而成就鼻根。

由於無始以來常住人間熏習著呼吸的習慣，產生了疏通與阻塞的現象；然而空氣中總是有各種香塵存在，於是就由疏通與阻塞這兩個現象而使意根緣於香塵上的法塵，於是就促發了如來藏妙眞如性中能夠嗅聞香塵的自性；這就是說，經由疏通與阻塞二相的交替變化而互相輝映時，意根爲了想要收納香塵而加以識別的緣故，所以如來藏妙眞如性就因爲這個作意而發起想要識別香塵的自性，這個自性就稱爲嗅精，當然這個嗅精還是從如來藏妙眞如性中流注出來的，還沒有發展到鼻根所以這時還沒有鼻識，還不能在覺知心的層次中來了知香塵。

「於妙圓中粘湛發嗅」，如來藏妙眞如性是圓滿而澄湛不動的，但由於想要識別香塵而沾黏了妙眞如性澄湛自性，才會發起嗅精——能嗅之性；這時的嗅精當然還是依附於如來藏的妙精明性中運作，於是意根可以攀緣香塵中的法塵了。然而因爲如來藏的妙眞如性還沒有造出鼻根，當然還無法嗅知香塵的內容，仍然只能在通塞二相上面識知香塵上的極粗糙法塵（當然這也是指尚未成佛以前的層次）。爲了想要吸納香塵的全部內容，於是意根促使如來藏結色成根，這就是「納香成根」；這時所造成的鼻知根，當然還只是勝義根，浮塵根還沒有出現。當母胎中的鼻根勝義根成就時，這個鼻根的勝義根（根元目）是由清淨四大所造的，是存在腦袋中而不與外面四大接觸的，是不受染污的，所以說「根元目爲清淨四大」。這就是腦袋中掌管嗅覺的部分，是不許受到任何不淨四大所染污的，否則就得趕快送往醫院救治了。

當勝義根、浮塵根都還沒有被如來藏製造出來時，如來藏在受精卵位就已經有這種嗅精的功能性在運作了，這當然是緣於意根想要納香而加以識別的動力，嗅精才會流注出來。當有情意根生存在有香塵的境界中，久了以後如來藏就開始流注出嗅精，再由「嗅精映香，納香成根」；當嗅精與香塵相觸而互相輝映時，就會促使如來藏的妙眞如性開始運作，造就鼻知根的勝義根出來；這個鼻根的勝義根既然是由如來藏攝取清淨四大而形成，不顯露在外，而是在頭殼中，不許受到外塵所染污，因此鼻知根的根元目仍然是清淨四大。這個根元目（勝義根）即是鼻識的所依根，這時還沒有鼻根的浮塵根，而浮塵根其實是附屬於勝義根的器官。

當清淨四大所成的鼻根勝義根逐漸造成以後，嗅精映照香塵的功能更進一步了，但是始終無法與外香塵聯結，仍然無法識知外界的香塵，於是如來藏妙眞如性又開始漸漸製造出浮塵根來，才開始與外香塵接觸。由於勝義根是清淨四大所成而隱藏在腦袋中，是不能看得見的，無法指來建立名稱，於是就只能依浮現於身體表面的鼻根浮塵根來立名了！這時由於看見鼻根的浮塵根色體猶如兩邊下垂的爪子一般，就依這個雙垂爪的浮塵根來建立鼻根名稱。這就是說，當鼻根的勝義根造就以後，仍然無法直接與外香塵接觸，就無法識知人間的香塵了；於是繼續「納香成根」的過程，如來藏妙眞如性便繼續製造鼻根的浮塵根；當鼻根的浮塵根造就以後，就由這個浮塵根去攀緣四大微塵所成就的香塵，於是鼻根的浮塵根就向外流逸出去，不斷地奔向外香塵了，這就是「浮根四塵流逸奔香」。

「由恬變等二種相參，於妙圓中粘湛發嘗，嘗精映味，絞味成根；根元目為清淨四大，因名舌體如初偃月，浮根四塵流逸奔味。」舌知根是怎麼生出來的？是由於有恬與變兩種法相作爲引生的原因，才能由如來藏妙眞如性中變生出來。恬是清淨而微甜的覺受，譬如口不渴的時候，嚐一嚐自己的舌頭與唾液時，會有淡淡的甜味；後來流汗而口渴時，可就變成微鹹或者微苦了！尤其生病時舌根的感覺，大多數是變成苦的。正常的時候，口不渴時多數是微甜的情況，當你覺得這種境界很舒適時，就變成心字旁的「恬」了。然而人總是會有流汗以後變成的微鹹微苦的狀況，當恬與不恬的狀況變來變去時，正是味塵中所顯示出來的兩種法塵上的大變動，這就是恬與變等大變動。若是一直都不變化時，舌根就無從辨別味塵了；所以必須有變化，才能了知各種不同的味塵。當這兩種味塵上的恬與變互相摻雜變化的時候，意根就從如來藏微妙圓滿的無邊自性中，沾黏了妙眞如性而從如來藏中發起了能嚐的自性，這個自性就稱爲嚐精。當嚐精功能從如來藏中流注出來時，嚐精與味塵互相映照了，如來藏就開始製造出舌根來。

最初時的舌根勝義根（根元目）是以清淨四大所造成的，這個舌根的勝義根是不在身體表面，而在腦袋中，所以從外表是看不見的，也是不許受到任何染污的；如果受到染污時，腦部就會出紕漏，必須趕快送去醫院治療了，因此說「根元目爲清淨四大」。但這時還沒有浮塵根，仍然無法使覺知心與人間的味塵互相接觸；於是在意根的攀緣下，如來藏繼續「嘗精映味，絞味成根」的過程，於是舌根的浮塵根—猶如滿月後沒幾天剛剛被遮掉一些的半月形狀的舌頭—也就隨後被如來藏製造出來了。當浮塵根的舌頭被如來藏製造出來以後，就由這個浮塵根的舌根在四大所形成的味塵中，不斷地流逸出去而奔向味塵了。

關於鼻根與舌根，有一個知見必須告訴諸位，因爲曾經有一位法師問我說：「老師！您說色界天人沒有鼻根，他們都沒有鼻子嗎？」這必須要爲大家說清楚，因爲你們之中可能也有人對這件事情有疑。當我們說色界天人沒有鼻根與舌根時，並不是說完全沒有舌頭而叫作沒有舌根，或者完全沒有鼻子而叫作沒有鼻根，請不要誤會。譬如我說色界天人沒有鼻根，一般人初學佛法時若是第一次聽到了，有可能誤會我說的是色界天人沒有鼻子。其實色界天人是沒有鼻舌的勝義根，但他們還有呼吸，當然還有鼻子；他們有時也要說話或說法，仍然要有舌頭。但是他們這二根都沒有勝義根，所以我說他們沒有鼻根、舌根。如果色界天人沒有鼻根是說沒有色體的鼻子，那色界天人豈不全都是塌鼻的怪人呢？如果色界天人都沒有舌頭，就不能說話，也不能說法了！但色界天人其實仍然有舌頭而可以說法，只是因爲他們以禪悅爲食，不吃食物而不必有鼻舌等辨味聞香的功能，不需擁有鼻舌根的勝義根，所以說他們沒有鼻舌根，這就是禪悅爲食的色界天人。

如果你們將來有一天，也像我十幾年前那樣一時證得初禪遍身發的初禪功德，就會知道：色界天人身中如雲如霧而沒有五臟六腑，也沒有頭腦，怎麼會有鼻與舌的勝義根呢？那時也會現起天眼而親眼看見自己的初禪細色天身，完全不同於欲界人間的粗色欲界身。可是當你初禪定力退失以後，欲界身中的初禪天身就不見了；當你把定力再修回來時，初禪天身又回來了，是與你的欲界人身並存而重疊在一起的，就正好不大不小地合在一起，所以人身與天身互相和合而不免有微細摩擦時，胸腔中就會有樂觸生起了！這就是人間色身證得初禪時的禪悅爲食。這時欲界人身繼續以摶食爲食，而身中的初禪天身則是以禪定的喜悅爲食。由於初禪天身不以摶食爲食，所以就不需要接觸味塵，也不需要接觸及識別香塵，所以不需要有鼻根與舌根的勝義根，所以我說他們沒有鼻根、舌根。

但是沒有舌根並不是說沒有舌頭，因爲色界天人在定外一樣可以互相說法啊！不然報身佛在色究竟天宮要怎麼說法呢？是因爲他們不需要欲界的摶食，所以沒有舌根的勝義根，但不是沒有舌頭；是因爲沒有辨味的勝義根，所以說沒有舌根，但舌頭還是有的。不過，還有一個知見諸位也應當知道，有舌頭不一定就有浮塵根，因爲所謂的舌根是指辨味的色法構造，譬如舌頭中的味蕾、味覺神經等，才是舌根的浮塵根內容。因此，舌根的浮塵根並不是指舌頭中的肉質及運動神經、痛覺神經，因爲這是屬於身根而不屬於舌根。所以舌頭不等於舌根，所以我說色界天人沒有舌根，並不是指稱色界天人沒有舌頭，請別誤會我的意思才好。

同樣的意思，沒有鼻根，也不單指沒有鼻的勝義根，事實上是連浮塵根也沒有的；然而沒有鼻子浮塵根的意思，不是說沒有鼻子色體；而是色界天人的鼻子都沒有嗅聞外香塵的構造與功能，才說色界天人沒有鼻根的浮塵根。假使色界天人常常來欲界，不是像一般的色界天人那樣常常入定或論法，他喜歡常常化現爲欲界天人遍嚐欲界天食物的味道，由此而引生了嚐精，那麼他就會開始墮落；因爲他的舌根勝義根、浮塵根種子都將會增長，這就是**「由恬變等二種相參，於妙圓中粘湛發嘗，嘗精映味，絞味成根」**，於是他下一世必定會出生在欲界天中。

「絞味成根」，譬如吃食物時，一定要嚼爛了才能吞下肚去，所以叫作「絞」。吃飯時總不能狼吞虎嚥吧？只有虎狼一類才會一塊又一塊地吞下去。譬如一條狗，你給牠一顆滷蛋，牠雖然不會細嚼，但也不是一口吞下去啊！還是要咬碎了才吞下去啊！人類則必須要細嚼以後才能吞下去。細嚼就是絞的意思，細嚼以後食物中的味道就顯現出來了，所以說是**「絞味」**。「絞味」之後，「嘗精映味」，如來藏就會聚集四大「成根」，於是勝義根就開始出現。可是想要製造出勝義根，一定要從母血中攝取清淨四大，也就是從母血中攝取不受染污的四大極微，所以舌根的根元目成就了——勝義根成就了；隨後就是繼續製造出舌根的浮塵根。追究舌根的勝義根與浮塵根出生的由來，全都是由於累劫以來「嘗精映味」的緣故，嚐味之性增長而不能休止，所以入母胎以後就必然會因爲這樣的種子而成爲「絞味成根」的現象。

在母胎中的舌根，最初形成的是勝義根，也就是舌根的根元目。舌根的勝義根必然是清淨四大所造，收藏在頭腦中而不可能與身外的不淨物質接觸，所以說這個「根元目爲清淨四大」。舌根的根元目既然是不可見的，要憑什麼來立名呢？特別是古人醫學不發達，無法顯示腦袋中的某一部分就是舌的勝義根，即使智者說清楚了，人們也不會相信；於是舌根的立名就只能從浮顯在身體表面，可以被人們看得見的浮塵根來立名了，於是就從表相觀察而了知舌體如同初偃月一般，就依初偃月形狀的舌體，將嚐味的勝義根與浮塵根合併立名爲舌根。當舌頭中的舌根浮塵根成就了，便開始在四大微塵所成就的味塵中，不斷地「流逸奔味」。

「**由離合等二種相摩，於妙圓中粘湛發覺，覺精映觸，摶觸成根；根元**

目為清淨四大，因名身體如腰鼓顙，浮根四塵流逸奔觸。」這一段講我們的身根。有很多人誤會身根，認為身體就是身根。其實身體不等於身根，如果身體就是身根，那麼人死了，屍體也可以叫作「有根身」啊！「有根身」的意思是：有身根的身體。可是在一切種智中不說屍體是有根身，而叫作「無根身」，這表示某人原來正常的身根壞了，說那個身體現在沒有身根了。所以身根是說正常色身中能感受觸覺的部分，而正常的色身並不等於是身根，因為正常色身中還有許多部分並非身根的內容。這是說，正常色身中掌管觸覺的部分，譬如有關感覺神經的傳導等器官，以及腦部掌管觸覺的部分，才屬於身根。當身根感受觸覺的功能仍然存在時，才能稱之為「有根身」；如果掌管觸覺的感知器官全部壞掉了，就沒有辦法了知身上的冷熱滑澀痛癢等觸覺，連自己色身是處於動或靜的狀態都無法反觀時，連自己的色身是否還存在，都無法只從身根的觸覺上加以了知時，就說身根壞掉了！

如果身根的勝義根都沒有壞，可是浮塵根壞了，也沒有辦法了別觸塵；但這時仍然是有根身，因為只有一部分遭受到毀壞，勝義根還沒有壞，只是身根不完整，還是不會捨報的。在勝義根與浮塵根完整無缺時，才是具足的有根身；浮塵根毀壞時，還不是完全的無根身，就一定不會捨報；當勝義根與浮塵根二者都毀壞了，或者勝義根毀壞而連帶使浮塵根沒有作用了，就成爲無根身，這時一定會捨報。所謂的植物人，只是身根的動器（編案：正常人都有受器與動器）毀損而無法表示意思，才被稱爲植物人；其實他們仍然有清醒與眠熟的不同分位，觸覺還是存在的，當然還是有身根的身體，正是有根身；這只是有缺陷而不完整，如來藏就不會捨報。一定是身根完全毀損而完全不知觸覺了，才會捨報而被稱爲死人。所以人死了就叫作無根身，因爲這時五個勝義根中都無法再顯現內相分了，意根與如來藏已經無所能爲了，不再歸如來藏與意根所掌控了，所以叫作無根身。

人的身根，主要是指頭腦中掌管觸覺的部分，再加上色身內部的感受部分，以及神經纖維傳導、皮膚上每一方分的感知器；舉凡體內感知及體表知道冷熱痛癢澀滑等有關的部分，全都是身根的範圍。然而身根是從哪裡來的呢？只是由入胎後的或然率或者自然性來出生的嗎？當然不是，一定有其前因與現果。前因是由於累劫以來一直想要擁有色身、覺知觸塵，於是在觸塵中由於和合與相離的法相互相變換，產生了色身對其他色法的和合接觸以及相離，因此而有身根相應的覺精出現。這個覺精是從如來藏妙眞如性中出現的，於是這個覺精與觸塵映照的結果，身根就開始形成，意識即不斷地熏習；

於是種子熏習成就了，入胎以後就會在意根的作意下，由如來藏將觸覺的功能摶集起來，便聚集了清淨的四大，製造了身體而在身體中成就了身根，這就是「覺精映觸，摶觸成根」。

這時被如來藏妙眞如性製造完成的身根的根元目（勝義根），是以清淨的四大來製成的，所以說「根元目爲清淨四大」。這個身根的勝義根被包藏在頭腦中保護著，不會被污垢的四大物質所染污。有了勝義根以後，還是無法攀緣了知身體內外由於合離所生的各種觸塵，於是如來藏必須繼續製造浮塵根，遍在身體內外存在，才能接觸身內身外的所有觸塵。當身體內外的所有身根都製造完成了，已經可以接觸身內身外的所有觸塵了，於是身知根全部成就；從這時開始，身知根的浮塵根就面對地水火風所成就的觸塵，不斷地流逸奔向觸塵了。由於身根的勝義根被安全地包含在頭腦中，都不顯露在外，所以無法從外表看得見身根，當然身根就無法依勝義根來立名；於是基於這個緣故，就依猶如腰鼓的形狀，可以被眼睛所看見的浮塵根表相身體，立名爲身根。

「由離合等二種相摩」，身根與外塵相觸和合時當然是相摩，然而與外塵相離時也是相摩啊！譬如不用眼睛來見的時候，手觸摸到一個物品時，一時還不知道那是什麼；得要動一動，變換所觸的位置，才會知道它是什麼。譬如一張紙，把你眼睛蒙起來，讓你用手直接觸摸到，手不許絲毫移動，你將不知道那是什麼，也許會猜測為棉布或塑膠布等等；一定要平面及上下稍微移動一下，在動態下摸一摸，才會知道那是什麼。這表示有相摩的作用時，才能產生觸覺而分辨所觸的物品；當手稍微上下及平面移動時，是對剛才所觸的位置**離**，而對後來所觸的位置**合**，所以相摩時是函蓋**離**與**合**的。離，是依附於**摩**而存在的；合，也是依附於**摩**而存在的；沒有單獨的某一法叫作離或合，所以當你觸摸到一個物品時，都是摩，都具有合與離二相。

由於離與合等兩種法塵相摩，也就是離與合互相不斷地交換：在離的時候有新的合觸同時發生，在合的時候也有新的離觸同時發覺；就在這兩種觸塵相摩的時候，從如來藏微妙圓滿的自性中，引發出澄澄湛湛妙覺明性，這個妙覺明性就稱之為「覺精」，專門用來覺察觸塵上的覺受。就依這個覺精的運作，在如來藏妙眞如性的支援下，自然就會將觸覺摶集起來；為了要使摶集起來的觸覺產生識別觸塵的作用，當然得要有物質上的身根來接觸，於是如來藏才會開始聚集四大而成就身根，於是身體就可以了別觸覺上的順違境界。這時當然會開始由浮塵根的身體「流逸奔觸」，於是時時刻刻都在了別觸塵了。

身根是遍布全身的，無一處沒有觸塵與觸覺；所以身根也遍於眼、耳、鼻、舌等四根之中，才能了知那四根是否生病而覺得難過。一般人是無法了知身根遍及其餘四種有色根的，乃至如今佛門大師們也是不懂的，總是以為五色根沒有互相含攝的地方。想要具足攝取五塵時，就必須具足身根，然後前四根才能存在及運作；否則，前四根生病或耗損時，要由誰來了知呢？當然是由身根來了知，然後才能加以照顧。為了身根的正常存在及運作，又必須有五臟六腑來配合運作，不然身根就無法運作；所以五臟六腑成就了以後，身根的浮塵根還得擴大到五臟六腑之中，才能了知五臟六腑有沒有正常或是生病了？假使身體有病態出現時，身根就顯示那個處所的難過覺受，所以全身（前四根乃至五臟六腑）內部也都有身根的浮塵根，醫學上說這部分的觸塵覺知名為內覺。

但是身根遍布全部身體中，卻不是指身體肉體，而是身體內外的觸覺感知部分；由於無法一一指出身體中的哪個部分就是身根，於是就依遍布身體全部而依腰鼓顙一般的身體，施設名稱為身根。這樣一來，五色根就具足了！而五根的具足，目的是為了了知五塵。

諸位！你們如果破參了，可以從中陰身的入胎與出生的過程中，如來藏是怎麼運作的，把這些經文所講的道理和合起來一起觀察，就會了知嬰兒爲什麼藉著母體就能發展成五根具足，一根都不缺；當然是爲了受知五塵，而人間業的果報正是要在人間了知五塵，正是在人間經由五塵來完成果報啊！可是，爲要了知五塵的緣故，當然要從如來藏中引生三個功德：製造五色根的功能、顯示內相分的功能、流注五識的功能。

可是這些功德又是依憑什麼才能從如來藏中出現？都是因爲意根的關係。所以，如來藏能夠「見精映色、結色成根……聽精映聲、卷聲成根……嗅精映香、納香成根……嘗精映味、絞味成根……覺精映觸、摶觸成根」，全都是因爲意根有遍計執性而在背後主導著。都在意根的主導下，如來藏妙眞如性才能形成這五色根。當這個五色根具備了可以在人間生存的條件時，意識就能出現了，於是你就從母體中出生了。所以意根才是最重要的，如果少了意根，前面這五根就都無法成就。這也就是說，如來藏入胎以後住在母體中，由意根作意驅動，如來藏運用大種性自性和妙精明性，也就是藉著能見之性、能聞之性乃至能覺之性，從眼根的結色成根乃至身根的摶觸成根，完整造出了五色根，然後才能有前五識在五色根中出生及運作，五知根才算具足了。所以製造色身的人是自己的如來藏，不是你的母親；母親是幫忙你取得受精卵的因緣，並且提供清淨四大給你的如來藏，你是藉著媽媽的清淨四大由如來藏製造自己的五根身。但如來藏是隨緣運作的，不會主動去製造五色根，要有意根作意才會製造五色根。所以這五根身如果沒有意根，還是無法成就的，那麼意根與意知根又是怎麼樣的狀況呢？

「由生滅等二種相續，於妙圓中粘湛發知，知精映法，覽法成根；根元目為清淨四大，因名意思，如幽室見，浮根四塵流逸奔法。」由於**出生與滅失**這兩個法塵相續不斷（諸位假使是識貨者，由《楞嚴經》這一句經文中的說法，就可以判知這絕對不是初地、二地、三地菩薩所能寫得出來的。因為此經雖然講到如此深入，卻不會前後矛盾而產生問題。翻譯也很忠實，遣詞用字也很典雅，只是太精簡而且陳義極深，所以使人難以讀懂罷了！）「**由生滅等二種相續**」，如果是一般證悟者創造經典時，大概會這樣說：「**因為有生滅兩種法塵。**」他們一定不會加上「相續」兩個字。為什麼這裡說是「相續」呢？是因為法塵的生滅相必須恆常顯現不斷，也必須有顯示法塵的心恆常不斷地顯現法塵的生滅相，這當然就是如來藏心；還必須有另一個恆常不斷的心來了別法塵上的生滅相，這就是意根末那識。由於有常住不斷的如來藏心的妙眞如性，也有無始劫來不曾間斷過一剎那的意根，有這兩個法相續不斷地運作著，才可能有法塵生滅相續；然後才會有眾生的覺知心（特別是意識心）生起，於是眾生才能具足成為有情。由這裡就知道，「相續」兩個字是不可或缺的。有智慧的人就從這裡判斷經典的眞偽——發覺處處都找不到毛病或問題，不論是大處或小處都一樣。沒智慧的人讀不懂，卻不承認自己沒智慧，反而無根毀謗說楞嚴是偽經，造下無根毀謗極深妙法的一闡提罪。然而意根與意識的了知性，究竟是怎麼回事呢？

由於常住的如來藏心不斷地流注出五塵而顯示了法塵，當法塵的出生與滅失等二種法相不斷地延續著，眾生的意根在攀緣三界諸法的我執作意下，這個相續不斷的意根就在如來藏微妙圓滿自性中，從澄澄湛湛的妙眞如性中沾黏出了知的功能，這就是專屬於意根的「知精」；然而意根專屬的「知精」，仍然是從如來藏妙眞如性中生出來的。當如來藏中的意根專屬的「知精」，映照如來藏所生內相分中的各種生滅不斷的法塵時，就會持續閱覽這些法塵，專在法塵上的重大變化—出生與消滅等兩種大變化上—持續不斷地認知。但因為對於生滅變化中的細相完全不知，於是必須有勝義根及浮塵根作為藉緣來生起意識覺知心，才能細加了別而受納所有六塵。由此緣故意根就促使如來藏開始結集物質色法，遍布於五種勝義根之內，才能遍緣五色根的勝義根，才能遍緣五塵上的法塵。但這種有色根卻是遍布於五勝義根中，歸屬於五勝義根，而由意根同時遍緣，助成意識的自性（能知之性）遍在五勝義根中出生，與意根、意識共同成爲前五識自性的俱有依。

而這個遍於五勝義根中的意根所緣色法——意根的根元目，依舊是由如來藏攝取清淨四大所造成的。由於這個意根及意識能知之性所依的「根元目」——遍於五勝義根中的意所緣色，仍然是清淨四大聚集所成而無法眼見的，也是無法分析出來明確指定的；這種意根所緣的遍於五勝義根中的根元目，由意根遍緣而能使意識能知之性現前，且能使意識遍緣五塵與五識所緣境界，始能廣作各種觀察及思惟；就因爲這個緣故，才依它能夠被我們覺察到的意涵而命名爲意思。這個由意根所緣而遍在五勝義根中的根元目，如同幽隱的暗室中出生了能見的功能一般，就由意根所緣而藉著五色根的浮塵根，在四大所成六塵中的各種法塵上面，不斷地流逸出去而奔向各種法塵。

「知精」是屬於意根的了知性，意根自無始劫以來就有能夠遍緣一切法的精明性；這並不是意識清楚了知六塵時的精明性，可別誤會爲平常見聞覺知六塵時的了知。意根的知，譬如睡著無夢時的知；如果還沒有破參明心，根本就想不通：「我睡著無夢時就完全沒有知了，哪裡還有知？」事實上絕對有知，只是睡著無夢時意識覺知心暫時斷滅了，無法反觀自己意根這個知；而且這個知是意根的知，不是意識覺知心的知；而意根又沒有證自證分，不會反觀自己是否有知，當然眠熟時無法知道自己這個知。意根是二乘聖者所未曾證的第七識，在大乘法唯識增上慧學中說為末那識，又名遍計執識，因為祂遍緣一切法，就是前面經文中所說的「默容一切世間出世間法」。

由於無始劫以來，意根這個了知的精明性時時與法塵相輝映。法塵附隨於五塵之中，法塵是依附於五塵而存在的，所以法塵不能離開五塵而獨存；只有滅盡定中的定境法塵可以離開五塵而獨存，只有二禪以上的等至位定境法塵是離開五塵而獨存的。這裡講的是人間一般的情形，不是特定情況下的法塵，當然是依附在五塵而存在的；所以當你睡著無夢時，勝義根中仍然有五塵，當然法塵也就隨同五塵存在啊！可是眠熟位中的五塵，因為前五識都暫時中斷了，所以就不知道五塵仍然存在著；眠熟位中的五塵上所顯示的法塵，也因為意識中斷而不能了別了，所以沒有覺知心離念靈知來了知眠熟位中的各種法塵。這時七轉識只剩下意根存在，所以於六塵中的能見、能聞乃至能知之性，都已不生起了，只剩下不會反觀自己的意根在了知法塵的生滅相；這時已經無法了別法塵中的各種細相，當然就不知道自己正在睡眠中，又怎能知道自己還有了知性呢？所以只有大乘法中的證悟者，才能了知眠熟無夢時的了知。

意根是心，但這時的意根只能從五塵所顯現的法塵中，了知法塵的生滅狀況是否有重大變化，不能了知五塵境，也不能了知五塵的細相，更不能了知五塵所顯法塵的各種細相，全都不知道！意根所能了知的法塵都是很粗糙的，只能了知法塵的重大變動性，也就是法塵生滅時的法相。如果法塵的生滅變動性不大，意根就會決定繼續睡覺，不會中途醒來，於是一覺到天亮。如果眠熟過程中的法塵變化很大，譬如你們有好多人住在台灣中部，九二一大地震時根本沒辦法逃生，因爲連走路或跑步都沒辦法；那樣的大地震，才那麼一晃就把你晃醒了！因爲那個法塵變動很大。那個會使你快速醒過來的地震法塵，是在什麼地方顯示出來的呢？是從聲塵、觸塵上面顯現出來的。

當時地震的大變動法塵，經由浮塵根而在勝義根中顯示出來，讓你的意根知道法塵變動很大，於是意根就「覽法」，閱覽了當時的法塵大變動，就把意識覺知心喚醒；意識才剛生起時也弄不清楚是怎麼回事，於是意根又把前五識全都喚醒，才弄清楚原來是大地震，得要趕快逃命。這樣解說是很慢的，然而當時的連鎖反應卻是很快的。

意根這個「覽法成根」，也是說意根不論何時都是這樣；譬如在中陰階段，經過第一個中陰階段以後，已經知道中陰身只有七天的生命，七天到了就會再度死亡，於是在第二個中陰身出生以後，三、四天內就去投胎啦！投胎了以後，中陰身滅了，這時住在母胎中，只剩下意根和如來藏。前六識已經無法再現行了，因爲上一世的勝義根與浮塵根都無法來入胎嘛！而上一世的覺知心是藉上一世的五色根才能生起及存在的。至於投胎後的下一世覺知心也還無法生起，因爲來世的覺知心所依的五種勝義根與浮塵根，都還沒有被如來藏的妙眞如性製造出來；那時剛入胎才只有一顆小小的受精卵，連肉眼都還看不見它呢！那時的知，就只是意根的知；而當時意根的知——五別境心所法中的慧心所——是沒有五塵上的法塵可供祂攀緣的，所以那時的知，當然更差勁，更無法被眾生所認識。

入胎後，剛開始是羯羅藍位，只是一顆受精卵；然後漸漸的細胞分裂而一直擴展，一週以後叫作遏蒲曇，這時能了知六塵或法塵嗎？根本就不行。然而這時還是有意根在了別的，那你說：「我怎麼都不知道當時我自己正在了別呢？」都因爲意根沒有證自證分，而且那時也沒有意識所能知的法塵，所以意根所緣的境界更微細，你自己當然不知道。然而不能因爲那時自己完全不知道，就說那時是完全沒有了別性。那時意根的了別就是這個情形，所以意根當時的知精其實還是存在著，只是太微細而難以了知罷了！這時的意根知精仍然是默容一切世間法的，仍與世間法相對應而繼續運作著，這就是「知精映法」。

爲什麼初入胎位意根也能「知精映法」呢？因爲意根從如來藏的妙圓覺中「粘湛發知」，而使意根的極微細知覺性發起，就與極粗糙的無邊法塵互相輝映，這就是閱覽法塵——把所有法塵全部遍覽，所以才叫作遍計執性。意根有遍緣一切法的體性，所以在母胎中「知精映法，覽法成根」；由於一直想要了知六塵，可是卻無法了知，因爲五色根還未生起，或者入胎後三、四個月了，意識仍然不具足，因此就無法喚起具足的前六識而確實了知六塵，於是意根就「覽法成根」，繼續作意而使如來藏以妙眞如性，繼續創造五色根，把五色根具足圓滿。若是沒有意根這種默容一切世間法的特性，如來藏是不會主動創造五色根的。

意根想要具足圓滿世間法，所以由祂的作意，如來藏的造色功能性就不斷流注運作；經過一天又一天，十個月成滿時，五色根就具足了，這時連同意根就具足六根了，應該出生了，於是就促使媽媽把他出生了。每一個人都是這樣被媽媽出生的，這一出生時就六根、六塵、六識都具足了。然而意根是遍緣五勝義根的，所以意識才能在五勝義根觸五塵處出生：意根在五勝義根中觸了法塵，意識就在五勝義根中出生了，才能夠了知六塵的全部內容。五勝義根中廣被意根所緣的部分，根元目仍然是清淨四大，仍然是藉著媽媽的幫忙而由如來藏製造出來，所以仍然離不開地水火風等四大。如果離開了這個清淨四大所成的五色根，意根就無法在人間現行運作。

所以歸根究柢，意根所緣遍於五勝義根中的根元目，還是清淨四大；而五勝義根及五浮塵根的成就，全都是由於意根「知精映法、覽法成根」，才能使如來藏成就五勝義根及五浮塵根。當五浮塵根也成就了，於是意根就藉著五浮塵根，在眾生不知不覺之間，偷偷地向外剎那剎那不曾間斷地攀緣一切世間法；如同處於幽隱的暗室中，向明亮的室外偷偷地觀見一切世間法，從來都不被眾生所知道，所以才說「**如幽室見，浮根四塵流逸奔法**」。意根總是不曾一剎那間斷地向外流逸，總是時時刻刻向外奔趣一切法，無始劫來不曾一剎那中斷過。

意根相續不斷地處在生滅二塵當中，不斷地執取法塵，不對五塵加以了知，也不對法塵中的細相加以了知。但意根只要覺得哪個地方有些不正常，隨即把意識拉過來了別。所以意根就像公司裡的總經理，意識就像業務經理，這個業務經理下面有五個課長，一個管看，一個管聽，一個管嗅，一個管嚐，最後一個管覺；意識總管這五個法，同時總管這五法的細相，還掌管這五法中的一切法塵。當總經理說：「意識經理趕快到這邊來。」意識就專注在這個部分，於是眼識就隨同意識專注在這裡，不會去注意別的地方，而意識卻同時還對其他五塵繼續保持輕微的注意；但總經理意根對於意識所應了知的內容，是沒有能力了知的，專要依靠意識等六識來爲祂了知。這就是說，意根遍緣一切法，所緣極廣的緣故，了別性就相對減弱了，就得靠前六識來爲祂了別；而前六識太專注，因此所緣的法相就不夠廣大，萬一其他部分臨時出現大變動時，意識雖有覺察，也無法運轉識陰六識立即回應，也得要靠意根的遍緣來輔助，才能把意識轉移到突發狀況上，所以這七個識是互補而不會互相排斥的。

意識只管了知，也就是廣作覺察、分析、思惟、判斷等等；然而意根的行相很微細而難以了知，主要卻是在作思量、決定，所以意根的思量與決定，就稱爲「意思」，所以世尊說：「因名意思。」是因此而名爲意根的所思。

意根這個思心所很微細、很幽隱，一般人及二乘聖者都難以覺察，所以世尊說意根的思量性「如幽室見」，如同幽室中的能見一樣，不斷地向外面四大所形成的六塵中，流逸出去而奔向一切法塵。幽室就是黑暗的房間，譬如把所有窗戶都緊閉，全部用黑布幔遮蓋了，外面根本看不見裡面，這就是幽室。但是裡面的人卻很容易、很清楚地可以看見外面的所有景物。所以意根很容易照見所有粗糙的法塵，但是眾生想要覺察到祂的存在，卻是很困難的。

可是意根對種種法塵都不能了知，只能區別是否有了重大的變化，只能作這種極粗劣的了別，所以必須依靠意識及前五識來爲祂服務。可是由於意根有廣緣一切法的特性，所以當五勝義根與五浮塵根都成就以後，祂就可以更加廣緣了，於是就在四大所成的五塵顯現的一切法塵中不斷地流逸出去，奔向一切法塵之中。即使你想要靜坐而不攀緣，意根仍然繼續祂流逸奔法的慣性，繼續出生許多念頭，使你念念不斷地繼續打妄想、繼續執著各種法。甚至晚上很累了，必須讓前六識中斷而睡眠休息時，到了半夜身體稍微不那麼累了，意根又開始促使如來藏生起夢境，於是又開始在夢境中繼續攀緣了，所以世尊說意知根「浮根四塵流逸奔法」。

意知根一直都與見精、聞精、嗅精、嚐精、覺精、知精同在一處，這六精其實就是佛性，是在如來藏心體上直接運作的，屬於如來藏的性用之一，並非六識心的見聞知覺性；因爲這是與六識心的見聞知覺性同時同處的，也是在六識心的見聞知覺性不存在時（譬如眠熟或悶絕時）仍然繼續存在而可以被十住菩薩所眼見的，所以不可能是六識心的見聞知覺性。但是這個佛性的內涵，我們從來都不明講。我現在這樣講出來時，仍然不是明講，而是依道種智的層面來講的，還是沒有洩露佛性的密意。不明講佛性的密意，是有用意的，是爲了保護大眾將來眼見佛性的因緣。

而且，不是知道我剛剛所講的佛性道理，就能眼見佛性，佛性是別有密意的；至於這個密意我就不能明講了，這都是爲了保護大家將來緣熟時可以有眼見佛性的機緣，眼見的當時就能成滿十住位的功德；這是護念大眾而不是加以遮障，不是怕你們知道。因爲，你們若是先知道佛性的密意，那你就死定了——這一世再也沒有眼見佛性的機緣了；縱使解悟佛性以後再去補足了定力、慧力、大福德，終此一生仍然是無法眼見的；必須是在這三個條件都圓滿時，再來參得佛性的密意，才能眼見分明；若是知道佛性密意以後才來補修這三個條件，縱使後來都補修具足圓滿了，還是無法在山河大地上眼見佛性的，必須等待來世才會有機緣眼見了。

佛道的修學有一個次第，所以菩薩若是在不應當說深妙法的場合，故意說了深妙法，那也是犯戒；因爲會戕害衆生聞之生疑，轉而不信，於是就無根誹謗極深妙法，造下謗法大惡業，但這卻是被不能善觀因緣的善知識所害的。只有久學菩薩，聽到所未聞法時，心多歡喜、多踴躍，能確實信受不疑；但是新學菩薩聽了往往會毀謗：「你亂講一通，我從來都沒聽過我們師父講過這個東西。」可是他們都沒想過，如果他們師父都已經講過了，我重複再講一遍，那他們來聽我說法還有什麼意思？我當然要講他們師父以前都沒講過的勝妙法，是連他們師父有生以來都沒有聽聞過的勝妙法，那他們來聽我講經說法才有意義嘛！可是新學菩薩往往只想聽聞老掉牙的法義，對於所未聞法，剛聽到時往往會生起煩惱。所以這種深妙法，我只能在正覺講堂中說，到會外去的時候，不論是誰跟我問，我都不會講，只會從基本佛法中來說。我若是勉強講了深妙法，只會使對方生起煩惱，我說了只是白費口水，沒有利益。（編案：由於這個緣故，平實導師把二〇〇一年宣講而整理出來的《楞嚴經講記》，特地延後出版。）

這意思就是說，如來藏本身的妙眞如性，有對六塵直接了別的功德；但是對還沒有破參的人，不能跟他們說這種功能性，否則他們會以爲離念靈知就是眞如心如來藏的直接了別性。這也不該爲明心證眞的菩薩說，因爲一定會誤以爲看見如來藏的作用時就是見性啦！總是會這樣誤會，但是如來藏的妙眞如性中，有如來藏自身作用的部分，也有祂專屬的佛性部分；這是十住滿心菩薩唯證乃知的事，不論怎樣爲眞正明心的菩薩們解說，已明心的菩薩們聽了還是會錯認自己明心後的所知即是見性。但是已經眼見佛性的菩薩們，在互相談論佛性的眼見境界與智慧時，卻都能判別對方是否一樣也眼見佛性了，不會有所混淆的。

「**阿難！如是六根，由彼覺明有明明覺，失彼精了，粘妄發光，是以汝今離暗離明，無有見體；**」就好比六知根的道理一樣，當如來藏妙眞如性原本所有的覺了光明，由於無明的緣故而失去原來精明的覺了性，沾黏了虛妄想以及對三界諸法的貪著，於是開始在六塵所限的範圍內發起了覺知六塵的光明作用；正是因爲這個緣故，所以眾生如今若是離開**黑暗**與**光明**這兩個色塵上的法相時，就沒有能見的自體了，就無法看見色塵相了。這已經告訴我們悟後要如何修行才能夠到達佛地啊！可是這麼一段短短的經文說完了，大眾又如何能夠眞的了知呢？所以世尊還要配合其他的經典來爲大眾解說，不能單單只講這一部經典。

佛說，六知根全都是從如來藏妙覺明性的妙湛之性中生出來的，這裡又說，就像是前面所說的那個樣子，這六知根是由如來藏微妙覺明自性（千萬別誤會是離念靈知在六塵中的覺知性）中出生的。如來藏本身有極微妙的覺明性，其實就是佛地的隨順佛性境界，可以由第八識如來藏直接了別六塵萬法，也可以直接了別一切眾生心乃至十方世界一切法。然而究竟是什麼緣故而使如來藏出生了這六知根，然後眾生就被侷限在六塵中了別，不能再像本初時能直接了別一切法呢？都是由於如來藏的「明明覺」，「失彼精了」而產生了被侷限的現象。

至於為什麼會「失彼精了」呢？都是因為無始劫來不斷地在六塵中攀緣執著，由於三界愛引生的各種無明與貪著，才把如來藏的「明明覺」遮蓋了，於是就失掉了原有精明的了知性，無法再發起運作了，就必須透過六知根才能了知六塵中的各種法性，也無法了知更多六塵外的一切法性。若是想要回復如來藏原來的一切功德，必須要藉佛法的實修而到達佛地以後，才能完全回復。透過佛法的修行，如來藏中的種子越來越清淨，如來藏就越能直接運作。當修行層次越往上推升時，如來藏的明覺性就越來越被顯發出來；修到佛地時，就可以完全顯發出來，不再有絲毫的不知，乃至十方世界一切有情的心想，也都能完全了知。

眾生都因為無始劫來的煩惱熏習，以致「失彼精了」，喪失如來藏本有的「精了」自性以後，又想要了知六塵，就必須生起六知根，於是就被六知根的功能所侷限，無法再擁有原來的「明明覺」自性了。所有眾生無量劫以來的意根總是不甘寂寞，所以意根時時刻刻都不肯寂寞，誰也不服誰，個個都要強出頭。現在台灣四大山頭的大法師們不都是這樣嗎？他們有哪一位是證悟底人？卻是個個都要出頭，都想要成為台灣或全球第一。為什麼想要出頭呢？都因為意根處處作主的力量太強了。想要出頭成為頂尖的大師，又沒有佛法上的實證，該怎麼辦呢？只好「粘妄發光」，所以就搞很多的名堂，辦了許多活動，把自己的名聲弄大，然後大家就信受他們了嘛！

回到自己身上來觀察時也是一樣的，別老是嘲笑四大山頭。每一個人也都是一樣「失彼精了」，導致如來藏原本的「妙覺明性」無法直接現前運作，所以都是對六塵不能覺知。都只能由六知根來覺知六塵，而如來藏只能在六塵外的種種法中來覺知，無法像本初時一樣全都能覺知，必須修到佛地以後才能夠作得到。但是佛地如來藏不再被稱為如來藏了，而被稱為佛地眞如，改名為無垢識，那時才是眞實的如，所以有少數經文中只說佛地的無垢識自性才能稱爲眞如。爲什麼是眞實的如？是因爲佛地的第八識不再「失彼精了」，所以能夠和二十一個心所有法相應，所以佛地第八識不再稱爲如來藏，因爲已經不是「如來藏中藏如來」了，而是已經使如來完全顯發出來了，不再覆藏於如來藏中了。

佛地的眞如才能稱之爲眞實的我——常樂我淨中的眞我。爲什麼祂會被諸佛叫作眞實的我？因爲那時祂也可以具足自證分及證自證分啊！佛地第八識無垢識，可以如同意識一樣地運作，同時擁有意識的自證分與證自證分。這在妙覺、等覺菩薩位中都還作不到，直到眼見佛性而圓滿佛地隨順佛性的功德時，也就是成所作智現前時，才能達到這個境界。妙覺、等覺以下的第八識，都與我們一樣只有五遍行心所有法；但是到達佛地時就大不相同了，不但原有五遍行心所有法，還加上五別境、善十一等心所有法，所以佛地無垢識總共有二十一個心所有法相應，同時擁有意識與意根的功能，卻又沒有因地意識與意根的任何煩惱遮障；這樣才能叫作眞正「常樂我淨」的我，這才是眞正的「我」。

妙覺位以下的第八識，都只有五遍行心所有法，無法與五別境及善十一等心所有法相應，功德差異很大，當然是無法六根互通的。佛地無垢識這種

「明明覺」能夠直接現行運作，妙覺、等覺以下全都作不到，因此所有妙覺、等覺菩薩都對諸佛無比恭敬，全都是因爲無法想像佛地的勝妙偉大功德所致。所以說，眾生從無始劫以來，由無始虛妄熏習而「失彼精了」，使第八識明明覺不能現行運作；偏偏意根又不肯安於寂寞，一直想要出頭表現、聚集廣大眷屬與名聞利養，於是就得「粘妄發光」。粘，就是附合於虛妄法，六塵中的一切法全都是虛妄法啊！附合於六塵中的虛妄法，而從如來藏妙眞如性中引發光明性。引發光明性，意思是把妙眞如性引來了知六塵，這叫作「粘妄發光」。發展到「粘妄發光」階段時，就被侷限而只能經由六根與六識住於六塵中，來了知六塵範圍內的諸法了。所以眾生如今若是離開了暗相與明相，就無法看見色塵，連色塵上所顯示的任何法塵都看不見了。這表示說，離了明相與暗相時就沒有「見體」了！能見的自體就不能存在了。

一定要明暗二塵互相交叉運行，人們才會有能見之體存在；若是離開明暗二相，就無法看見色塵，表示能見之體已經不存在了。爲什麼會這樣呢？因爲是「粘妄發光」嘛！如果能像諸佛不再「粘妄發光」，縱使離明離暗之時，能見之體照樣可以現行運作，也可以直接跟眾生心相應；那時想要讓眾生直接看見什麼，就可以使眾生直接看見，只要心中生起一個作意就行了，都不必加行，因為佛地已經沒有一絲一毫的「粘妄發光」啊！然而眾生都是「粘妄發光」，所以離暗離明就沒有見體。

「**離動離靜，元無聽質；**」同樣的道理，既然是「粘妄發光」，光就是光明性，也就是功能德用的意思，簡稱為功德。耳知根一樣不脫「粘妄發光」的道理，所以耳知根若是離開聲塵的動相與靜相，原來就沒有能聽的本質存在啊！所以一旦離開了聲音中的動相與靜相，也就沒有能聽的本質存在了！

「**無通無塞，嗅性不生；**」如果呼吸之中沒有疏通相與阻塞相，鼻知根的嗅性也就不能出生了，何況存在及運作呢？

「**非變非恬，嘗無所出；**」如果舌根嚐味的過程中，沒有恬適相與變化相，那麼舌知根中的能嚐之性也沒有辦法出現啦！因為嚐味之性沒有出生的因緣了。

「**不離不合，覺觸本無；**」如果身根在觸覺境界之中，不與觸塵和合也不能與觸塵相離時，身根中的覺觸之性本來就不可能出現；所以說，不離觸塵也不合觸塵時，身覺之性本來就是不存在的。

「**無滅無生，了知安寄？**」如果在法塵上面是永遠都沒有滅失也沒有出生，那麼法塵就不存在了，意知根的了知之性，又要寄放在哪裡呢？「安寄」，安是質問義，是「能夠如何」的意思；寄是存放、存在的意思。所以「安寄」的意思是：能夠存放或安置在何處呢？也就是說，當出生與滅失兩個法相不存在之時，意知根的了知之性能夠存放或依附在何處呢？因爲，當出生與滅失二相不存在時，就不可能有五塵上的法塵存在；沒有法塵可以與意根接觸時，意識就無法生起，還能有誰來了知諸法呢？所以說：「無滅無生，了知安寄？」

一定是有五塵上顯現出來的法塵不斷地生滅著，才會有法塵存在，意知根的了知性才能存在於法塵中；否則，一旦睡著以後，完全沒有生滅性的法塵不斷變動，意根就不會促使意識再度生起，人們就永遠都醒不過來了。正因爲有生滅二塵不斷輪替而顯示法塵的存在，所以意根的了知性就寄附在生滅性所顯示的法塵中；所以到了天亮開始有聲音時，光線開始明亮起來時，意知根了知法塵有大變動；那時你是還沒醒過來的，是由意根了知法塵的變化很大，想要確實了知法塵有了比較大的生滅變動內容，然後才把意識叫醒過來，才有覺知心再度出現。實際上，那時意識還是有些不情願地出現，直到意識確定應該起床了，才情願地爬起來。然而推究到醒過來的初起情況時，確實是由於法塵不斷地生滅變動著，意根的極劣了別性知道法塵有大變動了，所以才能喚醒意識而清醒過來。然而法塵卻是因爲不斷地生滅變動著，才能顯示給意根了別；若無法塵的滅失與出生等法相持續變動著，人們的了知之性要依附在哪裡而存在呢？

「**汝但不循動靜、合離、恬變、通塞、生滅、暗明如是十二諸有為相，隨拔一根脫粘內伏，伏歸元真，發本明耀；耀性發明，諸餘五粘應拔圓脫，不由前塵所起知見。**」這些道理點明了以後，佛陀便從意知根、身知根向前推溯到眼知根，作了一個結論：只要不依循動靜、合離、恬變、通塞、生滅、暗明等六知根的十二種有爲性的法相，隨著各人修行以後拔掉六知根中的某一根對所緣塵境的執著，不再落入六知根所面對的動靜、合離、恬變、通塞、生滅、暗明等法相，脫離了對於所沾黏六塵境界相的執著，反流回歸而向如來藏妙眞如性裡面降伏下來，也就是把貪緣外塵的攀緣性降伏而回歸原本就具足圓滿的妙眞如性中，就能發起如來藏妙眞如性中本來就擁有的了知性——本就擁有的照耀諸法的功德。這時，只要能夠把六知根中的某一根對諸法照耀的自性發明出來了，其餘五知根對所緣塵境的沾黏，也就同時感應而能一起拔離所緣境界相，自然就能圓滿原有的勝妙功德而解脫於所緣六塵境界的束縛，從此以後不必再由眼前所面對的六塵所生起的能知能見來知覺諸法，可以由如來藏妙眞如性來直接了知諸法。那時，縱使沒有動靜、合離、恬變、通塞、生滅、暗明等法相存在，也可以由第八識直接了知六塵中的所有內容。

只要能把六根中的某一根，經由清淨心地而從十二個有爲相中的兩個之中「脫粘」了，譬如眼知根一旦脫離了對暗與明的依附性，離開這個有爲相，往自己的如來藏心中降伏而安住下來，這樣降伏而回歸如來藏原本的妙眞如性，把如來藏本有的光明輝煌自性發明出來；這時眼知根確實是完全降歸如來藏妙眞如性了，其餘的五知根也會同時「應拔圓脫」，同時不再被「動靜、合離、恬變、通塞、生滅」等變易相粘住了，就可以和眼知根一起圓滿地脫離繫縛。從此以後，第八識不必再藉六知根「由前塵」（也就是覺知心所面對的六塵）所生起的能見乃至能知之性來了知六塵，也可以直接與六塵外的一切法相應。

這時成佛了，如來藏原有的明覺之性，不必再經由六知根依循於動靜、合離、恬變、通塞、生滅、暗明等相運作，直接了知六塵諸法；卻也可以依附於六知根而住於人間，使如來藏妙覺明性在六知根中都能出現運作。這時是六根互通的，也就是佛地的佛性在六根中的每一根，都可以各作見聞嗅嚐覺知等六種用途。那時在眼根中也可以生起聲覺、香覺、味覺、觸覺、了知等功德，六知根都可以互通。當六根互通時，一定得要用眼根、耳根來見色、聞聲嗎？當然可以不用，可以用意根運作就行了。那時意根也可以作六根使用，爲什麼你不用意根呢？

意根是無色法，這樣一來，你若是想要到無色界或色界天去，不論是哪一天，都可以隨意自在啊！從這裡，大家應該可以稍微瞭解一點點諸佛的境界了！諸佛隨便用六根中的某一根，就可以度十方三界一切眾生，因爲六根互通嘛！所以只要意根一起作意，都不必加行，有緣則應。這就沒什麼好奇怪的了。可是這個境界，對於妙覺菩薩而言，卻是無法作到的，所以眞的很稀奇。這個道理就是「寄根明發」，可以顯現在人間的粗色質地色身中，顯現的卻是佛地的極勝妙功德性。因此，所有大阿羅漢們都不能不心服，都心甘情願、心服口服地依附在釋迦佛座下。從這裡，大家應該已經知道，三明六通大阿羅漢距離佛地是多麼遙遠！所以佛地眞是不可思議。

能使人成佛的佛菩提道，以及只能使人成阿羅漢的解脫道，二者是截然不同的。二乘解脫道的法義與實證，函蓋在佛菩提道中，卻只是佛菩提道中的局部而極少的內容；只是爲了度眾生方便，才由深廣的佛菩提道中提出一小部分內容出來，名爲解脫道，用來幫助有緣眾生快速證得解脫道，可以證實自己眞的已有能力出離三界生死了；於是就能生起對佛的大信心，並且由二者實證的智慧相異與差距，確認自己確實與佛大不相同——距離佛地還很遙遠。如此完全信受佛陀時，就願意迴小向大而隨佛修學佛法，才能繼續自利利他。三明六通大阿羅漢們爲什麼還不能稱爲佛呢？都因爲所證智慧不同，而且解脫境界也相差太大了！相差太大的主要原因則是由於完全沒有佛菩提智。

妙覺與等覺菩薩都還不敢自稱爲佛，何況三明六通大阿羅漢們剛剛迴小向大，還沒有明心以前才只是六住滿心位而已。如果他們以前沒有把布施行修好，譬如有些大阿羅漢托空缽回來時，還得要吃牛糞裹腹；那已經顯示他們往世在六度萬行中的初住位布施功德還沒有完成，今生才會托空缽而餓肚子回來。初住位主修布施，這個布施功德都還沒有完成，怎能就算是六住位的菩薩？還早著呢！雖然他的解脫功德相當於六地滿心或七地滿心，但若是要依別教的菩薩位來說，在還沒有修足布施功德以前，只是必須從初住位剛開始修布施行而已，初住位都還沒有滿心呢！

所以，佛菩提道和解脫道這兩個分際，眞正想要修學佛法的人一定都要弄得很清楚。在還沒有弄得很清楚時，對於佛法的認知始終是含糊籠統的，一直會把小乘羅漢法與大乘成佛法混在一起，無法了知其中的分際。諸位來正覺同修會中修學，就是有這個好處，對佛菩提道與羅漢解脫道的分際都可以弄清楚。對於解脫道的內容、佛菩提道的內容，以及對這二道的次第，我都為你們整理得很清楚了。從這裡就可以了知：**佛可以稱為阿羅漢，然而阿羅漢卻還不能稱為佛**。因為二者的智慧與證境都相差太遠了。

譬如從所知障的修除方面來說，諸佛有一切種智，諸地菩薩分證一切種智；三賢菩薩連種智都還沒有，只有實相般若智慧，但阿羅漢卻連三賢菩薩的實相般若智慧都沒有，怎能自稱是佛呢？再從煩惱障的修除來說，諸佛與諸地菩薩都與阿羅漢一樣斷盡三界愛的現行，遠離分段生死（斷盡我見與我執）；七地以下至初地的菩薩都能斷盡而故意不斷盡，是留惑潤生；諸佛並已斷盡三界愛的全部習氣種子，諸地菩薩則已開始修除三界愛的習氣種子，阿羅漢卻只證得解脫分段生死的境界而已，只是三界愛的現行斷除罷了；這樣的解脫道證境，都還無法與諸地菩薩比擬，想要跟諸佛斷盡三界愛習氣種子相比，還眞是天地之隔，相差太遠了！何況大阿羅漢們都還沒有實相般若智慧呢！怎能談得上一切種智？這樣比起來，大阿羅漢們連諸地菩薩的解脫證境都還比不上呢！而諸地菩薩都不敢自稱成佛，所以都不敢在 釋迦佛入滅以後立即紹繼佛位，阿羅漢們又怎敢妄自紹繼佛位呢？所以永遠只有聲聞法中的凡夫才敢大膽宣稱阿羅漢就是佛。

一般眾生都沒有正知正見，當他們看見 釋迦佛時，總是認為 釋迦佛也只是一個人，自己同樣也是人，為什麼要向 世尊禮拜呢？所以有的人來見佛聞法時，只是禮貌性地稽首（點個頭）就坐下了；有的人是合掌加上稽首以後才坐下，有的人則是五體投地禮拜以後才入座，有人則是五體投地禮拜以後再右繞七匝，然後才入座。前來聞法的眾生真是種種形色不同，原則上，對 釋迦佛的境界越了知的人，心中就越恭敬；越不了知的人，心中就想：**「佛還不是跟我一樣兩個眼睛、一個鼻子？有什麼奇特處？」**總是這樣想，那就表示他是新學者，還不懂三乘聖人之差別。若是久學菩薩，由這段經文中的義理，就會知道諸佛的豐功偉德不可思議，見佛禮佛時還會生起慢心嗎？當然不會。然而諸佛在人間示現時，都是六根互通、六根互用的，這已經是妙覺菩薩所不能知的，何況是一般愚癡眾生呢？

「**明不循根，寄根明發，由是六根互相為用。**」愚癡眾生都不知道諸佛「明不循根，寄根明發」，那種境界他們根本不信受；且不說他們，連妙覺、等覺菩薩都完全無法想像那種境界。今天我們解說這個法義，若是現在就整理而印行出去，會外學人讀了以後都不免懷疑，誹謗也就不可避免了。這是只有你們明心後的人才會信受的妙義，會外是難得有人信受的。我們目前印出去流通的書中能寫這些法義嗎？都不能寫，只能在會內講經時加以解說。將來十年後如果有因緣，也許會出版《楞嚴經講記》，但是目前的因緣還不成熟。如果勉強整理出來印行出去，會外學佛人不免要誹謗說：「這都是你蕭平實自己想像的。你所說的道理雖然出自《楞嚴經》，但那只是僞經，不可信。」因爲他們都沒有明心的證量，連如來藏在哪裡都還不知道，如何教他相信這麼深妙的法呢？絕對是不可能的，所以我們目前沒有準備整理出來印書流通。十年後假使因緣成熟了，才會考慮整理成書本流通出去。

言歸正傳。佛地無垢識妙覺明性，不必依循於五知根或意知根的限制來運作，可以直接從無垢識（那時的第八識已經不再名爲如來藏）中直接運作出來，也可以受生於人間而寄託於六知根中的任何一根中直接運作出來。當妙覺菩薩觀察人間因緣成熟時，降神母胎而示現在人間成佛，那時是與一般凡夫一樣擁有色身的，當祂成佛時，無垢識中的妙覺明性、妙眞如性，就「寄根明發」——寄託於有根身而隨意從任何一根的勝義根中，直接運作無垢識的妙覺明性。正因爲這個緣故，所以諸佛都能「六根互相爲用」。以前大陸曾經傳說有一個神童的手掌可以讀字，後來實驗的結果被發覺全是虛假的，只是父母藉著搞怪來賺錢。大陸風傳的特異功能其實都是假的，譬如據說張寶勝可以把密封瓶子中的藥丸，穿透玻璃而搖出瓶子外面，好多人相信他眞的有特異功能。後來日本人請他表演，暗中裝設了很多針孔式攝影機，從上下左右各種不同的方向拍攝他的動作；張寶勝不知道，以爲只有表面上所看見的一個攝影機。後來表演完畢以後，日本人檢查的結果，發現原來只是魔術手法，是用魔術手法來搏取世間名聲而獲得利益。現在日本全國的錄影帶出租店中，都可以租到他被日本人拍攝出來的魔術手法，被歸納在娛樂類中，並不是知識類。如果去日本觀光時，有時間可以去租回旅館中觀賞。所以全都是騙人的，有什麼特異功能？

然而諸佛的六根互通，才眞的是特異功能，卻不可能用來搏取名聞與利養，絕對不可能被請來表演。諸佛身根也可以作眼用，眼根也可以聞香，就可閉起眼睛來看，甚至可以由眼根聞香與知味，因爲諸佛是六根互通的，也都是只憑勝義根就能互通六塵境界的。這卻是連妙覺菩薩都作不到的，等覺以下就更不用說了。但是這個修行要怎麼修呢？當然得要先悟得如來藏，先眼見佛性以後，次第修證諸地無生法忍，圓滿了十地功德以後再修了。在諸地之中要修的無生法忍，其實就是正在次第還歸如來藏的妙眞如性。在修行的過程中，當然應該要選擇六根，要從六根中選擇自己比較相應的一根來修；這一根如果能夠脫離了某一塵，全然歸伏於元眞圓滿的如來藏妙眞如性中，自然可以「發本明耀」，把如來藏中的妙眞如性全然顯發出來；其餘五根也就同時「脫粘內伏」，全部「發本明耀」，當然就可以成佛而六根互通了。成佛以後，雖然還有六根示現在人間，卻可以「明不循根」，可以「寄根明發」，在六根中「互相爲用」，成就佛果無量功德，而這些功德卻全都是如來藏妙眞如性中原有的法性，不是從心外得來的。

【「阿難！汝豈不知：今此會中阿那律陀無目而見，跋難陀龍無耳而聽，殑伽神女非鼻聞香，驕梵鉢提異舌知味；舜若多神無身有觸，如來光中映令暫現，既為風質其體元無。諸滅盡定得寂聲聞，如此會中摩訶迦葉，久滅意根，圓明了知，不因心念。阿難！今汝諸根若圓拔已，內瑩發光，如是浮塵及器世間諸變化相，如湯銷冰，應念化成無上知覺。阿難！如彼世人聚見於眼，若令急合，暗相現前，六根黯然。頭足相類：彼人以手循體外繞，彼雖

不見，頭足一辨，知覺是同。緣見因明，暗成無見；不明自發，則諸暗相，永不能昏；根塵既銷，云何覺明不成圓妙？」】

講記：「阿難！你難道不曉得嗎：如今在這個法會中的阿那律陀，雖然沒有眼睛卻能看得見；跋難陀龍沒有耳朵，而與人們一樣能聽聞聲音；恆河神往世本為女人，今為恆河之神，並無鼻子而能嗅聞香氣；驕梵缽提此世受身成為牛相之人，雖然擁有不同於人類的牛舌，而仍然能嚐知人類飲食之味道；虛空神雖然沒有色身，卻依然保有身根的觸覺，承蒙如來攝受，所以在佛光之中暫時映現出來而被大眾所見，這虛空神既然屬於風大的本質，他的身體元本是不存在的。至於那些已經證得滅盡定而獲得寂滅境界的聲聞阿羅漢們，譬如在這法會中的大迦葉，很久以來都能滅除意根的作用而住於滅盡定中，然而卻依舊圓明了知而能在應該出定時自行出定，不必經由覺知心起念才出離滅盡定。阿難！如今你的六知根如果已經圓滿拔脫於明暗、動靜、通塞、恬變、合離、生滅之後，無所攀緣而向內歸伏了，於是無所染污而晶瑩無瑕，發起了光明，那麼如同方才所說浮動不住的六塵，以及器世間的種種變化相，自然猶如熱湯銷融冰塊一般，那時一念之間就可以變化成為無上的知覺。」

「阿難！猶如那些世間人聚集能見的功德於眼睛之中，假使逼令他們緊急閉合眼睛時，黑暗之相便隨即現前了；六知根的道理也是一樣，假使緊急關閉六知根的功德時，也都一樣會黯然無光。頭與腳的道理也是像這樣互相類似：當他閉著眼睛，以手撫摸著身體的表皮而繞過來繞過去時，雖然看不見手在身體的什麼部位繞來繞去，可是不論他的手是繞到頭部或者繞到腳部，其實都是同一個能辨別的功能，在頭部與腳部的知覺其實是同一個知覺。」

「覺知心緣於能見的功德時是因爲有光明照耀，當光明離開而變成黑暗時就成爲無見了；可是若能循根內伏拔離明暗之相，使眞心如來藏流注出來的能見功德可以不被限制於光明境中，可以不依靠光明而自行發起能見的功德；到這地步時，種種黑暗之相，永遠都不能再使你昏昧不見了；這時六知根與四大所成的六塵功能限制，既然都已經銷亡而不存在了，爲什麼你的覺知光明不能變成圓滿而微妙的功德呢？」

「阿難！汝豈不知：今此會中阿那律陀無目而見，」爲了前面所說的「伏歸元眞」，在「發本明耀」之後可以「明不循根，寄根明發」，所以說明六根可以互相爲用的道理；在眾生位中雖然沒有辦法如同諸佛一般六根互相爲用，卻可以具備少分。為了解說這個道理，鼓舞大眾精進修行，於是世尊為大眾說明因地也可以有少分六根互通的功能，並且舉例說明，發起大眾的嚮往之心。有哪些狀況是可以證明六根互通的少分情況呢？佛說：「阿難啊！你難道不知道嗎？如今法會中的阿那律陀，他的眼睛雖然壞了，可是卻仍然可以看得見。」

阿那律陀，又翻作阿耨樓馱。阿那律陀不是很懈怠嗎？每一次打坐觀行時就睡覺，佛陀訶責他懈怠、懶惰。阿那律陀當眾被罵以後，很傷心而痛哭，然後整整七天都不睡覺，很用功修行而不肯停下來睡一會兒，後來就因為一直不睡覺而瞎了眼。他瞎了眼以後倒是很精進，佛就教導他修學天眼通，後來他就變成聲聞弟子中的天眼第一。從此以後，他若是想要看什麼時，都不必再用眼睛看，而是用天眼去看了。他的眼睛壞了，卻一樣可以看得很清楚；當他觀看三千大千世界時，如同一般人在觀看掌中的阿摩勒果一般清楚，眞是無目而見啊！

「跋難陀龍無耳而聽，」跋難陀龍共有兩兄弟，心性賢善，共同守護摩伽陀國，都是佛弟子；據窺基大師親聞 玄奘菩薩所述，而說他們「善應人心，風不鳴條，雨不破塊」，所以瓶沙王每年大會國人祭祀他們，回報他們的守護之恩。跋難陀龍沒有耳根，這是業報的關係，可是卻聽得見聲音。所有的龍都沒有耳朵，蛇即是龍的末流，一樣沒有耳朵。龍沒有耳朵，所以中國人造字時，就把耳朵壞掉的人說爲聾子。聽不見而被說爲「聾」，即是從觀察龍沒有耳朵而施設這個字；意思是說，龍的耳朵是聽不見的，因爲龍沒有耳朵。然而龍有神通，所以並非聽不見，只是從表相所見來說龍聽不見聲音，所以「龍耳」就是聽不見的意思，「聾」字就這樣創立。事實上，跋難陀龍兩兄弟都聽得見聲音，可見不一定要有耳朵才能聽得見聲音，也可以經由別的途徑來聽見聲音。

「**殑伽神女非鼻聞香，**」殑伽神女就是恆河神女，殑伽名爲恆河。這位恆河神原本是畢陵尊者往昔多世家中的女婢，如今成爲恆河神，所以被稱爲恆河神女。恆河神女並沒有鼻根，可是她卻可以聞香。

「**驕梵鉢提異舌知味；**」驕梵鉢提就是有名的牛呞比丘。牛呞的意思是吃草以後得要反芻，這在牛是正常的，也是必須如此的；但是在人類身上而必須如此，可就是病態了。驕梵鉢提於過去世輕弄沙門，笑罵某一出家人飲食時好像是牛在反芻，他死後的果報是世世都有牛呞病，世世擁有牛舌而不是人舌；但牛舌只能了知青草的味道，無法了知人類飲食的味道。驕梵鉢提的舌頭比別人長，如同牛舌一般可以捲來捲去；而且每天吃飯以後必須如同牛一般反芻，否則就會不斷地呃氣。由於他的舌頭是牛舌，與一般人不同，所以是「異舌」。他雖然是牛舌而稱爲異舌，但卻一樣可以了知人類飲食的味道，所以說「異舌知味」。

「舜若多神無身有觸，如來光中映令暫現，既為風質其體元無。」舜若多神就是虛空神，虛空神既然是以風大爲體，沒有地水火大的性質，所以無身，然而虛空神卻仍然能夠有觸覺。古時有人說虛空神是無色界的眾生，並不正確，因爲他們並沒有四空定的實證。舜若多神雖然沒有身體，卻一樣能擁有觸覺。虛空神在法會中本來是不會被別人看得見的，是 釋迦牟尼佛放光把他映照出來，讓大眾可以看見他。舜若多神既是風質而無身，好像風一樣，原本就不該擁有觸覺的，但他卻還是有觸覺。

以上所說的其實是三界法界中的事實，並非編造的神話；佛所說的境界一定是眞實可證的，不是虛妄編造出來的，因爲 世尊的弟子之中也確實是有這樣的事實。爲什麼我會眞的相信這些一般人所不信的說法呢？因爲我今生初學佛，那時學佛還不到半年，應該是過去世修定的善根發起了！那時還不懂什麼佛法，大法師教的禪就是打坐數息，說要數到「數而不數」，所以每天都是要打坐除妄念。我坐到後來（大約是學打坐半年後的時間），有一天坐到無妄想時，眼根竟然可以看見全身每一寸皮膚的觸覺，每一處皮膚的觸覺都以眼根同時看見。那時心中很訝異：「哎呀！怎麼會有這個境界？這是什麼境界？」可是我問來問去，都沒有人知道。我想，可能全台灣都沒有人經驗過，至少台灣四大法師都沒有經驗過，所以我就相信經中這些說法。

後來不久，又有一次出現廣大身，坐姿的高度大約是到三層樓頂的高度；當時好奇心生起了，張開眼睛瞧的時候，自己的色身明明沒有變大，但是全身的觸覺卻一直都是廣大身的感覺，與眼睛所見的人類小身成爲強烈的反比，眞的感覺好奇怪。看了幾秒鐘以後，我就把它當作是幻覺，不當作一回事，所以就閉起眼睛不看，繼續一念不生坐下去，不理它；十幾分鐘以後那個廣大身的觸覺就消失了，以後就不再來干擾我修定了（後來我才知道那是欲界天身——譬如四王天的天身，因爲那是在欲界定發起以後不久的事。欲界定發起時有持身法，我的體驗是全身如同被一層薄膜包裹著，完全不會有絲毫的動搖；那層薄膜，就好像是荔枝剝了外殼以後，還剩下一層完整的內膜一般，把整個色身輕輕地包住不動，根本不必花一點點力氣來持身，就能安坐不動）。

幾年後我正在參究牢關時又證得初禪天身，心眼看見自己整個身體裡面全部如雲如霧，都無五臟六腑，當然也沒有頭腦；那時的心眼就是色界天眼，可以看見全身毛孔內外相通，都有空氣出入；當空氣出入時就引發每一個毛孔中的樂觸；若是起念不讓空氣在毛孔中出入時，樂觸就不見了。因爲這個實證，所以當時全身毛孔都有樂觸（但這種全身樂觸，只有在初禪善根發時才有）。從此以後，我的初禪天身也一直都在，所以從那時開始，我的胸腔中一直都有樂觸，因此而成爲離欲的實證者。

我想，這些都不是諸大法師或一般世間人能夠相信的，所以後來當我讀到《楞嚴經》中這些說法時，我眞的全盤信受。因爲我體驗過一些人間所沒有的境界啊！譬如眼根可以看見全身的觸覺，那個感覺要怎麼形容呢？眞的無法形容。只有未來某一天親自看見了，你自然就會知道；想要形容給別人知道，還眞是形容不來。因爲這些都是自己親自體驗的，沒有世間的言語可以形容它。所以《楞嚴經》中這些法義：**無目而見、無耳而聽、非鼻聞香、異舌知味、無身有觸**，我都會完全信受，當然是與那些體驗有關的；因爲我那些難以爲人言說的體驗，都是自己親身體驗過的，所以認爲經中這些說法一定不是凡夫隨意妄想編造出來的。

「**諸滅盡定得寂聲聞，如此會中摩訶迦葉，久滅意根，圓明了知，不因心念。**」世尊又說：那一些證得滅盡定而獲得寂滅境界的聲聞阿羅漢們，譬如正在法會中聞法的大迦葉尊者，是很久以來就已經滅了意根的執著性，不再對五蘊及三界中的任何一法生起執著了；當他的意根這樣清淨而消滅了對三界法的執著以後，他心中的圓明了知性就跟著發起了！不必先在意識覺知心中生起了念頭，才能對六塵中的諸法發起圓滿而清楚的了知。換句話說，大迦葉尊者證量很高，一般慧解脫的聲聞阿羅漢是作不到的。大迦葉可以超越所有慧解脫阿羅漢的慧心所，即使是住在滅盡定中，還是能夠圓明了知。所以在滅盡定中，意識消滅了以後，時間到了應該出定的時候，意根的慧心所還是可以圓明地了知是該出定的時候了，所以就會離開滅盡定了。

像大迦葉那些俱解脫、慧解脫的阿羅漢們，後來大多數是在第二轉法輪時期迴心大乘，也在最後宣講《法華經》時被世尊授記將來成佛。他們今天不曉得已經到幾地去了，我不知道。我在一九九〇年破參後不久，被佛召見的時候，連椅子都不能坐。那種類似辦公室中一般職員坐的椅子都還不能坐，只能坐小凳子（四個椅子旁邊有一個小凳子，世尊指定我坐那個小凳子。後來我想，那些椅子應該是只有八地以上菩薩才能坐的）。我當然希望捨報以後再被召見時可以坐那種椅子，因為這表示修證層次提昇很多了，跟以前完全不一樣了。當然，我想，這一定還是不可能的。

可是，雖然只能坐那個小凳子，但我往世在密宗覺囊派的那位師父（因爲佛交代他要來找我去覲見），他是等了兩天半才見到我來，所以一見面就斥責我：「尊者！你怎麼現在才來？」我那時一直想不通：「爲什麼叫我尊者？我修行這麼差，而他是我的師父。」（我那時有作筆記，把某些覺得重要的證境寫下來，所以筆記中還寫著）那已經是十一、二年前的事（編案：這是二〇〇二年所講），可是現在想想，還是有一些道理的。但是要怎麼樣再超越過去世的修證，這一世還得要繼續努力，還得要捨命去作。如果肯捨命去作，人家一劫才能完成的，你一世就能把它完成，要這樣去作啊！等以後我們有機會講《解深密經》時，你們就會知道劫是怎麼過的。每一個學佛人所過的劫都是不一樣的，每一個人應過完的三大阿僧祇劫的長短也是各不相同的；這全都是在佛教正法的弘傳以及運用正法來利樂眾生的事相上，看你怎麼去作。

又譬如另一位摩訶迦葉，爲什麼才剛進入第二轉法輪時期，宣講般若以後不久時，佛把大梵天供養的青蓮花這麼拈起來良久，不曾說話，只是微笑著，大迦葉竟然就能懂得　世尊教外別傳的密意。絕大多數的阿羅漢們，都是從般若諸經聽　佛說法很久以後，再從與　世尊共住時所施的機鋒中才能悟得如來藏的，那些機鋒是比較明顯的；可是在實務上，當時能懂得這麼平常的禪機，就只有這位禪宗二祖的大迦葉尊者，眞的厲害吧？當時　佛陀就是這麼拈起花來，微笑不語給大眾看，大迦葉尊者就知道了！當時其他的阿羅漢們都還不知道呢！這當然也是有原因的。又如聲聞法中頭陀第一的大迦葉尊者，已經「久滅意根」，意根的許多執著性早就除掉了，所以大迦葉才能有這種圓滿而光明的了知性，即使是在滅盡定中，也能圓明地了知法塵，不必藉著意識起心動念才能了知應該出定了。

這就是說，世尊想要顯示六根可以互通，同時也想要宣示六根「用中相知」的道理，因此就舉出六根可以觸知其餘五塵的例子。譬如阿那律陀眼壞而能見色、跋難陀龍無耳卻能聽、恆河神女無鼻卻能嗅香、牛呞比丘雖非人舌卻能嚐知人類飲食之味、虛空神無身而能了知觸覺等五種現前可徵的事實；又舉出大迦葉在滅盡定中已無意識，定中並已滅掉意根許多心所法以後，卻還能圓明了知而知道應該在何時出定。世尊一一指出當時不同的代表人物，證明不一定要如同世間人類那樣——一定要以六知根才能了知六塵諸法。所以，只要悟後努力修行而回復到本妙知覺、妙眞如性以後，其實不一定要依靠六知根來了知六塵中的各種法相。

想要親見色塵時不一定要用眼知根，從我個人定中眼見身根觸塵這個例子，可以證明：不一定要有眼睛才能看見色塵的事實是可信的。再從人間可見的現象中也可以證實這種事實；譬如龍類末流的蛇類，從來無耳，也可以辨別比較粗大的聲塵，根本不必懷疑跋難陀龍是否眞的無耳能聽；又如某些生物在極渾濁而無法眼見的水中，等於無眼可見一般，卻也一樣可以游行而不會撞傷自己；又如某些昆蟲根本就沒有鼻子，卻一樣能夠嗅香，並且還比我們人類的鼻子功能更好，所以不必懷疑恆河神女無鼻是否眞的能夠嗅香；又如夏天的蟬類等昆蟲，牠們都沒有舌頭，卻一樣可以發出聲音來呼喚同類，產生舌根的妙用，因此就不必懷疑牛呞比丘的事情是眞是假；又如狂風無形，若是有什麼物質抗拒它，風就怒號驚人，因此也不必懷疑虛空神無身是否眞的能擁有觸覺。修學大乘佛法想要成佛的人，心量要廣大，可別總是像眾生那樣，斤斤計較，總是在眼耳鼻舌身所活動的六塵之間，落入自己色聲香味觸等相分的小範圍之內，不斷地分別計較而喜怒哀樂，因此而流轉生死，痛苦無量。如此地愚癡而宣稱他是在學佛，豈不是天下最可悲的眾生呢？

「**阿難！今汝諸根若圓拔已，內瑩發光，如是浮塵及器世間諸變化相，如湯銷冰，應念化成無上知覺。**」假使六根都能夠圓滿拔脫於十二種有爲相之外，也就是不落入動靜、合離、通塞……等十二種有爲相之中，能夠把內心磨鍊晶瑩而發出了光明，心地修整得很清淨、很透明了，自然能夠發起光明性，這時浮塵根、六塵、器世間的種種變化相，就會如同熱湯銷冰一樣消失掉了；從此以後不必再受到世間六塵及浮塵根的限制，可以直接從自心來了別世間六塵諸法，不再受到浮塵根功德的限制。這就是說，只要一根拔脫了有爲相，六根就跟著次第拔脫了；因爲你只要其中一根能夠拔脫有爲相以後，自然就知道其餘五根要怎麼拔脫了嘛！所以其餘五根就照著修，當然就同樣拔脫了！這時就好像熱湯（剛煮開的熱水）往冰塊上淋下去，冰塊就全部都銷融掉了，哪裡還會有冰塊繼續存在呢？這時應念（就是在最後這一剎那）就隨即產生重大變化而成爲無上知覺，也就是成佛了！這時「**六根互相爲用**」的功能性就圓滿了。

「阿難！如彼世人聚見於眼，若令急合，暗相現前，六根黯然。頭足相類：彼人以手循體外繞，彼雖不見，頭足一辨，知覺是同。緣見因明，暗成無見；不明自發，則諸暗相，永不能昏；根塵既銷，云何覺明不成圓妙？」

就好像那一些世間人，都是聚集所有能見之性在眼的浮塵根，覺知心根本無法從如來藏的佛性妙用中直接起用。眾生都把能見之性聚集在眼的浮塵根，當大家都在眼根上觀看色塵時，如果迅速地閉起眼皮，就立即看見了暗相。

眼皮剛剛閉起來時，當下是覺得黑暗的，可是時間久了以後又不覺得很暗了，因爲那時開始會覺得黑暗之中還是有一些紅、黃、青等顏色；乃至色身很虛弱的人，有時還會眼冒金星呢。但是正當快速閉合眼皮的當下，還是會覺得黑暗無光的，這就是「暗相現前」。

六根的道理都像是這樣的，當你突然離開了六根所觸的六塵，就會覺得六根全都黯然不知。並且「頭足相類」，頭上跟腳底也是同一種狀況，所以當某人用他的手，循著自己身體外表四處摸來摸去時，雖然眼睛並沒有一一看見所摸過的所有處所，可是他從頭頂往下摸到腳底時，那頭上的觸覺與腳底的觸覺，卻是「頭足一辨」，都是同一個辨別性啊！不會是兩個辨別性。摸到頭時知道頭的感覺，摸到腳時知道腳的感覺，這個知與覺始終是同一個覺知，並不是兩個覺知性。所以摸頭時所知的覺知性，逐漸往下所摸的每一處的覺知性，乃至摸到腳底時的覺知性，其實都是由同一個覺知性在了知，所以說「頭足一辨，知覺是同」。

然而「緣見因明，暗成無見」，覺知心能夠緣於能見之性而明了色塵境界，是因爲有光明照耀而顯示出色塵，所以有能見之性流露出來；如果變成黑暗時，就成爲無所見的狀態了。當暗相出現時，在全面黑暗的狀態下，是沒有必要辨別色塵的；長久處於黑暗而沒有必要辨別色塵的境界時，能見之性也就不需要流露出來了，所以「暗成無見」。

「不明自發，則諸暗相，永不能昏；」假使能經由修行而不必再依靠光明來見色塵——當你不必依附於光明就能直接了了明見色塵時，一切暗相就永遠都無法再遮障你原來的能見之性了；從這個時候開始，暗相就不能再使你昏暗而無所知，你不必再依靠光明來運用能見之性了。

這意思是說，人間眾生能見、能聞、能嗅、能嚐、能覺、能知等六種自性，其實是依附於十二種虛妄法而存在的，如果離開了十二種虛妄法時就不可能存在了。除非能夠從某一根開始修行清淨，譬如眼根遠離明暗等二種虛妄相，「應拔圓脫」於明暗二塵，末那識意根完全清淨了以後，眼知根已經不再被明暗二相所限制了，從此以後就不必再依靠明暗二相來了知色塵，表示你的眼知根已經「應拔圓脫」了。知道眼根的「應拔圓脫」以後，接著就會知道如何使其餘五知根清淨，這就是「諸餘五粘應拔圓脫」，這時六知根已經可以不必依靠明暗動靜等十二種有爲相，而是從如來藏中直接發起妙覺明性；「由是六根互相爲用」，這時六知根已經可以互通了！「云何覺明不成圓妙？」這樣的境界，又怎麼可以說知覺的光明不能成就圓滿微妙的功德呢？這就是悟後如何修行而增進道業的正理。

不必經由浮塵根與勝義根來了知人間六塵，是確實可以實證的境界，大家不必生疑或否定這個說法，前面所舉阿那律陀、跋難陀龍等例子就是眞實的例子。假使還有人不信，我可以用自己的例子來作證明。譬如我當年初禪善根發時，並不是以人類的眼根來看見身中如雲如霧，而是直接以覺知心看到。因爲是「親眼」所見，所以我才會說，智顗大師把初禪善根發的境界形容爲如雲如影，是不很正確的說法。我當時所見身中並無五臟六腑，也沒有五根的浮塵根，因爲初禪天身只是一層皮膚而無任何形質，如同人形的氣囊一般，皮膚下面充滿著雲霧；所以只是在皮膚外表有五浮塵根的形狀而已，這五種浮塵根形狀的皮膚下面都沒有人類浮塵根的器官組織。頭部也一樣是一層皮膚，裡面一樣是如雲如霧，並沒有勝義根。初禪天身在沒有欲界浮塵根與勝義根的現象中，我卻一樣可以眼見、耳聞、身觸；由此可以證實初禪天人的見性、聞性、觸覺性，全都不必經由浮塵根與勝義根來作用，而是由初禪天身藉著禪定的功德，來使初禪天人的覺知心可以直接了知的。

這樣的事實已經證明人類六知根的光明性（了知性），確實可以不必循根而生起作用，所以 佛說「明不循根」。但是當你還處在人間時，證明「明不循根」的境界以後，卻仍然可以「寄根明發」，也就是將自己實證的「明不循根」功德，寄託於人類的六知根中來發起明了性，這就是「寄根明發」；從此以後就可以「六根互相為用」，可以用人類的眼根來聞聲、嗅香……等。千萬不可因為自己無法實證，就說《楞嚴經》中的這些說法是虛構造假，否則恐怕不免成就毀謗最勝妙法的大惡業，後果眞是不堪想像啊！

我以自己所證初禪善根發的體驗來作這些說明，而初禪等色界境界是通外道凡夫的，並不是只有佛門中證道的人才能擁有這種實證境界。初禪中的凡夫或外道都可以「明不循根，寄根明發」，委寄於禪定而發起色界天人的功德；何況實證佛菩提的菩薩們悟後進修而竟然說是不能實證，便將《楞嚴經》無根毀謗為僞經，膽子也未免太大了一些！只能說他們根本沒有實證，也眞的是愚癡無智。而如來藏中有這種功德，其實是在聖不增、在凡不減的，問題只是有沒有悟後好好修行而且實證它。當你悟後努力修行、伏除性障以後，眼知根的作用已經可以不必藉光明照耀，可以自行發起能見的功德，那麼以後不論是多麼黑暗的狀況，你還是可以看得見暗中的景色，所以說「則諸暗相，永不能昏」。到這地步時，就是佛所反問的「根塵既銷，云何覺明不成圓妙？」

今晚我想徵求中華佛教居士會發行的一本月刊《中華寶筏》，只要最近這一期；我看過以後不曉得放到哪裡去，遺失了！剛好我寫書時引用到其中一句話，當然要把它留作證據。因爲在裡面有一段話，說他們與洋人談到佛教時，那洋人所知道的佛教就是密宗藏傳佛教，他們根本不知道南傳佛法與大乘佛教。洋人們一談到佛教時，所知道的佛教就只是密宗，所以密宗藏傳佛教就等於佛教。他們有所感觸，所以報導了這一句話。因爲我有引用這一句話，要有月刊作爲證據留存著；我們作事都要有證據，所以看誰還有那本月刊，下週來的時候請送給我一本。

今天般若信箱的問題很多，可能要談上一個鐘頭，其中有一位原來是兩張，後來又傳眞補充了一張過來。另外還有兩張，其中一張寫了兩面。我先解答第一張，第一個問題：「我們正覺同修會是否有計劃辦理傳菩薩戒，什麼時候？」我們本來是計劃去年要辦，因故延到今年。但今年還是因爲時間撥不出來，還要再延到明年，所以明年才會傳戒。

第二點：（略。因與此經法義無關。）

第三點：（略。因與此經法義無關。）

有人問，其實這一張問題應該是一位法師請問的。這問題若是要詳細答覆出來，可以整理成一本書，不過我們在這裡可以大略的說明一下。我先唸一下：

「第一點：看老師的書，最核心的重點是佛與三乘諸經皆由一大前提，依第八識如來藏而說一切法。既然佛說法都建立在以如來藏爲體性這一個大架構，除《阿含》經典中佛以隱說而不顯外，但是大乘經典中爲何不清楚到處以如來藏爲主？是如來藏的同一體性名爲阿賴耶識？或名眞如？或名無垢識呢？」這是第一個問題裡面的一小段，先答覆這一小段。

這個問題有語病，並不是說「以如來藏爲主，是如來藏的同一種體性名爲阿賴耶識」，這就是說，你對佛法還沒有眞正的瞭解。因爲「如來藏」名義是函蓋從等覺以下到凡夫位，包括地獄眾生，統稱爲如來藏。但是如來藏不等於阿賴耶識，阿賴耶識卻一定是如來藏，這裡面還是有差別的。因爲如來藏名稱是從凡夫位到斷了分段生死以上的階位都通用，可是阿賴耶識名稱只是在斷分段生死以下的階位，所以如來藏不完全等於阿賴耶識；然而心體卻是同一個，而這裡面是有差別的，所以不能夠說「如來藏的同一個體性叫作阿賴耶識，或者叫作眞如」，因爲眞如就不叫阿賴耶識，也不叫如來藏，通常眞如只稱爲無垢識，除非是說因地眞如。

接下來又問：「例如在《大般涅槃經》中談佛性，老師在《平實書箋》中指出佛性是眞如的作用，可是《大般涅槃經》中沒有找到眞如這一個語詞，所談的是法性與涅槃，以及由佛性爲重點展開佛菩提道的修學過程，經文謂爲十二因緣是佛性，佛性是第一義空，第一義空名中道，行中道者名爲佛，佛是涅槃，所顯的結果是常樂我淨的佛境界。」

這個問題剛好在前天浴佛法會時我有開示過，你既然沒有聽到，現在無妨再重說一遍。如來藏不等於佛性，佛性不等於如來藏；眞如不等於佛性，佛性也不等於眞如，是非一非異的體性，所以我書中所寫的，你沒有讀清楚。我在前天也說明：佛陀弘法最後，在入涅槃前的開示說明，講的是佛性。因爲你從眞如去修行——從如來藏去修行，最多就是到達等覺位後的妙覺最後身菩薩位，乃至最後以手按地而得明心發起大圓鏡智的時候，成所作智還是不能現行，當然還沒有成佛。一定要等到夜後分明星出來的時候，睹見明星而眼見佛性的時候，發起佛地的隨順佛性功德，成所作智現前了，那時才能成佛，否則還成不了佛。所以，如果說眞如就等於佛性，那麼應該 佛在初夜分以手按地明心的時候就成佛啦！不必再等夜後分目睹明星眼見佛性時再來成佛了！

所以，這裡面有很大的差別；但是在你明心之後，才會知道還是有差別，而其中的差別在哪裡？你還是沒有完全了知，得要到眼見佛性之後，才會知道明心和見性的差別是那麼大。但是現在全球佛教界對見性、對佛性都是誤解的。所以這個內涵要等到你明心之後，再經過一段時間修行而眼見佛性了，再來讀我的書，才會眞正懂得我在講什麼，否則沒有辦法全部懂得。那麼佛爲什麼最後臨涅槃時才講《大般涅槃經》？《大般涅槃經》中又爲什麼不講眞如而只講佛性？所有的經典中詳細宣說佛性的就是《大般涅槃經》，當然還有另一部經典也說佛性，但我現在不指出來說明，因爲怕耽誤你們眼見佛性。爲了護念諸位的緣故，所以我在這裡不說。佛講完所有的經典之後，在臨入涅槃時宣講《大般涅槃經》，純說佛性，不說眞如——不說如來藏。意思就是說，最後成佛時得要眼見佛性；若是還沒有眼見佛性，一定成不了佛；所以臨入涅槃前所講的《大般涅槃經》中純說佛性，不說眞如。弘法四十九年之間，眞如該講的都講完了，爲什麼還要重複再講眞如呢？所以這時純說佛性而不講眞如，這個道理我們在前幾天就已經開示過了。

接下來：「**老師說法身的體性是如來藏阿賴耶識，**」我沒有說過法身的體性是如來藏阿賴耶識。我說法身就是阿賴耶識，我說法身就是如來藏，但我沒有說「法身的體性是如來藏或阿賴耶識」。「那為何不見釋迦佛在經中直接說，而使用許多的文句來描述祂？請看以下的註解……」這些註解都不必唸了，因為很長。在所有的經典中其實都是明說的，問題是你看不懂，因為你還沒有開悟。在我們明心以後來看那一些經典，其實很多經典都是明說某一個心是如來藏，都跟你明講了！包括菩薩的論中，譬如《成唯識論》中也是明講的。明講的意思是說，已經直接告訴你哪一個心就是如來藏，可是你看不懂，以為經論中沒有講。等到你明心了以後，你會說《般若經》中也是明講的，雖然它不用如來藏的名相來說。在《心經》裡也是明講的，雖然它同樣不用如來藏名詞，它講「心」。

在其他的阿含部經典裡面其實也有些地方是明講的，我們在《三乘唯識》中也列舉出來了，眞正破參明心的人一讀就說：「在阿含裡面就明講了，哪裡沒有明講？」只是因為你還沒有破參，所以你沒有辦法去瞭解。那麼涅槃，為什麼「涅槃跟如來藏要分開來說」？我們在《楞嚴經》稍後的經文中，今天如果沒講到（因為所提的問題很多，需要先答，可能今天就講不到），可能就是在下週會講到「涅槃其實就是如來藏」，但是，並非「涅槃等於如來藏」一句話就可以說清楚；因為其中的法義非一非異，非常複雜，不是一句話就可以講清楚的，而佛菩提不是像聲聞菩提解脫道那麼簡單。解脫道那麼簡單，印順法師都已經弄錯了，何況佛菩提那麼深妙的法，哪裡能夠三言兩語講得盡？但是沒關係，我們就慢慢地講。

你們看，光是佛菩提，我出來弘法已經講了十幾年，我所講的內容也很少重複。你們看我講的經典，有哪一部是重複講的？沒有！我們增上班所講的論，也沒有一部是重複的，卻是到現在都還在講，是從各個不同的層面來說，都還不曾重複。法義雖然是同一個如來藏，但是如來藏的函蓋面非常的廣泛，我們總是只說到其中的一小部分而已，還不曾全部講出來。所以你還沒有明心的時候，無法了知。其實，三乘經典中對如來藏都是明講的；從我的立場來看阿含，阿含中其實就已經明講：涅槃是依如來藏而建立的。因爲阿含中已經有講涅槃的本際了嘛！對我而言，這個都已經明講的了。在我的《眞實如來藏》書中，也有舉出阿含的根據來說；我想，你大概沒有讀到我那些書，如果讀過了，你就會知道。其實如果你破參了，你將會知道 佛是明講的；只因爲你還沒有破參，所以就覺得佛沒有在每一部經典中都把佛法歸結到如來藏。其實，等你以後破參了再去讀，就會證明每一部經典都歸結到如來藏。

接下來又問：「另外在《解深密經》指出『心意識』名阿賴耶識，亦名阿陀那識。」錯了！《解深密經》不是這樣講，你這樣是斷句取義。那麼從你所舉述的這句《解深密經》的經文，你們破參明心的人聽一下看是不是明講？請你們聽一下；還沒有破參的人，我再跟你們解釋一下，但是仍不跟你們明講。因爲經文的明講，在破參的人來看是明講，沒有破參的人聽了就得要跟你解釋才會懂，但是我會隱晦密意而說，讓你們將來有親自體驗的機會。《解深密經》云：「吾當爲汝說心、意、識秘密之意，……此識亦名阿陀那識……。」請問「心、意、識」是幾個識？是說三個識，不可以像這位提問者一般斷句取義混同爲一個識。然後經文中說此識亦名阿陀那識，這個「此識」是幾個識？是一個識嘛！「心、意、識」講的就是三個識嘛！一個是心，一個是意根，一個是意識嘛！這樣就是三個識啊！那你怎麼說是一個識呢？你不要把中間的一段經文漏掉，因爲中間還有一大段經文嘛！不該移花接木來提問。所以經文中並不是說心意識三個心同是一個識。

而且《解深密經》很清楚地告訴你，因爲你舉出來的後面經文中已經有說了：「由此識……」，諸位明心的人聽聽看：「由此識（由這個阿賴耶識）於身隨逐執持故，亦名阿賴耶識，何以故？由此識於身（於色身）攝受藏隱，同安危義故，」是藏隱於色身中，與色身同安危的道理的緣故。因此「亦名爲心，何以故？由此識色聲香味觸等積集滋長故，」因爲阿賴耶識這個心，透過七轉識不斷地在色聲香味觸法裡面去熏習祂，使得祂的染污種子不斷地滋長嘛！所以這一段經文中已經告訴你，並不是說「心、意、識」是同一個識。佛又跟廣慧菩薩答覆說：「廣慧！阿陀那識爲依止、爲建立故，六識身轉……」，以阿陀那識作爲依止，也就是以阿賴耶識作爲你的依止，由這個阿賴耶識所建立的緣故，你的六識功能才能運轉，這樣子說明心、意、識三個心之間的互相關聯性，那麼請問「心、意、識」會是同一個識嗎？當然不是嘛！所以並不是說「心、意、識」就是如來藏、就是阿賴耶識、就是阿陀那識。「心、意、識」中的「心」才是阿陀那識。《解深密經》我們以前曾經講過一次，以後有沒有機會再講？我現在還不確定，得要隨順因緣。所以，你所問的這些問題，其實應該每兩、三句就要作一次答覆。但是我若這樣答覆下來，我們今天就沒辦法講經了，所以就只能以這樣大約可以讓諸位瞭解的意涵答覆與說明。

接下來問：「但其修學的入手處，以心意識入一切法相，覺知一切法相所具三相都是無自性，以無自性之諸法是無生無滅性涅槃……」其實不是以無自性而知諸法無生無滅自性涅槃，你誤會了！《解深密經》並不是這麼講的，但由於解釋這個問題的時間不夠，我也就略而不說。「以此道理，實行於菩薩位階能夠地地增上修學乃至佛地……」菩薩依無生法忍而地地增上乃至佛地，並不是從無生無滅的無自性涅槃——不是以無自性來了知的，而是從祂有眞實體性來了知的；了知眞實體性之後，不要去執著「心、意、識」，也不要執著你所證得的如來藏，這樣才叫作善知心意識秘密善巧的菩薩。善知心意識秘密善巧的菩薩，講的是這個意思，而不是你所講的無自性；因爲如果無自性的話，那就跟石頭木塊一樣了，但佛菩提顯然不是這樣。

接下來又問：「爲何不針對阿賴耶識去討論？而是以心意識去契入佛菩提道？……」這就是因爲你還沒有明心，才會提出這個問題。你如果證得如來藏的時候，就知道一定要透過意與識，才能夠明心——明如來藏心；若沒有意與識，你就無法明心，何況進修佛菩提道？所以你一定要透過心、意、識三個心共同運作，才能開悟明心。心是如來藏，意是末那識意根，識裡面就有六個識，總共八個識；這樣配合運作，你才能夠明心。乃至你將來悟後想要修學成佛，也同樣必須要有意與識，才能夠讓你的第八識心中的種子清淨，最後才能夠成就究竟佛道，否則你沒有辦法成就究竟佛道。

接下來我要說明，在二乘菩提中說的「心、意、識」，卻是指三世意識，是同一個意識心。但在佛菩提中所說的「心、意、識」是三個識：第八識阿賴耶識、第七識意根、第六識意識；一定要具足「心、意、識」才能修行、才能契入佛菩提道，你如果只有阿賴耶識，就沒有辦法契入佛菩提道，因為如來藏阿賴耶識離見聞覺知啊！每一個親證的人都知道，祂離見聞覺知，從來不在三界六塵萬法中起分別或了知，你說祂怎麼能修學佛菩提道？所以一定要有六塵中的見聞覺知心才能修行證道嘛！請問六塵中的見聞覺知是哪些心呢？當然是意根與識陰六識，所以必須有七識心才能夠學法證道。不能夠只憑如來藏去修行而成為究竟佛，一定要同時有七轉識來修行，才能夠使如來藏中的種子淨化，斷盡「二種死」，然後才能夠成佛，當然要有心、意、識等三種識來修行才能成佛，不是只有第八識如來藏自己能修行成佛。而且，如來藏也不必你為祂修行成佛，祂本來就是涅槃，祂本來就是成佛時所應具足修證的標的，祂還要你幫祂修行什麼呢？是你幫你自己修行，然後使如來藏中你自己的種子清淨而成佛的。這裡面有很多的問題，若要一一答覆，可以出一本書了，所以我們大略談一下就行了。

接下來又問：「總之學生不明白，為何佛在經典中不明示說如來藏的體性，所談論的是涉及如來藏的同一體性，但不同的位階所施設出不同名稱……」我們已經一再地重複說明，並且舉出 佛的開示說：如來藏法必須隱覆密意而說，我如果可以跟你明講的話，現在為你明講就好了！何必還要讓你參禪作什麼呢？但是絕對不許明講，不是因為 佛吝嗇，而是護念大家。因為如來藏心太現成，而且平易到不得了，如果你沒有經過參究的過程，理路不清楚，知道了也一定無法承擔的。所以 佛在經中都不明說，但是對於一切已經破參明心的人來講，其實都是明示的，問題是你沒有那個智慧去瞭解 佛在講什麼而已。

接著又問：「如此眾生才不至於對如來藏等相關語詞產生混淆，如經典有時用阿賴耶識、有時用如來藏、有時用佛性、有時用眞如，眾生不知其所談應對之修學次第，更加不清楚這些語詞彼此之間的甚深關係。」如果能夠讓你悟前閱讀時就很清楚瞭解，那麼佛法還能叫作深奧微妙嗎？那麼不迴心阿羅漢們也不該還不懂佛法。如果後來的佛弟子眞懂佛法，為什麼 佛入滅以後的聲聞法會分裂變成很多部派？為什麼不是由一位大阿羅漢來統領呢？連粗淺的聲聞法都已經難免誤會而分裂成好多部派了，何況阿羅漢們所不知道的佛菩提法呢？當然要藉很多名相來表示不同位階、層面的修證，怎能單用一個名詞一個位階來顯示成佛之道的內涵呢？

佛法絕對不是你想像中那麼簡單的，如果能夠三言兩語就講清楚了，那個法一定是夜市地攤上的貨色，不是在廟堂上公開宣揚的勝妙法。所以你們看，同修會中那麼多人破參明心了，爲什麼還要繼續跟著我進修？悟後已經跟隨我十一年了還在跟隨（編案：這是二〇〇二年所講），正因爲佛菩提不是那麼簡單的法義啊！你們之中已經明心而且眼見佛性的人，其中有一位這麼說：「**我上上週聽老師講那兩個鐘頭的妙法，勝過我三年的自修。**」爲什麼會這樣？因爲佛法很廣而又深妙，其中微妙深細的地方，自己根本沒辦法體會嘛！得要靠善知識一步一步爲你開示。我們全都是跟著 佛修學，得要依止世尊的聖言量。如果三言兩語就能講清楚了，諸佛又何必那麼辛苦講個不停？如果佛法就只有一個明心的法——一悟就成佛了，不必講那麼多，只需要像你說的那樣講一種法就具足了，那麼我乾脆把密意跟你明講了，我們正覺同修會就可以封山歇息，讓台灣四大山頭去弘揚就好了，我也樂得清閑。然而佛法事實上不是這樣的，否則佛又何必辛苦宣講四十九年？只要在成道那一夜，把五比丘找來，直接指示如來藏的所在，指示過以後就可以走人，這樣最直接了當。

可是為什麼 世尊要說法四十九年？在那四十九年中，其實還有很多密意都沒解說；因為當時的菩薩們根性很利，所以都只是概略兩、三句話就講過去了。譬如我們講《楞嚴經》，佛所說的都很簡略，為什麼我們一開始宣講時，兩個鐘頭卻只能講兩、三個字？接下來往往兩個鐘頭裡就只能講解兩、三段經文？是因為 佛的開示都是很簡短。但是到了今天，大眾根性不一樣，我們就必須作深細的解釋。所以光是「意根默容一切諸法」八個字，就得講上老半天；可是我們這樣還是沒有具足說，因為具足說時就會離題太遠，只能針對與這一段經文有關的部分來說。如果像你說的那樣，佛乾脆就明講如來藏的所在，主張只要明心就成佛了，那麼三乘經典也就不用宣講了，那麼佛法可就變成地攤貨，不再是精品店賣的高級品了。

但實際上沒有辦法像你講的那樣，只用一種法、一個名相就講清楚。如來藏心體的所在，我可以一句話就告訴你，甚至我們還常常不用語言文字（在禪三時總是不用語言文字而直接讓你了知如來藏的所在），但那畢竟只是證得如來藏心體的所在，接下來還有很多祂的別相與種智要學，當然不可能單用一個阿賴耶識名詞就解說得清楚。我在前天也有開示：「在正覺同修會以外，明心是他們一生所要求證的終極目標，但在我們同修會中，明心才只是剛剛註冊入門而已，是剛才進了佛菩提學校中，剛剛要開始修學佛菩提而已。」這是我們跟外面道場截然不同的地方。他們把明心當作這一世的終極目標，卻是始終無法明心；在我們同修會中很容易明心，可是明心只是剛剛入學，正準備要開始修學佛道，這是我們跟外面道場非常不同的地方。

所以 佛其實不是像你講的只有解說阿賴耶識、如來藏、阿陀那識、眞如、佛性，事實上佛講第八識的名詞有五、六十個，若是當年講過而沒有被記載下來的，一定更多。爲什麼 佛要這樣講？絕對不是故意要混淆大家，而是使用第八識的某一個名詞的不同意涵時，一定是在那個時空適合用那個名詞與位階來解說，所以就用那個名詞與位階來說明；但是你自己沒有智慧而弄不懂，絕對不能怪佛，只能怪自己。

第一個問題很簡略地答覆完了。第二個問題：「蕭老師在《狂密與眞密》中說，大、小品般若諸經中依非心心、無心相心、不念心、無住心而說一切法緣起性空，爲何釋迦佛在此不指出如來藏這個語詞來說明呢？然後說明如來藏的體性……」這一段且先留下不作講解，因爲這個題目太廣大了，這兩個小時是解答不完的，但可以從另一個面向來說明一下這個意涵。如果每一部經都要用同一個名詞來解說，那你如何把第八識在不同層次、不同階段的不同體性加以說明？是不是含糊籠統就說一個如來藏名詞就好？如果這樣，你學法時的混淆將會更大，更難學法，因此當然要用不同的名詞來指稱不同階段的如來藏。

如果單單使用一個如來藏名詞來講解佛法時，有時候會說如來藏有集藏生死的體性，這是斷除分段生死以前的階段，名爲如來藏；後來又告訴你，阿羅漢的第八識已不再集藏分段生死的種子，依舊名爲如來藏，不特別指明是異熟識。那時你將會指責，說佛陀亂講，自語顚倒，因爲都同樣是如來藏心。其實不是自語顚倒，可是同樣都用如來藏一名來講，就會出現這個問題；但是你還沒有想到會產生這個問題，才會提出自己這樣的看法來。世尊必須用不同的名詞來講第八識如來藏，在斷除分段生死以前指稱祂是阿賴耶識，斷除分段生死以後就指稱爲異熟識，到達佛地斷盡「二種死」的時候還是這個如來藏第八識，但已完全沒有任何的種子變異，就稱爲無垢識，已經不能再使用異熟識名字了，因爲如來藏中的種子異熟變異已經斷盡了。這時如果還是用同一個名字來稱呼如來藏識，你是不是又要責怪 佛陀沒有另立名詞而使你產生誤會呢？你難道不會指責說：「世尊說同一個如來藏心，怎麼法義講得不一樣？」所以佛陀必須依不同時期的修證內涵而建立不同的名相來解說，若是前後時期都用同一個名相來說法，眾生難免誤會，更難修證佛菩提了。

你今天產生的誤會，都是你自己沒有實證所產生的問題，完全不是佛的問題，都是因爲你對如來藏的不同名相沒有眞正理解。爲什麼說您沒有眞正懂呢？是因爲你還沒有明心。即使你明心以後，也不一定就能夠眞正懂，還得要跟著善知識再繼續修學，了知佛菩提道的種種不同層次與內涵，知道如來藏在不同階位時的不同狀況，才能稍微懂得一些。並不是佛地跟眾生地的如來藏完全一樣，既然各種不同階段的種子內涵不一樣，當然要施設很多的名詞來解說祂的不同階段與不同面向。那麼在般若系經典中，主要是讓眾生不要執取世間的見聞覺知心，所以告訴你有如來藏心，卻完全不同於眾生熟知的見聞覺知心；所以把如來藏心叫作非心心，或者叫作無住心、不念心、無心相心，這樣修學佛法的人就不會落入識陰裡面，就比較容易證得如來藏心，不是故意弄得很複雜。

眾生所了知的心，都同樣是見聞覺知心，以爲這個生滅心是常住心。後來學佛知道有一個如來藏心是常住心，可是如來藏心的體性跟覺知心的體性完全不一樣，爲了讓你比較清楚了知這一點，所以就用非心心（不是心的心）

的名詞來講解，讓你容易理解。世尊已經這樣清楚地講解了，你都還會誤解，何況是單用同一個名詞來講解如來藏呢？你一定誤解得更嚴重。世尊講解不同階段的第八識體性時，如果全都用如來藏一個名詞，這方面的善巧就不見了，那你閱讀般若諸經時想要證悟如來藏，可就更難了，反而會成為更大的遮障。所以 佛發明了這些不同名詞出來，是對你利益而不是在遮障你。但你還沒有破參，不曉得這個道理，所以今天會有這個問題提出來。

接下來又問：「然後說明如來藏體性所呈顯的狀態是非心心、無心相心、不念心、無住心，這樣不是比較明確；然而在整個大般若經上，竟然找不到如來藏此一重要的語詞……」這一段我已解釋了，不再重複解答。「何況大般若經闡述是為了教導二乘迴心向菩薩乘以及菩薩位階修學者修學般若波羅蜜多，其修學除了明白性空中道的體性……」錯了！般若諸經的法義，不是在明白性空中道的體性，而是明白空性中道的體性。因為性空就變成斷滅空了，可就落在印順錯誤的思想裡面。如果一切法緣起性空不是依如來藏而說的，那麼請問：「你的緣起性空跟斷見外道的緣起性空有什麼差別？」我只問這個就好，那就跟斷見外道一樣啊！斷見外道也是說一切法緣起性空啊！那我們覺知心正是依根塵而有，死了以後就斷滅，不能去到下一世而沒有未來世，那你死後五陰都滅盡了，又沒有未來世，就變成斷滅空，就與斷見外道的緣起性空觀完全一樣了嘛！

如果不是依如來藏而講一切法緣起性空，不是依如來藏來說十八界一切法緣起性空，那麼請問你（別說是你，就請問阿羅漢好了）：「否定如來藏以後，阿羅漢入無餘涅槃時就變成斷滅了。那時十八界都滅盡了，又沒有如來藏存在，那你的緣起性空跟斷見外道有什麼不同？」假名阿羅漢們一定是無法回答的。所以當然是依如來藏而有一切法緣起性空。這個道理，我就不再重講，因爲我在前面《楞嚴經》的經文中已經說了很多；可能這位法師那時還沒有來聽經，是這幾次才剛來聽經不久，所以不知道。

接下來又問：「亦處於去染污、轉清淨，成就一切智，這個階段，應該要應用到阿賴耶識、如來藏乃至眞如這些語詞吧？」這個問題剛剛就已經答覆了。「爲何此經不標示出如來藏或阿賴耶識等語詞呢？」這個剛剛也解釋過了：必須用不同的名相來說不同階段的阿賴耶識，佛弟子才不會弄混淆了。否則你一定會責備佛：「你怎麼前後說法顚倒？一下子說如來藏集藏分段生死的種子，一下子又說如來藏不集藏分段生死的種子，只集藏變異生死的種子；然後如來藏完全沒有這一些種子，前後說法不一。」其實只是從不同階段的心性來說法，都沒有錯誤。如果像你所建議的那樣，只用同一個名詞來說如來藏的自性，那你就不免誤會而要責備佛了。所以一定要分成不同階段而用不同的名稱來界定不同階段的第八識，這樣界定好了以後，證悟的菩薩們一看到這些名詞，就立即知道是在指稱哪一個階段的第八識，不會含糊籠統，也不需要猜測，這就是 佛的方便善巧。可是你今天會有這些問題，是因為你還沒有破參。如果有破參了，再好好讀我的書，讀上三年以後，今天所提出的這些問題就全部不存在了，就不會再問了。

第三個問題：「在大般若經第二分中云：『一切法、法定、法住、法性、法界，不虛妄性、不變異性、平等性、離生性、虛空界、眞如、實際，不思議界法爾常住。』亦在同經中說道：『涅槃具有常樂我淨的眞實功德』所以說涅槃亦是常，為何不把涅槃列於法定、法住乃至不思議界這一組的脈絡呢？」這一段問題留在《楞嚴經》後面會講到無為法也是虛妄，在那個時候再來說明、答覆；你如果提出了這個問題以後就走了，那就請你下回再來聽我解答。

第四個問題：「誠如老師所言明心見性是修學的關鍵功課，決定修學的樞紐，但為何經典中除了《大般涅槃經》或者少數如來藏經中明示佛性是決定成佛入涅槃的必要條件正因，其他經典卻不見此重要的揭示。」這個就是說，明心與見性的分際你還弄不清楚。那麼我建議你—如果你還在現場聽經—我建議你把我的《宗通與說通》好好去讀幾遍，讀上三遍以後，你這一些問題大概就已經不存在了！那你如果還沒有讀我的《宗通與說通》，這個問題很難用短短的時間與字句為你解答，因為這是一個大題目。你這三個問題裡面都各有很多個大題目，真正要詳細答覆起來，可以出書了，當然不可能在講經前短短的十幾分鐘裡為你詳細解答。

明心與見性是兩個不同的層次，在大乘別教中，七住菩薩是明心見道，十住菩薩是眼見佛性的見道；進入初地時還是明心與見性，依舊是在見道位中。乃至成佛前的最後身菩薩位，最後成佛時還是明心與眼見佛性。請問，那時的明心與七住菩薩的明心，是不是證得同一個第八識如來藏？當然是同一個。可是所發起的智慧等境界可就完全不一樣了！那你是不是可以說：「既然三個位階的明心所悟都一樣是第八識心，那麼明心時應該就是成佛了！」是不是這樣子呢？可是為什麼經中有很多大菩薩都明心了，卻都還沒有成佛？所以其中還有很多的大問題存在，這個若要全部答覆起來，時間蠻長的，在這裡是不可能答覆的。

那麼《大般涅槃經》只說佛性，很少提到眞如；其中若是有提到眞如的經文，也一定說涅槃就是如來藏，或說涅槃是依如來藏而有。但是它不會單只說如來藏就是涅槃，一定會併同合說如來藏與涅槃之間的許多關聯。因爲如來藏不是只有涅槃一個法性而已，所以如來藏不等於涅槃，但涅槃是依如來藏而有，是依如來藏而說涅槃。這一些解答，如果你今天有在現場而聽到了，可能這個答覆你不會很滿意，因爲時間所限，我無法說得很詳細；而你還沒有破參明心，一定也聽不滿意，因爲你聽過了一定還是不懂。那你如果想要眞正懂得這一些義理，因爲你這些問題是電腦打字的，我希望你電腦上的檔案先別殺掉，等你將來明心以後再加上眼見佛性了，那時你再叫出來重讀一遍，你自己都會啞然失笑。

那麼這兩張問題就答覆到這裡爲止，因爲已經快用掉一個鐘頭了！我們還得講經呢！這裡的問題共有三張，其實原來是兩張，因爲其中一張後來又補充了一張問題。但是這兩張問題，我不打算把它唸出來。不過我要在這裡告訴這一位所謂的末學叉叉（因爲他是用叉叉而沒有寫上名字），但是我要讓你知道的是，你建議我們不要再買講堂，不要再買道場，不要再招收新生，只要度現在這一些人繼續修學就好；又說應該讓這些人學上六、七年，而不是兩年半就讓他們明心及見性，說這樣太便宜了。這個建議當然也有道理，因爲來同修會修學兩年半就可以明心，實在是天下最便宜的事，而且也不必一定要護持很多錢財。你看外面各大山頭等道場的徒眾們，護持一千萬、兩千萬元，或者護持一億、兩億元的人，眞的很多；他們只要見到大山頭的大和尚，支票簿就拿出來開，而且開好幾千萬元支票以後，還要雙膝下跪、高舉過頂來護持那個大山頭；後來被印證的結果卻只是個冬瓜印子，根本就悟錯而落入常見之中。所以來我們這裡學法而親證，眞的是便宜，算是撿到了！所以你說的也是有道理，兩年半就明心，又是眞的明心親證，確實是太輕易了！但是話說回來，你這一段文字，我得要唸一下，讓大家聽一聽，你說：「讀了老師的書，再看其他經典就容易多了，至少也會有某種程度之解慧，只欠親證而已。」但是我想，你對我書中所講的，還是沒有究竟的了知，你只知道一個局部。

接下來你這一段問：「但禪宗者不立一法，不捨一切法，洞開六根門頭，以無所得的心六、七識見分面對一切內外法塵境……」請問六、七識的見分是無所得的心嗎？諸位！你們認爲是嗎？六、七識一向都有所得，如果六、七識是無所得的話，那第八識是幹啥的呢？那第八識是有所得？還是無所得呢？如果第八識也無所得，六、七識也無所得，那就變成兩種無所得了，那麼佛的經典都要修改了。如果六、七識也是無所得的話，那也簡單，你就不必來參禪，也不必來學佛菩提啦！因爲六、七識自己已經無所得了嘛！無所得就是證悟了啊！那你爲什麼還說自己「只欠親證而已」？

又問：「以無所得的六、七識見分面對一切內外法塵境，不斷藉外境轉換種子消融習氣，以妄心盡處即菩提爲目標，」妄心盡處，六、七識既然本身就已經是無所得的，那已經是妄心盡處了嘛！爲什麼還需要修行？你就不用再修行了！你不修行時就已經無所得了，那就是親證菩提啦！這究竟是什麼意思呢？是要把六、七識變爲清淨心？或是什麼意思？如果是把六、七識變爲清淨心，那麼清淨心是第八識還是六、七識呢？可得要請問你這個問題了！如果你說清淨心是六、七識，那就錯了啊！你如果說六、七識變清淨心以後就轉變爲第八識了，那還是錯了！所以你這個說法是進退失據，進也不行、退也不行，成爲兩難之境，你把自己陷在兩難之境中。

因爲六、七識如果是清淨心，那你就不用再修行了！你如果說「我把習氣消融了，就變成清淨心」，那六、七識清淨心變成第八識，那你清淨以後是不是沒有六、七識了？可是即使到達佛地時，都還是八識具足的，那你的

六、七識變成第八識清淨心，是不是意謂：到達佛地時只有第八識而沒有前七識？那麼請問：佛是不是不能分別六塵的白癡呢？那你如果說：「不是這樣，我這個六、七識還是六、七識。」那麼請問：佛地仍然有八識心王，那你「消融習氣盡處即菩提」，你是說自己那時已經成佛了，你這個時候卻仍然還是六、七識，那你到達佛地時的第八識又在哪裡？所以你這樣答還是不行的。所以，你提出的這個論點，進也不行，退也不行，眞是進退兩難。這是因爲立足點一開始就錯了。善知識所說的法，絕對不會落在這個地方；一定是進也對，退也對，全部都對，四通八達，這樣才可以。

接下來又問：「初期則以承擔人人皆佛，自性法身佛，自信得及，捨命承擔，這非是大心凡夫不敢爲，非講堂內廣大信眾所能企及……」那你的意思是說，我們正覺同修會這些廣大信眾都作不到囉？那麼顯然你應該已經明心了，可是爲什麼你說出來的道理會進退失據呢？會使自己陷於進退兩難之窘境呢？可是我們正覺講堂中現在已經有很多人明心了，現見第八識心如見掌中的蘋果一般清楚。可是，第八識在哪裡呢？你都還不知道。你如果知道了，就不會說出這些話來，所以你的問題很嚴重。

那麼你第二次傳眞來，把「非講堂內廣大信眾所能企及」這些字劃掉，另外寫上了幾個字再傳眞過來，說「**人人有佛性，只要有師資加以逼追仍可成就**」，請問：佛性是用逼追的、逼拶的嗎？所以你顯然也沒有看見佛性嘛！你只是知道佛性的名義而沒有親眼看見，那我就在這裡公開爲你作授記：你**這一世絕對沒有希望看見佛性了**。我這樣公開爲你授記，你可以把我這一句話記住，你這一世絕對沒有希望可以眼見佛性，你會永遠落在凡夫隨順佛性的境界中，你無法進入佛性的第二個層次（未入地菩薩隨順佛性）中，你絕對進不了。換句話說，你這一世沒有希望進入十住位中；已入地菩薩隨順佛性，那你就更甭提啦！至於佛地的隨順佛性，連我都不敢想。但我現在公開跟你授記：你這一世絕對無法眼見佛性。這是公開跟你授記。如果哪一天你說你眼見佛性啦！請你來告訴我，我來勘驗勘驗看看，好不好？

那你說：「**聽說正覺講堂學員太多要買新道場，這是好事，但是我認爲採取下列措施可以適當控制人數，例如：六年或十年才可以參加禪三，**」請問諸位願不願意這樣做？我來做個民意調查，願意的請舉手（稍停幾秒鐘，無人回應），不願意的請舉手（大眾全都舉手），一面倒啦！謝謝！那麼我就對這位法師這樣要求，讓他六年或十年以後才參加禪三（大眾笑…）。因爲他提出四個理由來這樣主張。這四個理由，其中有一部分還是眞的有道理；但我們今天只是說（因爲每一次講經時都很嚴肅，今天就藉機講一點輕鬆的），他有一些理由是有道理的，所以諸位也要自我檢點一下，眞的也需要檢點。他說：「第一、沒耐心的就走掉或者留不住，」這也對啊！因此我們有時候會趕人，所以你如果聽了起煩惱、與我不相應，那你就趕快走人，別再來聽經了！

有的人聽了我們的開經偈就起煩惱，那就請他趕快走人。因爲我們開經偈有一句是這樣的：「我今見聞得證悟。」沒有哪一個道場敢用這樣的開經偈，有的人聽了就生起煩惱，那就趕快走人，我也不想留人。這就是他講的第一點：「走掉或者留不住」。第二點，他說的也有道理：「肯留下來的，磨了六至十年，則習氣消融掉（粗的），」磨上六年到十年，粗的習氣大概磨掉了，這個有道理。那麼以後我們要多設一點逆境，請各位親教師們對學員多磨一磨。「而且辛苦參究六年到十年，悟境很深不易退轉。」那可不一定，你若參究六到十年，即使你參究三十年以後才悟的，還是會比我們禪三破參回來的同修們還要差，差過好幾倍。因爲我們禪三破參整理過後回來，你參三十年再破參的人，在他們面前還是沒有談話的餘地，因爲相差太遠了，所以你這一句話不對。

又說：「二年半被悟出來，大都黑嚕嚕，」後面三個字是閩南語，意思是說不很行，「非時取證。」什麼叫作非時取證？「古德苦參多年，悟後不退轉（不像…）」請諸位聽他括弧裡面這一段話，「（不像號稱悟了百餘人，但大都退轉了，眞正有用的不多），」這也是實情，可是我們早期那一些人爲什麼會退轉？諸位得要瞭解。因爲早期是統統有獎，而且還不必去到禪三共修參禪。最早期是在平常每週共修的時候，當大家都禮佛作功夫時，我就喚來小參，一個又一個想辦法把他們都弄出來；所以最早期共修時，有的人是共修一個月後就明心，或者共修兩個月就明心，也有三個月後就明心的；其實都是悟緣未熟就強行引導出來的，由於都沒有參究及體驗的過程，所以智慧都不好，於是就退轉了！這是我的過失，我在書上也寫得很清楚。那麼我想，這位師兄應該是法師，也不是我們會裡的人。因爲從括弧中的這一段話，就顯然證明你不是會裡的人。

後來我終於開始辦禪三參禪精進共修，已經上課半年的人都可以參加；可是辦禪三時統統有獎，凡是參到最後一天還參不出來的人，那天就全部叫進小參室中，直接說明眞如心的所在（大家笑…）就都明講啦！明講的結果是完全沒有體驗，智慧都無法生出來，解三回來以後又迷糊了，心想：「我那時候悟的眞如，到底眞如是什麼呢？」又迷糊了。明講就是有這個後遺症，後來我覺得這樣不行，改爲共修一年以後才可以參加禪三，在禪三最後一天時還是明講；後來覺得還是不行，再改爲共修一年半以後參加禪三，在禪三最後一天還是明講，一樣還是有後遺症；最後才改爲共修兩年半才可以去參加禪三精進共修，並且不再明講密意了，那麼退轉的情況就開始改善了。

所以現在禪三破參回來的人，智慧大概都還算好，已經不會再退轉了！早期的那一些人，就是得的太容易，統統有獎，或者前兩天就明講，當然品質不好。而且那時候，老實講，我是隨時準備要歸隱山林的，並沒有打算要長久弘法，所以我那時這樣想：「把法給他們以後，讓他們自己去弘揚，我就走人歸隱了。」所以我都沒有要求他們在性障的消除上面用功，不曾在這上面作任何的開示。這樣維持了五、六年的時間，所以他們的性障都沒有消融掉。所以這位發問者講的還是有些道理，當初如果把他們磨個六年到十年，自參自悟出來的，後來大概就都不會退轉，所以他講的這一點還是有一些道理的。

然後又問：「且參究過程辛苦，還肯耐心用一生精華去參究，習氣磨鍊，細心、耐心，差別智、後得智都有了，即可爲一方之師。」其實沒那麼簡單啦！即使是我，已經有了道種智，台灣四大山頭都還不肯承認我是一方之師呢！哪有那麼簡單？！你說只是一個明心就可以成爲一方之師，而你這個明心，依你的前文所說，還只是六、七識，而不是悟到第八識，哪有可能成爲一方之師？別說是一方之師，即使分成十萬方裡面的一方，你都還輪不到呢！因爲你是錯悟的嘛！你的落處跟台灣四大山頭的導師們一樣，都是落在意識中。

「第三點：如果能夠熬過六年到十年而沒有走掉的人，則可由親教師來篩選，然後每月一週的週日，由老師來印證。」這樣的辦法可行嗎？這個辦法當然行不通。因爲以前我們就是發覺這樣的辦法有很多後遺症，所以我們才會在親教師會議中訂下親教師規則、助教義工守則，然後依照制度一直發展下來，成爲今天這個樣子。如果照他所建議的這樣搞下去，佛法命脈一下子就被搞完了，所以這一點我沒有辦法認同他。

「第四：人多，雜多，責任重；人少而精，才是重要，也不需花大錢買道場。末學叉叉敬叩」，如果要依照他的建議，當然也可以實行，但問題是，如何界定那個時間？又到底是要吸收到多少人來學以後就關門不再吸收新學員了？要界定在什麼時間呢？如果你已經來學了，你寫了這個建議文來，那我們是要界定在五年前呢？還是要界定在八年前呢？是應該界定在什麼時候？是不是要等你來學習以後我們才關門謝絕新學員？還是你還沒有來正覺以前，我們就可以關門了？是應該定在什麼時候？所以這裡面有很大的問題。這個建議，全都是因爲還沒有明心以及私心而產生的錯誤見解，衍生出一些錯誤的觀念和說法。你們已經破參明心的人聽了這一些建議，就當作是聽了一些笑話，讓大家消食，免得消化不良。這樣子很簡單的解答以後，已經一個鐘頭又三分鐘過去了！雖然只做如此簡單的答覆，也要回答這麼久，現在我們回到《楞嚴經》，第七十九頁最後一段。【編案：此次所提的問題，是由後來在二〇〇三年初第三次退轉的某法師所提出的建議與法義質疑。後來平實導師觀察每次講經前的疑難解答，受限於時間，並不能很詳細解答，也無法攝受心中有疑的學員，所以在二〇〇三年初有二百餘人，跟隨著楊先生退轉（楊先生是在第二次禪三時由平實導師爲他明說密意而無法生起深妙智慧）以後，就不再於講經前作法義疑難的當場解答了。以下問疑若與本經法義無關者，皆移到〈般若信箱〉中另答。】

【阿難白佛言：「世尊！如佛說言：因地覺心欲求常住，要與果位名目相應；世尊！如果位中菩提、涅槃、真如、佛性、菴摩羅識、空如來藏、大圓

鏡智，是七種名，稱謂雖別，清淨圓滿，體性堅凝，如金剛王常住不壞。若此見聽離於暗明、動靜、通塞，畢竟無體，猶如念心離於前塵，本無所有，云何將此畢竟斷滅以為修因？欲獲如來七常住果？世尊！若離明暗，見畢竟空；如無前塵，念自性滅；進退循環微細推求，本無我心及我心所，將誰立因？求無上覺？如來先說湛精圓常，違越誠言，終成戲論，云何如來真實語者？惟垂大慈，開我蒙吝。」

講記：從這段經文中就知道，阿難尊者到這時還沒有破參明心。因爲他當時若是已經找到如來藏了，就不會再這麼問了！正因爲還沒有找到，還無法生起實相智慧，所以才會這麼問：「世尊！就像您曾經這樣子說過：『因地所覺悟的心，想要求能夠常住，必須與將來成佛時的果位名目可以相應。』世尊！譬如果位名目所說的『菩提、涅槃、眞如、佛性、菴摩羅識、空如來藏、大圓鏡智』，這七種名目，稱謂雖然有所不同，卻都是清淨圓滿、體性堅住凝固而不可被改變，猶如金剛王一樣地常住不壞。如果這個能見、能聽之性如佛所說，離於暗明、動靜、通塞時，是畢竟沒有眞實自體，猶如能念之心若是離於面前所對的六塵境界時，本來就是無所有的，爲何卻要將這種畢竟斷滅的生滅法當作是修行成佛之因？而想要獲得如來這七種常住不壞的果德呢？世尊！如果離開了明與暗，能見之性畢竟成空；如果沒有面前所對的六塵，能憶念的自性也就隨之消滅了；像這樣不斷地向前進或往後退，往復循環深入推求的結果，本來就沒有我阿難常住不壞底心，也沒有我覺知心的能見、能聽等心所法眞實存在，還能把什麼建立爲將來果位時的成佛之因呢？又如何能求證無上正等正覺呢？如來先前所說的湛精圓常的道理，也就違背以及超出於誠實言之外，終究只是戲論，如何能夠說如來是說眞實語的聖者呢？我阿難一心祈求世尊垂下大慈之心，打開我們眾人的愚蒙，不吝於法施。」

「**因地覺心欲求常住，要與果位名目相應；**」也就是說，成佛時應該有的七個名目都是常住法，也是在因地證悟時就必須能夠互相呼應而沒有阻隔的。因地證悟時所悟的內容，跟將來究竟佛地的果德名目要能相應，要能互相符合，否則此時因地所謂的開悟見道就是有問題的。譬如有人說：「六、七識修行清淨了，就是證得如來藏。」這樣落入六識與意根的生滅性中，與將來成佛時果地的七種常住名目不符合了。

「**如果位中菩提、涅槃、真如、佛性、菴摩羅識、空如來藏、大圓鏡智，是七種名，稱謂雖別，清淨圓滿，體性堅凝，如金剛王常住不壞。**」譬如佛地果位中（佛菩提道的果位就是佛地，除了佛地以外都是因地—等覺、妙覺位仍然是因地—所以這裡「果位」講的就是佛地），未來佛地果位的功德中有七個名目：菩提、涅槃、眞如、佛性、菴摩羅識、空如來藏、大圓鏡智。這七種名目，都是依第八識如來藏來修的，不是如同當代顯密大師們一般，全依生滅性的六識心來修的。然而當代所有顯密大師們都已經誤會這七種常住的名目了，所以我們得要稍微加以解釋。

「**菩提**」一名之爲**覺**，講的是第八識如來藏的**本覺**，不是講有生有滅夜夜中斷而且可以永滅的識陰六識覺知心的覺；六識覺知心的覺是生滅性的覺知，當然是**妄覺**，也是出生了五色根以後才有的覺，不是五陰未生以前就已存在的本覺，當然是生滅性的妄覺。若是覺知心修定而成爲離念靈知時，所顯現的清楚明白的覺，仍然是有生有滅而且夜夜間斷的妄覺，不是佛法中所說眞正的覺，不是未被父母所生以前本來就已存在的眞覺，當然不是本來面目，不是眞正的菩提；所以離念靈知與究竟果位中的眞覺不同，就與果位名目中的「菩提」眞覺不相應。必須是在五陰尚未出生之前就已存在的第八識的本覺，才能是眞正的菩提—覺—眞覺，才能與將來果地的菩提—覺—完全相符，不違背果德「菩提」的名目。所以，如今諸方所有顯密大師們都將畢竟會斷滅，而且是夜夜都斷滅的覺知心，作爲修學佛道的因地覺心（就像剛才有人提問時所說想要以六、七識作爲所證的正因，作爲修行成佛的因地眞心），而想要獲得如來果地的「菩提」，是與將來如來果地的本覺—菩提—名目不相應的。既然他們這樣繼續修行三大阿僧祇劫以後，將來一定會與如來果地的「菩提」名目不符，當然會成爲空修一場了，您說當代這些顯密大師們是否愚癡呢？

「**涅槃**」名爲不生不死、不生不滅，也是依第八識如來藏而施設的。二乘聖者所證的有餘、無餘涅槃，都是依他們五陰死後如來藏不再出生三界我，獨住於涅槃中來施設的；所以二乘聖者死後不生不滅的境界，其實就是他們的如來藏獨存而不再出生後世五陰的境界，所以二乘涅槃仍是依第八識如來藏而施設的；若無如來藏獨存而不再出生五陰，二乘涅槃就成爲斷滅空，同於斷見外道。然而二乘聖者所證的涅槃仍然不是佛地的涅槃，因爲二乘聖者尚未證得第八識如來藏，還不知道無餘涅槃中獨存的如來藏涅槃境界，他們的涅槃智慧遠不如十住位中的第七住位明心的菩薩，當然更不知道斷盡煩惱障習氣種子以及斷盡無始無明上煩惱以後的佛地涅槃—無住處涅槃—的境界；所以二乘聖者所證的有餘及無餘涅槃，都仍與佛菩提道果地的佛地涅槃不相應，相差極遠。至於如來果地的涅槃，是指第八識中的種子已不再變異了，因此而沒有三界分段生死；也沒有如來藏中的種子變易生死，成爲究竟的不生不死、不生不滅，不只是第八識心體自身的不生不死、不生不滅。所以一切修習佛菩提道的菩薩們，在因地時的開悟當然得要證得第八識如來藏心體，依如來藏心體不生不死、不生不滅性作爲因地覺心而修習成佛之道，將來成佛時才能與果地的「涅槃」名目相符。如果是以覺知心的離念或放下我所煩惱，是以生滅性作爲修行成佛之因，將來就無法與果地如來境界的「涅槃」名目相應，當然是無法作爲根據來修習成佛之道的。

而且，如來果地所證的涅槃共有四種：有餘涅槃、無餘涅槃、本來自性清淨涅槃、無住處涅槃，這四種涅槃中的有餘與無餘涅槃，是二乘無學聖人所證的，菩薩一樣要實證；但菩薩所證的本來自性清淨涅槃，卻不是二乘聖者所能證的。至於無住處涅槃，那是佛地才有的究竟涅槃，是函蓋前三種涅槃的。然而這四種涅槃，其實也都是依第八識如來藏而施設的，絕對不是依有生有滅的覺知心是否離念或離妄想而施設的（編案：詳見平實導師《邪見與佛法》書中的解說）。如果有人落入覺知心中，而說他已經證得涅槃了，那就無法與二乘聖者所證的涅槃相應了，何況能與菩薩的果德名目相應呢？當然更無法與如來果地的涅槃名目相應了。

接著再講「**真如**」：在般若經中講的眞如，有時是講第八識心，就是禪宗祖師開悟明心時所證的眞實不壞心，所以禪宗祖師常常有人說開悟明心時所證悟的心就是眞如心。般若諸經中所說的眞如，有時則是講第八識心在名色中運作時顯現出來的眞實性與如如性。當學人參禪而究明眞心如來藏的所在時，就能現觀第八識如來藏心體在十八界中運作時，確實是有眞實性，所以名之爲「**眞**」；當如來藏阿賴耶識心體在十八界中運作時，從來都不被六塵境界所影響，永遠都是如如而不動心的，所以名爲「**如**」；將這個**眞**與**如**合併而觀，就說如來藏心具有**眞**與**如**的特性，所以合名**眞如**；所以**眞如**二字有時是在表明第八識如來藏心的眞如法性，所以「**眞如**」這個名目仍然是依第八識如來藏心而施設的。

如今當代各大法師們都以有生有滅而無法出生名色的覺知心，作爲將來成佛時的果地眞如，都不知道覺知心不論離念或有念，不論有無放下了我所煩惱，都是不眞也不如的妄心；因爲不能出生名色，而且是被含攝在名色的名之中，是所生之法而不是能生之法，怎能說是眞實心呢？覺知心不論離念或有念，乃至自稱已經放下全部我所煩惱時，一旦被人評論時就動心了，不是永遠如如不動的心，怎能稱之為如呢？既不眞，又不如，怎能說是眞如呢？把不眞也不如的第六識覺知心作為因地覺心，而想要與將來成佛果地的第八無垢識的「**眞如**」名目相應，可眞是癡人妄想啊！

又如「**佛性**」，因地時的佛性是如來藏阿賴耶識心體的本覺自性的功能，是能夠使蘊處界等功能現行及運作的如來藏功能性；成佛時的果地佛性，是第八識無垢識心體的本覺自性功能完全顯發出來，也能夠使佛地七識心王的所有功能完全流注出來，無所限制。然而不論是因地或是佛地果位所說的佛性，全都是第八識的妙眞如性，從來都不是有生有滅的七識心王的自性；如今所有自稱開悟的大法師們，全都是以意識覺知心—也就是以識陰六識—的見聞覺知自性作為佛性；以這種生滅性的因地覺心，修行三大阿僧祇劫以後一定無法與佛地果位的常住「**佛性**」名目相應，當然都屬於錯悟凡夫隨順於六識自性，同於自性見外道，卻自以為已經證得佛性了，根本就是誤會一場。

「**菴摩羅識**」譯為清淨識，也就是無垢識的意思。無垢識是佛地第八識的名稱，在妙覺地至八地時名為異熟識，在七地以下菩薩地中都名為阿賴耶識，妙覺地以下統名如來藏。當菩薩在因地時證悟明心了，若是所證的心為第八識，才能憑藉這個第八識的實證而證得常住法，才能漸次邁向佛地，成就無垢識的功德。也就是證得第八識時，轉依第八識的眞如法性、本來自性清淨涅槃，漸次修除三界生死習氣種子與異熟種子，到達佛地時的第八識已無三界生死種子及異熟種子，就改名爲菴摩羅識——無垢識，這才是眞正的成佛了。若是在因地所證的心爲意識心或識陰六識心，想要把這生滅心修成佛地的第八無垢識，是永遠不可能的，這時就說所證的因地覺心與未來果位常住的菴摩羅識—無垢識—的名目不相應，當然永遠無法修成佛果；這也正是當代各大山頭的所有大法師們的敗闕，當然都是悟錯的凡夫。

「空如來藏」，因地所證的覺心必須是空如來藏。空如來藏意思是說，如來藏自住境界中空無一法可得：沒有六根、六塵、六識，沒有色受想行識，沒有貪瞋癡慢疑，沒有二十個隨煩惱，「無無明，亦無無明盡」，究竟沒有任何一法可得，本來就是不生不死的涅槃境界。空如來藏是第八識阿賴耶識的境界，這才是眞悟菩薩們的因地覺心；以這個因地覺心來進修，求將來佛地果位的「空如來藏」境界，才能與將來果位的「空如來藏」常住名目相符。而「空如來藏」是第八識的自住境界，不是意識離念靈知境界，也不是意識覺知心放下各種煩惱的六塵中境界。當代各大法師都以意識心作爲將來成佛的境界，是以因地第六意識境界，想要修成未來佛地的第八識「空如來藏」

境界，當然是因地覺心與果位的「**空如來藏**」名目不相應。

「**大圓鏡智**」，大圓鏡智是修到佛地以後才有的智慧，也就是圓滿照見第八識心體所擁有的一切功能的智慧。大圓鏡智是依佛地第八識無垢識而有的，不是依佛地的意識覺知心而有的；若有人想要以佛地第六意識來生起將來佛地的大圓鏡智，都是不可能成功的，何況想要以因地不淨的第六意識，來生起佛地第八無垢識的大圓鏡智，當然更沒有成功的可能性。所以**因地覺心**必然是第八阿賴耶識如來藏，絕不可能是因地的第六意識覺知心，不論這個因地覺知心意識是否離開了語言文字妄念，也不論因地覺心意識是否放下了任何我所的煩惱。因爲，**因地覺心**必須與將來佛地果位的眞覺之心相同，而因地第六意識心不論如何修行清淨，永遠都沒有可能修成佛地第八無垢識。可是當代所有大法師們都是想要把因地第六意識覺知心，經由修行而變成將來佛地果位的第八無垢識，只能說是癡心妄想。

佛地果位中的「**菩提**、**涅槃**、**真如**、**佛性**、**菴摩羅識**、**空如來藏**、**大圓鏡智**」，總共有七種名稱，所建立的七種名稱雖然各不相同，但同樣都是依第八識眞覺之心來建立這些常住的名目。而且這七種常住名目所代表的佛法意涵，全都是清淨而圓滿的；並且這七種法的體性也都是堅固凝然而不可動搖的，如同金剛王一般地常住不壞。假使是以因地具足生滅性的意識覺知心，作爲佛地果位這七種常住證德的所依，必然會使這七種證德隨同成爲生滅法，就與佛地果位中的七種證德全都如同金剛王一般常住不壞的屬性相違背，那就一定是錯誤的開悟，當然不能稱爲開悟。所以阿難提出這個問題，眞是問得好。

然而阿難當時提出這個問題，是因爲他聽聞 世尊在前面所說五蘊、十八界、六入全都是虛妄法，後來 世尊又說這些虛妄法本都是如來藏的妙眞如性，意思是由如來藏的妙眞如性所出生的，全都歸攝於如來藏妙眞如性；阿難誤會 世尊的意思，以爲這些虛妄法就是如來藏妙眞如性自身，所以才提出這個問題，認爲這些虛妄法不該是將來佛地果位七種常住名目的相應法，所以阿難尊者接著這樣說：「**若此見聽離於暗明、動靜、通塞，畢竟無體，猶如念心離於前塵，本無所有，云何將此畢竟斷滅以為修因？欲獲如來七常住果？**」阿難尊者問得眞好，可惜的是現代那些宣稱已經開悟的各大法師們，讀過《楞嚴經》以後，卻都沒有發現阿難已經提出的這個大問題，還斷章取義、自以爲是，振振有辭地宣稱能知能覺的意識心或識陰六識心，就是眞如、佛性，如何能與未來佛地果位七種金剛不壞法的常住名目相應呢？

爲什麼阿難會這麼問呢？因爲離念靈知、有念靈知，或者放下各種我所煩惱的覺知心—也就是六識覺知心—這個能見、能聽、能嗅、能嚐、能覺、能知的覺知心，以及這六識所擁有的六種能了別的自性，若是離開暗明、動靜、通塞……時，也就是離開了六塵諸相時，可就畢竟無體——不可能繼續存在，猶如能念的心若是離開了眼前所面對的六塵時，本就不可能存在而無所有，怎麼能將這種畢竟斷滅、有生有滅的覺知心，當作是修行的正因，而想要獲得未來佛地果位中的七種常住果實？不幸的是，現代的所有大法師們都是如此，都企圖將生滅性的第六意識覺知心，或企圖將生滅性的識陰六識覺知心，努力修成果位名目中的七種常住果，只能說他們全都是妄想者。阿難尊者提出這個疑問之後，接著又說：

「**世尊！若離明暗，見畢竟空；如無前塵，念自性滅；進退循環微細推求，本無我心及我心所，將誰立因？求無上覺？**」不論是什麼狀況下的覺知心，都是生滅法，不因爲離念或放下我所煩惱就可以成爲常住法。因爲覺知心若是離開了明暗等相，能見的功能就失去功德了，見的功能隨之畢竟空無作用。若是沒有眼前所面對的六塵境界，能夠憶念的自性也同樣隨之消滅而不能存在了；其餘能聞、能嗅、能嚐、能覺、能知的功能也是一樣，若是離開了六塵境界，也就無法繼續存在了！將來死後入胎，還沒有生起五色根時就不會有六塵境界現前，那麼這一世所修學的所有佛法也將蕩然無存，何況能夠執持一切淨業種子去到三大阿僧祇劫以後成佛，來成就七種常住的果報？這樣子往前推尋、往後推究，一再地循環推究，並且是把極微細的部分也都加以推究了以後，能覺能知的覺知心本來就不是眞實不壞的自我，也不可能有依附於覺知心的常住不壞的我所；在這樣的前提下，還想要把生滅性的覺知心以及覺知心的內我所—能見能覺等功能—修成佛地常住不壞的七種常住果報，究竟是要將覺知心中的哪一部分建立爲因地的正覺之心？而想要求得未來果位時的無上正等正覺？阿難尊者這個質問，現代諸大法師們都應該拿來檢查自己；否則是無法改弦易轍的，也就無法滅掉大妄語業了。阿難接著請問：

「如來先說湛精圓常，違越誠言，終成戲論，云何如來真實語者？惟垂大慈，開我蒙吝。」阿難的意思是說：如果離塵無體的覺知心可以建立爲常住不壞法，而可以求得果位七種常住不壞果報，就與如來所說猶如金剛王常住不壞的七種名目果報不符；因爲覺知心是生滅性的，而佛地果位中的七種果報卻是常住不壞、猶如金剛王一般，顯然是無法相等的。所以才說：如來先前所說澄湛不動而精明圓滿的如來藏常住眞如法性，與現在所說的見聞覺知都是如來藏妙眞如性的說法，似乎是互相違背的；所以現在所說的法義似乎是違背以及超越了誠實言，終究不免成爲戲論；那麼又如何能夠說如來是說眞實語的聖者呢？然而阿難知道 釋迦如來一直、也永遠都會是眞實語者，應該是自己聽不懂而誤會了 如來所說的法義，因此就說出自己的懷疑之處，而請求 世尊慈悲開示。

聽到這裡，諸位一定會覺得佛法眞的很難理解，實在太深妙、太廣大了。佛法絕對不像二乘菩提那麼簡單，不是一世就能完成的證境；二乘菩提的實證，卻只需要斷我見與我執而且斷了我所執，一世之中就能證得阿羅漢果而出三界生死。但是佛法除了要實證二乘菩提，還得明心親證第八識，現觀祂的眞如法性，並且還要進修而通達，才能進入初地；入地以後還要進修十度波羅蜜多，在七地滿心時斷盡三界愛的習氣種子，並且繼續進修如來藏一切種子的智慧，斷盡無始無明過恆河沙數上煩惱——塵沙惑，才能使第八識成爲菴摩羅識——無垢識，那時才會由第八識發起大圓鏡智，才能成佛。這個過程要歷經三大阿僧祇劫之久，當然不是容易的事，所以也是很複雜、很長久的過程，當然不像二乘菩提那麼簡單易證。以此緣故，阿難尊者聽了 佛的開示而有疑惑，當然是正常的事。但阿難知道世尊是誠實語者、不誑語者，所說不可能前後相違，一定是自己聽不懂而產生誤會，所以請世尊垂下大慈大悲之心，無所吝惜地爲大眾啟蒙。

由上面略述的佛法與羅漢法的差別，顯見阿羅漢不等於佛。然而印順派的法師、居士們，總是一心推崇說阿羅漢就是佛，認爲羅漢法就是佛法，於是主張聲聞解脫道即是成佛之道，印順書中就一直這樣暗示與明示著。假使阿羅漢等於佛，那麼諸佛爲什麼要經過三大阿僧祇劫去修行而成佛呢？當年世尊入涅槃以後，也應該有阿羅漢紹繼佛位才是啊！那麼阿羅漢也應該都叫作佛，所以當時大眾應該稱呼大迦葉佛、舍利弗佛、目揵連佛、富樓那佛。可是阿羅漢與佛畢竟不同，因爲他們的第八識還有異熟種子的體性存在，乃至阿羅漢們都還沒有證得第八識而無法現觀眞如法性，連七住菩薩所證的實相般若智慧都沒有，根本不懂七住菩薩所證的本來自性清淨涅槃，怎能說是已成之佛呢？假使諸阿羅漢們都不入涅槃，歷經三大阿僧祇劫廣修福德以後，還是無法成佛的，因爲沒有實證第八識如來藏而不曾證眞如的緣故，將來果地覺心的七種名目都不可能現前。所以，佛法眞的不容易實證，而證得如來藏時現觀眞如法性則是入門的首要，諸阿羅漢們卻是無法自己實證的，直到後來迴心大乘以後明心了，成爲眞實義菩薩了，才算是正式修習佛法的因地證悟菩薩。

譬如第八識就有許多的名稱，而且不同階段也有不同的名稱。這些名稱的施設確實也很重要，如果不是作了這些不同名稱的施設，想要爲眾生解說廣大深妙複雜的佛法時可就很麻煩了。可是有一些人根本不知道這個重要性，老是嫌佛法名相太多，嫌經中的第八識有三個名稱，讓人不容易懂，於是就不停地抱怨了起來。可是，如來將第八識作了這三個階段的施設，說法時就容易多了，懂得這些意涵的菩薩們，聽聞或閱讀經典時也可以快速理解世尊所說的法義；所以第八識施設阿賴耶識、異熟識、無垢識三個階段的名稱，以及施設心、非心心、不念心、無心相心、所知依、阿陀那識、無始時來界……等名稱，確實都是必須的。然而淺學無智者自己淺學不懂，卻還要自以爲懂，然後還大膽地否定第八識正理，竟不知道自己否定第八識以後，已經使聲聞、緣覺菩提成爲斷見法了，也已經使大乘菩提成爲戲論了！

他們自己不好好研究第八識的正理，信受了六識論的邪見以後，於是聽聞唯識正法時就會越聽越迷糊，經典越課誦以後也是越迷糊，就抱怨說：「這第八識爲什麼一下子說是這樣，一下子又說是那樣，然後又說還有另一個模樣，世尊自己說法怎麼前後不同呢？顯然這些大乘經典都是僞經，一定是後人不懂佛法而陸續創造出來的，才會這麼多不同的名稱。」其實不是這樣，而是第八識在不同的階段有許多不同的狀況，也顯示出不同階段的許多不同功能性，所以 世尊必須要用很多的名相來定義，才能方便宣說嘛！這樣才能避免無智的學人妄自尊大，動不動就說自己已經成佛了！譬如剛才有一位師兄所問的：「禪宗明心時就成佛了。」他的語意就是說，明心時就是已經成佛啦！那問題就會很嚴重了！這都是因爲不懂第八識的三個階段意涵，所以才會有這種誤會。如果懂得第八識在三個階段中的不同法性，就不會有大妄語業的出現了！所以第八識的三個階段施設許多不同的名稱，是很重要的道理，大家都應該確實理解才好。

古時的菩薩們對於第八識不同階段的稱呼，都是很清楚理解的；可是到了像法與末法時期，證悟的人太少、太少了，也太注重禪宗的證悟而沒有注重悟後起修的內容；更沒有人把禪宗的證悟內容，依佛菩提道的位階加以清楚地定位，於是就有許多悟錯的人隨意高抬自己的果證，當然就誤會經典中的說法；接著是自己讀不懂又不肯承認，於是就說 佛講的經典前後自相衝突。這一類代表人物就是達賴喇嘛，他說 佛陀第三轉法輪的唯識諸經不究竟，指責第三轉法輪所說的經典跟第二轉法輪的般若諸經互相矛盾。其實達賴連第二轉法輪的般若經典都讀不懂，且不說第二轉法輪的般若諸經，他連初轉法輪的羅漢道阿含諸經都讀不懂，還能談第二、第三轉法輪諸經中的義理嗎？當然不行。

這種現象是越到末法時就越嚴重，所以我們現在弘法時有一些地方不得不作了一些調整；譬如佛陀住世的年代，聲聞道的有餘涅槃、無餘涅槃的境界也是保密的，只對佛弟子宣說，不對外道們說，當然也不會寫成書籍對外流通。但是到現在，三乘菩提已經被印順法師一派人拆解得七零八落、破碎不堪了，已經把佛教界誤導到非常嚴重的地步了，所以我們不得不在《邪見與佛法》中把它明講出來，讓大眾快速地回歸正法中來。可是我們明講無餘涅槃的眞義時，他們就肯相信嗎？他們根本就不相信！可是又無法推翻我的說法，因爲《阿含經》中世尊也是這樣子講的啊！說蘊處界滅盡了就是涅槃，我在《邪見與佛法》中說的就是這個道理啊！那他們既然無法推翻我的說法，又不肯承認自己的說法是誤導眾生，所以就只好相應不理，開始當起鴕鳥來了！

如果對法義沒有眞實瞭解，千萬別隨意怪罪經典或謗爲僞經。譬如民國初年呂澂等人就誹謗《楞嚴經》是僞經，還寫了〈楞嚴百僞〉來駁斥楞嚴；但是他說的道理其實都不正確，我是沒有時間反駁他，以後也許有人會反駁他。我所要做的事情就是把《楞嚴經》中的道理解說出來，當我正確地弘揚出來以後，諸位聽了自然就會知道《楞嚴經》中所說的法義確實微妙深廣、不可思議。說句老實話，即使進入初地了，都還無法完全懂得《楞嚴經》中的全部法義呢！何況呂澂、印順等人根本連我見都還沒有斷除，何況能證如來藏？當然更是無法讀懂《楞嚴經》中所說的法義。而諸位聽我解說到這裡，這一部經典是不是僞經，你們已經很清楚了！

若不是成佛了，絕對無法說出這麼深妙的法義來；可是 佛說出來的《楞嚴經》深妙法義，到了末法時期的今天，有誰眞能讀懂《楞嚴經》呢？沒有！現在的大法師們及所有佛學研究者都誤會經義，然後斷章取義拿來用，就說見聞知覺性就是眞如佛性；或者因爲讀不懂，就直接否定這部經。如果見聞知覺性就是常住的佛性，那麼前後總共三轉法輪的所有經典當然應該都要燒掉：《阿含經》當然應該先被燒掉，然後般若系諸經及唯識系諸經也應該被燒掉。所以到了末法時代的今天，佛經中的眞實義已經被全面嚴重誤會了！而今天的全球佛教也就被這些嚴重誤會經義的大法師們，帶領到未證言證、未悟說悟的懸崖邊了！我們是否應該揭竿而起，奮力救護那些被嚴重誤導而即將或已經犯下大妄語業的可憐佛子們？別總是想當老好人、濫好人。

「**因地覺心欲求常住，要與果位名目相應；**」這確實是當代佛教所有顯密大師們都必須重新自我檢討的地方。當代所有大法師們都公開宣稱證悟了，他們所謂的開悟—因地覺心—當然是想要求證常住法；然而他們有沒有證得常住不壞法呢？答案卻是否定的，因爲他們都落入意識境界中：只有意識粗細的差別，沒有一人能自外於意識覺知心境界。世尊在阿含中早就說過了：「**諸所有意識，彼一切皆意法因緣生。**」意思是說，不論是粗意識、細意識、極細意識，不論是欲界意識、色界意識、無色界意識，凡是意識都是以意根與法塵作爲因緣，才能從本識如來藏中出生的。

意識也只能存在三界中，不能存在於三界外的涅槃中。而各種意識不論粗細，都不是常住法；如今不論顯密中的任何大法師，全都落入意識境界中，都以生滅性的意識心作爲因地覺心，「**欲求常住**」已不可得，何況想「**要與果位名目相應**」，豈不是緣木求魚？爲今之計，只有丟開原來錯悟的意識境界，重新檢點學佛的道路，改弦易轍，接受八識論正法，求證能出生意識、識陰以及色陰的本識如來藏——阿賴耶識；只有證得這個本來自性清淨涅槃的如來藏心，作為因地覺心，以這個常住不壞的金剛心如來藏，求常住的法性也就順理成章了，也可以全面「與果位名目相應」，才是有智慧底人。一世的名聲與眷屬、利養，何足道哉！

而果位佛地的七種名目互相之間非一非異，這七種名目的施設，其實就是如來藏心的自性，以及如來藏心中含藏的七識心種子是否清淨的課題，本就是一而二、二而一的眞相；這樣實證了，佛道就自然呈現在眼前了。不論是誰，都不能切割這七個名目，它們是互相關聯而不可分割的；也沒有誰可以切割這七個名目與如來藏之間的關聯，乃至十方諸佛超級智慧合集為一個特超級智慧時，也無法切割。證悟如來藏以後，通達了相見道位的功德了，自然能夠看清楚法界實相中的這個事實，那麼你就是通達般若總相與別相的入地菩薩了。

十方諸佛與一切菩薩們，都不能說這七種名目完全一樣，但也不能夠說是完全不同。如果說是不同，就會有問題，因為這七種名目全都是第八識所顯出來的自體性；那你如果反過來說是完全一樣，在不同的修證層次中就會立即顯出問題。所以佛法中的各種法性始終都是不一不異的，但這卻要等你親證如來藏再加上眼見佛性—親證了如幻觀—進入了未入地菩薩隨順佛性的境界之後，再進修一切種智而獲得部分的道種智，才能夠眞正了知。阿難尊者當時請問的法義內容，現代所有顯密大師們都應該自我檢點，不該老是迴避這個大問題。阿難說：「世尊！您既然說因地覺心想要求得常住果，一定要與佛地果位的七種常住名目相應。」一切修學大乘佛法的人，對此都應該時時提點、處處留心，千萬別把生滅性的意識或識陰的自性，錯認爲眞如或佛性。

佛地果位中有這七個常住的名目，稱謂雖然有七個而不相同，卻同樣都是清淨圓滿，都是體性堅固凝住的，猶如金剛王一樣常住不壞。現代的所有顯密大師們都誤會佛性義，總是把識陰六識的自性當作是常住不壞底佛性，與世尊所說的佛性不同。許多人學禪以後，誤會眞如爲離念靈知，誤會識陰六識自性爲佛性，於是就說：「我們能見之性、能聽之性乃至能知覺性，就是佛性，是常住不壞的。」然而世尊說的佛性卻是由第八識在六識心上面顯現出來的自性，不是識陰六識的自性，才能在山河大地上都可以看得見，才能在眠熟與悶絕位中都分明顯現而不曾中斷。識陰六識的自性卻無法在山河大地上被諸佛菩薩看見，也是眠熟與悶絕位中都會中斷的生滅法。所以六識的自性並不是佛性，不符合十住菩薩眼見佛性時所見的證境，如幻觀是絕對無法成就的。

現代所有顯密大師們都應該謹記阿難尊者當時的問話：「能見、能聞乃至能覺、能知之性，若是離於暗明、動靜、通塞……等六塵境界時，就畢竟無體，那我們這個能覺能知也能夠想念種種事情的覺知心，既然離開六塵就無所有而歸於斷滅空，為什麼世尊您將這種畢竟斷滅的虛妄心，開示為修行佛道的因地覺心呢？而教示我們要用虛妄心來獲得如來果位中的七種常住的果報呢？」大師們都應該想想看：自己是否如同當時的阿難一樣誤會了世尊所說的正理呢？

應該像當時的阿難尊者一樣思惟：如果離開了明與暗，能見之性畢竟空；如果沒有眼前所面對的六塵，能念、能知、能覺之性就斷滅了，怎能作為將來佛地果位中的七種常住名目的所依呢？眼識能見之性如此，耳識乃至意識的能聞、能嗅、能嚐、能覺、能知之性，亦復如此，都不能外於有生有滅的六塵而存在；若是離開六塵中的明暗、動靜……等境界時，這六識自性全都不能繼續存在而會立即斷滅，可見這六種自性全都是生滅性；以這種生滅性的心體或自性，作為因地覺心，而想要求得佛地果位中的七種常住名目，當然是無法成功的。

正因爲阿難當時誤會 世尊的開示，誤以爲六識自性就是如來藏的妙眞如性，所以接著向 世尊提出自己的疑惑：「我這樣往前推尋，也往後再來推尋，詳細地作了細微推求的結果，我根本就沒有一個眞實常住心，也沒有我自己常住心的心所法可以永遠常住，那麼世尊您究竟是要將哪一個心來建立爲將來成佛的根本因呢？又如何能有因地覺心來求得將來佛地果位的無上正等正覺呢？如果我阿難說的沒有錯誤，如來您前面所說的湛精圓常的如來藏妙眞如性，就違背而且超過了誠實言的範圍了，這終究只是戲論而已，怎麼可以說如來是眞實語的呢？希望佛陀垂憫，生起大慈心，打開我們被無明籠罩的智慧而無吝惜。」這不是當代所有顯密大師們都應該自我檢討的地方嗎？因爲所有大師們都落入生滅性的意識心或識陰六識的自性中了，已經同於常見外道或自性見外道了，都與當時的阿難尊者一樣誤會 世尊的開示了。

【佛告阿難：「汝學多聞，未盡諸漏，心中徒知顛倒所因；真倒現前，實未能識。恐汝誠心猶未信伏，吾今試將塵俗諸事，當除汝疑。」即時如來敕羅睺羅擊鐘一聲，問阿難言：「汝今聞不？」阿難大眾俱言：「我聞。」鐘歇無聲，佛又問言：「汝今聞不？」阿難大眾俱言：「不聞。」時羅睺羅又擊一

聲，佛又問言：「汝今聞不？」阿難大衆又言：「俱聞。」佛問阿難：「汝云何聞？云何不聞？」阿難大衆俱白佛言：「鐘聲若擊，則我得聞；擊久聲銷，音響雙絕，則名無聞。」如來又敕羅睺擊鐘。問阿難言：「爾今聲不？」阿難言：「聲。」少選聲銷，佛又問言：「爾今聲不？」阿難大衆答言：「無聲。」有頃，羅睺更來撞鐘。佛又問言：「爾今聲不？」阿難大衆俱言：「有聲。」佛問阿難：「汝云何聲？云何無聲？」阿難大衆俱白佛言：「鐘聲若擊，則名有聲；擊久聲銷，音響雙絕，則名無聲。」】

講記：由於阿難提出了疑問，所以佛陀開示說：「你雖然學得多聞，可是還沒有把種種有漏法銷盡，你心中只是知道顚倒見出生的原因，可是當自己眞正的顚倒出現在眼前時，你其實沒有智慧識知自己正在顚倒之中。恐怕你阿難心中還沒有眞正的信伏，我如今試著用塵俗中的種種事相，來除滅你心中的疑惑。」於是如來立即教敕羅睺羅撞擊吊鐘一聲，接著問阿難說：「你如今聽聞到了嗎？」阿難與大眾都回答說：「我們聽到了。」鐘聲漸漸停歇而沒有聲音時，佛陀又問大眾說：「你們如今聽聞到了沒有？」阿難大眾俱言：「沒有聽聞。」這時羅睺羅又再擊鐘一聲，佛陀又問大眾說：「你們如今聽聞了沒有？」阿難與大眾又回答說：「全都聽到了。」佛陀就問阿難說：「你是怎麼說爲聽聞的？又是怎麼說爲沒有聽聞的呢？」阿難與大眾都稟白佛陀說：「鐘聲如果是撞擊時，那麼我們就可以聽聞到；擊鐘後時間久了，鐘聲也就銷亡了，這時聲音與鐘響都已經斷絕了，就說是無聞。」這時如來又教敕羅睺羅再度擊鐘，佛陀又問阿難等人說：「你們如今有聲沒有？」阿難回答說：「有聲。」過了一會兒聲音銷亡了，佛陀又問說：「你們如今有聲沒有？」阿難與大眾回答說：「沒有聲音。」過了一會兒，羅睺羅重新再來撞鐘，佛陀又問說：「你們如今有聲音嗎？」阿難與大眾都回答說：「有聲音。」佛陀就問阿難：「你說說看，如何是有聲？如何是無聲？」阿難與大眾都向佛稟白說：「鐘聲若是因爲撞擊，就名爲有聲；撞擊後時間久了，聲音就銷亡了，這時聲音與鐘響兩個都斷絕了，就名爲無聲。」

佛告阿難：「汝學多聞，未盡諸漏，心中徒知顛倒所因；真倒現前，實未能識。恐汝誠心猶未信伏，吾今試將塵俗諸事，當除汝疑。」阿難只知道把五蘊、十二處、十八界否定，知道蘊處界全都生滅無常；知道眾生執著蘊處界爲實有不壞法，就是顛倒的所因，卻還沒有斷盡對蘊處界的自我執著。然而即使斷盡了對蘊處界自我的執著，當眞正的顛倒想現前時，阿難還是無法自己識別出來的。不但當時還在初果位中的阿難是如此，即使是諸阿羅漢們，也都還是如此；因爲都還以爲蘊處界完全虛妄而想要滅掉蘊處界，遠離蘊處界的生死，都不知道蘊處界其實只是如來藏妙眞如性所生的法相，本來就附屬於如來藏心體，本就是如來藏妙眞如性中的局部法性；所以不該一心想要滅除蘊處界而入無餘涅槃中，應該留著蘊處界來進修佛道，才能成佛。

佛菩提跟二乘涅槃有很大的不同，現代很多大師都盲目追隨印順法師，說二乘涅槃就是佛菩提道所證的內容，說二乘解脫道就是佛菩提所修的一切法，其實都錯了！大乘成佛之道所證的涅槃，必須要具足四種涅槃，並不是具足阿羅漢所證的二種涅槃就具足佛法了！藏傳佛教那些喇嘛們動不動就自稱成佛了，而且還自稱是報身佛的境界，宣稱是比 釋迦牟尼佛的境界更高；但是我們要公開請問：「**你們藏傳佛教的佛，具足了佛地的四種涅槃了嗎？**」全都沒有！只問聲聞法中阿羅漢們所證的二乘涅槃，他們證了嗎？也都沒有！且不問阿羅漢們的二乘涅槃，只問他們證初果了沒有？證初果的人都是斷我見、斷三縛結的，可是古今密宗的所有法王、活佛們，沒有一人是斷了我見的，三縛結當然都是具足的，因爲他們都認定意識心是常住不壞心，因爲他們都住在意識與身識所住的淫樂境界中，根本不離意識境界，我見都沒有斷。不但我見沒斷，連意識與身識我所的淫樂境界都看不破，都不知道樂空雙運全都是識陰的內我所境界，所以全都是凡夫。這樣的凡夫們，遠不如證得初禪的外道凡夫，竟然敢公然指斥釋迦牟尼佛的證境不如他們，眞是可笑！

且不說他們不曾斷我見、三縛結，縱使如同阿羅漢一般斷了我執，佛地四種涅槃也只是證得兩個而已，還有菩薩們所證的本來自性清淨涅槃，都還得進修中國禪宗的禪而證得如來藏以後，才能證得呢！縱使迴心大乘成爲菩薩而證得本來自性清淨涅槃了，也還只是進入菩薩位中，還沒有證得無住處涅槃呢！這時也只是證得三種涅槃罷了，還無法圓滿全部佛菩提。佛菩提果地的一切種智，函蓋大圓鏡智等不可思議智慧，範圍無量無邊，並不是只有證得四種涅槃就可以了；所以佛菩提道的實證，得要三大阿僧祇劫的進修，不像羅漢道的實修往往只要一世就完成了。

世尊的意思是說，由於佛菩提的勝妙內涵極深極廣，當時的阿難尊者只知道聲聞菩提，剛剛迴心大乘不久；所以聽聞蘊處界入等法都屬於如來藏的妙眞如性時，誤以爲蘊處界入等法即是如來藏的妙眞如性，不知道如來藏妙眞如性出生了蘊處界入等法以後，如來藏的妙眞如性還是繼續存在著，繼續在支援蘊處界入等法，是與蘊處界入等法同時並存而不等於蘊處界入等法；

所以世尊說阿難是顚倒想，說阿難尊者眞倒現前時，自己「實未能識」，是眞正的顚倒想。現代的大法師們也都一樣，他們各人眞正的顚倒正在眼前出現時，卻又都不知道自己是眞正的顚倒想。

當時阿羅漢們還在凡夫位時，還沒有聽聞佛開示涅槃有本際之前，都是有顚倒想的，而且是極大的顚倒，因爲心中會生起恐慌：佛說蘊處界滅盡名爲無餘涅槃，我見、我執、我所煩惱滅了名爲有餘依涅槃，那我捨報後滅盡全部自我而入無餘依涅槃，那時的無餘涅槃就等於斷滅空。所以他們心中有恐慌啊！由於恐慌的緣故，所以私下討論「涅槃後有、涅槃後無、涅槃後非有非無」等問題（編案：詳見平實導師《阿含正義》第三輯、第五輯書中所舉《阿含經》中的實例：比丘於內有恐怖、於外有恐怖）。凡是阿羅漢，都是已經對這個問題沒有疑惑的。若是還有疑惑沒有解決，還不知道無餘涅槃中雖然滅盡了自我，卻還有自己的本識如來藏獨存不滅，所以無餘涅槃不是斷滅空，就無法眞的斷除我見與我執，是無法實證聲聞初果或四果的，當然只能落入意識心中，認定意識是常住不壞心而成爲凡夫。

譬如焰摩迦比丘還沒有成爲阿羅漢以前，就是一個很好的例子。焰摩迦曾經說：「如我所知，阿羅漢入涅槃以後一無所有，一切法空。」大意是這樣說的。（編案：《雜阿含經》卷五原文爲：「如我解佛所說法，漏盡阿羅漢身壞命終，更無所有。」）可是有人聽過舍利弗尊者說法，也聽過 佛說法，知道身壞命終而入涅槃以後並不是斷滅空，所以就去勸告說：「焰摩迦比丘啊！你有這樣說嗎？」他承認有這麼說。當時追隨世尊的人都很老實，不像現在佛教界有好多人，說了以後卻狡辯沒有說（大眾笑…）。（因爲我聯想到那些退轉的人敢說話卻不敢承擔）現在有很多學佛人，話說出口以後是不承認的；甚至於在自己的書上都寫出來了，還不承認他有說過，而且還是在佛教界響噹噹的有名人物呢。

焰摩迦比丘承認了，有比丘對他說：「你現在還這麼認爲嗎？」「對！我現在還這樣認爲。」這比丘就勸他說：「你不該這樣說，這是惡邪的見解。」如是三說以後，焰摩迦比丘還是繼續再三堅持說：「如我所知，阿羅漢入涅槃後，一無所有。」還是繼續堅持，那些比丘們沒辦法，就去跟舍利弗尊者告訴；因爲舍利弗尊者能說法，或許可以開導焰摩迦。舍利弗尊者就去找焰摩迦，重新問他有沒有這樣說？焰摩迦當場承認，於是舍利弗尊者就以問答的方式—以問代答—從淺的部分開始問，問到後來，焰摩迦自己知道阿羅漢捨壽以後入了無餘涅槃，還有自心如來常住不滅，也就是認清楚無餘涅槃中實有本際常住不壞，所以這時焰摩迦也證得解脫果而成爲阿羅漢了。當然同樣的情形並不是只有焰摩迦比丘一位而已，當聲聞人即將取證阿羅漢果時，心中都會有這種疑惑，一定會去問佛，請　佛開示。他們都不會因爲自己不知道，就隨便指責說　佛陀是斷滅空見，或者說　佛陀講錯了。他們都會去問佛，佛就開示說涅槃之中實有本際常住不壞，又說有些比丘於內有恐怖、於外有恐怖的道理。這種開示在三乘經典中很多，其實是在四阿含中早就有了，我們將來寫出《阿含正義》時，就會把它舉證出來，現在先不談它（編案：《阿含正義》總共七輯，都已出版）。然而縱使成爲阿羅漢了，也還是不懂蘊處界入等法爲什麼會是如來藏的妙眞如性？因爲阿羅漢們觀行的結論是：蘊處界入等法全都是所生法，全都是虛妄不實的生滅法，也是三界生死的所由。

這意思就是說，其實阿羅漢們都還有很多的「眞倒」——眞正的顚倒，可是他們自己並不知道。何況阿難尊者是廣學多聞的，他是多聞第一，只是有漏未盡，這時還只是聲聞初果，還沒有大乘無生忍，所以　佛說他「眞倒現前，實未能識」。恐怕阿難完全信服　世尊的至誠心之中，還沒有對蘊處界入等法確實是如來藏妙眞如性的法義完全信伏，所以還得試著用六塵中世俗法等事情，來作實驗而除掉阿難等人的疑惑。

這時 如來就叫羅睺羅來撞一下鐘。羅睺羅是悉達多太子與耶輸陀羅所生的兒子，是 世尊出家前的妃子所生的兒子，後來 世尊也度他出家。這時世尊教羅睺羅來撞鐘一下，鐘聲出現了，佛就問阿難：「你們現在聽到沒有？」阿難就跟大眾回答說：「我們聽到了。」不曉得他們答覆已經聽到時就是中計了，事實上也是不能不回答說聽到了。然後鐘響停歇了，沒有聲音了，佛又問：「你們現在聽到沒有？」大眾都回答說：「我們現在沒有聽到。」又中了第二個圈套，可是他們還沒有感覺到。這時羅睺羅又來撞鐘一下，鐘響了，於是聲音又來了，佛又問：「你們現在聽到了沒有？」大眾回答說：「我們都聽到了。」於是 佛就問大眾：「你們是如何說聽到？又是如何而說沒有聽到？」阿難跟大眾就向 佛稟白說：「鐘如果被撞擊以後，就會響動而有聲音出來，我們就聽到了；可是撞後時間久了以後聲音消失了，」聲音跟響動，「音」就是剛撞的時候發出的聲音，「響」就是鐘本身不斷來回的震動，「當聲音與響動二者都斷絕時，我們就說是沒有聽到。」等他們回答完了，就是如來已經把圈套套好了！

你們破參的人都應該要學這一招，凡是有人來找你辨正法義時，要讓他們先說；等他們先說完了以後，你就知道他們的破綻在哪裡，就從他們所說的破綻再次確定，要先拈出來確認：「你剛剛說的是不是這樣？」對方當然要說「是」，因爲他自己說的是這樣，而他心中也是這樣認定的嘛！所以你就先讓對方確認下來，然後再破他。應成派中觀就是學這一招，可惜的是他們都沒有找到如來藏，而且否定如來藏。如果不否定而找到如來藏，應成派中觀這一招就可行遍天下無敵手；可惜的是他們否定第八識而想要不立宗旨，專門破斥別人，那就錯了！不立宗旨來立自宗，就會變成斷滅空者，只能以不死矯亂的手法來辯論。如果沒有遇到實證如來藏的菩薩，他們總是會辯贏對方，但是一旦遇到實證如來藏的菩薩時，可就無法開口辯論了，因爲一開口就會陷入兩難之境，進也不行、退也不行。

佛把這些事相界定好了以後，又命令羅睺羅再來撞鐘一下，然後又問阿難等人：「你們如今有沒有聲音啊？」「有聲音。」「少選」就是過了一會兒，那時聲音就銷亡而不在了，所以 佛又問大眾：「你們現在有沒有聲音啊？」阿難等人就回答：「沒有聲音了。」「有頃」就是過了一會兒，羅睺羅又重新再來撞鐘一下，佛又問大眾：「你們現在有沒有聲音呢？」大眾都說：「有聲音啊！」於是 佛就問阿難：「你們是如何說爲有聲音的？又是如何說爲沒有聲音？」阿難跟大家就稟白佛陀說：「鐘聲如果被撞擊時，就稱爲有聲音；鐘被撞擊久了以後聲音就消失了，這時聲音與響動都斷絕了，就名爲沒有聲音。」現在世尊把圈套布置完成了，整個局都布置好了，於是佛陀就開始破斥了：

【佛語阿難及諸大衆：「汝今云何自語矯亂？」大衆阿難俱時問佛：「我今云何名為矯亂？」佛言：「我問汝聞，汝則言聞；又問汝聲，汝則言聲；惟聞與聲，報答無定，如是云何不名矯亂？阿難！聲銷無響，汝說無聞；若實無聞，聞性已滅，同于枯木；鐘聲更擊，汝云何知？知有知無，自是聲塵或無或有，豈彼聞性為汝有無？聞實云無，誰知無者？是故阿難！聲於聞中自有生滅，非為汝聞聲生聲滅、令汝聞性為有為無。汝尚顛倒，惑聲為聞；何怪昏迷，以常為斷？終不應言離諸動靜閉塞開通，說聞無性。如重睡人眠熟床枕，其家有人於彼睡時擣練舂米，其人夢中聞舂擣聲，別作他物：或為擊鼓或復撞鐘，即於夢時自怪其鐘為木石響；於時忽寤，遄知杵音，自告家人：『我正夢時，惑此舂音，將為鼓響。』阿難！是人夢中豈憶靜搖開閉通塞？其形雖寐，聞性不昏。縱汝形銷，命光遷謝，此性云何為汝銷滅？以諸衆生從無始來循諸色聲，逐念流轉，曾不開悟性淨妙常；不循所常，逐諸生滅，由是生生雜染流轉。若棄生滅，守於真常，常光現前，塵根識心應時銷落：想相為塵，識情為垢，二俱遠離，則汝法眼應時清明；云何不成無上知覺？」

講記：佛陀告訴阿難及諸大眾：「你們如今爲什麼自己所說的話語前後互相擾亂？」大眾與阿難同時請問佛陀說：「我們如今是什麼處答錯了，而被世尊稱爲矯亂呢？」佛陀說：「我問你們聽聞的事，你們就說有聽聞；我又問你們聲音的事，你們就說聽聞聲音；單單是聽聞與聲音這兩件事情，你們回報給我的答覆就已經沒有一定，這樣子怎麼不能稱爲自語矯亂呢？阿難！聲音銷亡而沒有響動時，你們說是沒有聽聞了；如果確實是沒有聽聞了，那麼聽聞之性已經滅而不存時，應該是同于枯木一般無知無覺了；那麼後來鐘聲再度撞擊而發出聲音時，你們又怎麼能知道有聲響呢？知道有聲或知道無聲，只是聲塵的無或有罷了，怎麼會是那個能聞之性被你們存有或滅失了呢？能聞之性若是眞的不存在了，鐘聲停歇之時，又是誰知道那時是沒有鐘聲呢？由於這緣故，阿難啊！聲音處於聞性之中固然是自己有生滅，卻只是聲音自己的生滅來去，而不是你們的聞性隨著聲音而出生、隨著聲滅而消滅，而使得你們的能聞之性成爲有或者成爲無。你們尚且心生顛倒，迷惑鐘聲爲自己的聞性；怪不得智慧都昏迷了，誤會常住的如來藏妙眞如性爲斷滅法。然而你們終究也不應該說，離開種種動靜、閉塞、開通等境界，而說能聞之性沒有自性。譬如沈重睡眠的人，當他眠熟於床枕的時候，他的家中有人在他睡熟時擣練舂米，那個人夢中聽聞到舂擣的聲音時，誤認爲是在撞擊別的物品：或者誤認爲擊鼓，或者又誤認爲是在撞鐘，就在他的夢中自己驚怪那個鐘被撞擊時爲何會發出木石的響聲；當他隨後忽然醒寤過來時，才又很迅速地了知原來是舂米時的杵音，於是自己告訴家人說：『我正在夢中時，迷惑這個舂米的聲音，錯認爲是鐘鼓的響聲。』阿難！這個人夢中難道會記得其中的安靜動搖、開通閉塞呢？他的身形當時雖然昏寐了，可是他的能聞之性並不昏昧。同樣的道理，縱使你們的身形銷亡毀壞，命光遷移而謝滅了，這個能聞之性又如何能因爲你們的身體毀壞而銷滅呢？由於諸眾生從無始以來攀緣於種種色法與聲塵，追逐著種種虛妄的想念而不停地流轉，從來不曾開悟妙眞如性的清淨微妙常住，不曾循歷自己之所從來的眞常自性，才會追逐種種生滅法；由於這個緣故，一生又一生地被雜染法所流轉。如果能夠捨棄生滅法，堅守於眞常不壞的如來藏金剛心，常住不壞如來藏妙眞如性的光明現前時，六塵六根六識覺知心的虛妄想也就感應而在一時之間銷落了，這時『以了知相而落入六塵中』的過失，以及『錯認能識知六情的覺知心爲常住不壞自己』的過失，二種全都遠離了，那麼你們的法眼自然就會一時之間清楚通明了，那時爲何還不能成就無上知覺呢？」

佛語阿難及諸大衆：「汝今云何自語矯亂？」大衆阿難俱時問佛：「我今云何名為矯亂？」佛對阿難尊者等人說：「你們如今爲什麼自己說話都七顛八倒呢？」大衆跟阿難就覺得奇怪，認爲自己回答世尊的問話時，並沒有錯亂，因此就回問世尊說：「我們如今回答的言語，是什麼地方互相矛盾錯亂呢？」因爲佛問有聲無聲、有聞無聞，大家的回答都沒有錯啊！有聲就答有聲，無聲就答無聲；有聞就答有聞，無聞就答無聞，從表面看來應該都是沒有答錯。可是從世尊的智慧來看，其實都答錯了。

佛言：「我問汝聞，汝則言聞；又問汝聲，汝則言聲；惟聞與聲，報答無定，如是云何不名矯亂？」佛陀的意思是說，當佛問阿難等人有沒有聽聞時，阿難等人就回答說有聽聞，或者回答說沒有聽聞；當佛又問他們有沒有聲音時？他們就回答說有聲音或沒有聲音。單單是聞與聲兩個法事，大衆對佛的回答都已經沒有決定性，錯將有聲當作有聞，又將無聲當作無聞；是將聲與聞混同爲一法，所以忽然答聞、忽然答聲，這樣換來換去而回答，怎能說不是自語矯亂呢？

「阿難！聲銷無響，汝說無聞；若實無聞，聞性已滅，同于枯木；鐘聲更擊，汝云何知？」阿難等人有時說聞，有時說聲，回報佛陀時所說換來換去，將聲與聞混同爲一法，當然是自語矯亂。可是阿難等人聽到佛陀的訶責以後還是不瞭解，於是佛就爲大眾作了解釋。如果是見性的人，一聽就懂得這個道理；還沒有見性以前，還是不免遲疑。當鐘聲消失時，表示鐘已經沒有響動了，阿難等人就說是「無聞」。「沒有聽聞」的意思，應該是說聽聞之性已經消失了，才可以說已經沒有聽聞——無聞；但如果鐘聲消失以後眞的是沒有了聽聞之性——聞性已經隨著鐘聲的消失而跟著消滅不在了，那時就應該跟枯木一樣完全無知才對。然而聞性其實還在，阿難當時不懂，所以羅睺羅接著再撞鐘，當鐘聲再來的時候既無聞性存在了，就應該是完全不能了知再撞的鐘聲才對。可是羅睺羅重新再來撞鐘時，大眾怎麼都能夠知道又有鐘聲出現了呢？

由此可見，與六識相應的聞性，在鐘聲消失以後並不是無聞——聞性並沒有滅失，只是聽到別的聲音而沒有再聽到鐘聲，或者只是聽到無聲的寂靜，因爲鐘聲滅了而聞性仍然存在啊！所以鐘聲過去以後不應該答覆佛說沒有聽聞，應該說沒有聽到鐘聲而聽到無聲或雜聲，這樣才是正答；因為是聽到沒有鐘聲，而不是聞性已經跟著鐘聲滅失了。如果鐘聲過去以後確實是沒有聽到了，就應該好像昏迷或睡著無夢的時候，人家在耳邊跟你說悄悄話時，譬如你的小女兒過來告訴你：「爸爸！我好愛你！」那時你睡著了，離念靈知斷滅而導致聞性中斷，無法分辨聲音，所以都沒聽見，才能說是聞性已滅，因為你的聞性這時暫時消失了。

可是當你醒著的時候，小女兒來跟你撒嬌說：「爸爸！我好愛你！」你心中可能這樣想：「是不是又想要買什麼新玩具？」因為你的聞性存在而聽到了嘛！可是她還沒有跟你講話以前，你若是沒有聞性存在，那麼當她來跟你講話時，你應該是聽不見的；但女兒來跟你說話時，你是聽得很清楚的，可見你的聞性是在她跟你講話以前就存在的；那時你並不是沒有聽到聲音，而是聽到無聲或別的聲音，不是「無聞」。所以某一種聲音消失時，不應該說是「無聞」，應該在鐘聲消失時說仍然有聞——只是聽聞到無聲或雜聲。因此，如果說聲音消失以後你的聞性就跟著消失而眞的沒有聞性存在了，那麼後來再有聲音出現時，你就不可能聽得到。所以，當前一次鐘聲消失時，阿難等人回答說「無聞」時，應該是在重新撞鐘以前都沒有聞性存在了，那麼羅睺羅重新再來撞鐘時，阿難等人當然不應該再度聽見鐘聲啊！可是鐘聲再擊的時候，阿難等人明明又重新聽見鐘聲了，顯然聞性是一直存在的，所以鐘聲停歇時就不該說是無聞。應該說是沒有聽見鐘聲了，但仍然聽見了無聲，因爲聞性並沒有消失。

「知有知無，自是聲塵或無或有，豈彼聞性為汝有無？聞實云無，誰知無者？」聞性能夠使我們知道有聲音，也知道無聲音，但聞性並不會隨著各種聲音中的某一種聲音而消失，我們還是會聽見其他較小的聲音與雜音。所以當我們聽聞某種特定的聲音時，當那個特定的聲音消失了，不能說聞性已經消失了，應該說是沒有聽見特定的聲音了！所以了知聲塵的知覺還是繼續存在著，這就是聞性。由於能聞的知覺性一直都在，所以不能因爲鐘聲消失了就說無聞了，應該說「無鐘聲」或「無聲」了。因爲那時是知道鐘聲消失了，而不是不知道沒有鐘聲，就不應該說沒有聞性、沒有聽見；若是眞的沒有聞性、沒有聽見，就會完全不知道有聲或無聲。所以說，知有知無，其實只是對某一種特定聲塵或有或無的了知，不該說聞性因爲某一種聲塵的消失而跟著消失，或者跟著某一種聲塵的出現而出現。如果聞性確實是跟著鐘聲的消失而不存在了，又是誰能知道鐘聲後來消失了呢？

「是故阿難！聲於聞中自有生滅，非為汝聞聲生聲滅、令汝聞性為有為無。汝尚顛倒，惑聲為聞；何怪昏迷，以常為斷？終不應言離諸動靜閉塞開通，說聞無性。」由於這個緣故，聲音在聞性之中自然是有生有滅的，但並不是聞性隨著聲音出生、隨著聲音滅失，而使我們的聞性跟著聲音或有或無。也就是說，能聽到聲音的聞性，不因爲聲音滅掉而跟著消滅，聲音不會使聞性變成有或者無。而且聞性並非只有能與覺知心相應的部分，還有不與覺知心相應的部分；譬如眠熟無夢時，聞性也還是存在的，只是因爲覺知心斷滅了，所以聞性潛藏在如來藏心中而不現行，因此無法分辨聲音，但聞性的種子還是存在的。因爲聞性只是佛性中的一小部分，卻不是離念靈知心對聲音的分別能力；至於離念靈知心出現時的聞性，已經是耳識的辨聲功能而不是佛性中的聞性了，但卻必須依於佛性才能有聞性。由於見性、聞性等六種功能中都有屬於佛性的部分，但六識心的見聞知覺性所攝的聞性會在眠熟時消失，佛性所攝的聞性卻不會跟著六識心的中斷而消失，仍然會繼續存在運作著，直到死後才會在身體上消失。

六識的自性—見聞知覺性—仍然是在如來藏的妙眞如性佛性所含攝的範圍中，不能外於佛性；但也不等於佛性全部，所以某人眠熟後，他的六識對六塵的分別功能不存在時，十住菩薩仍然可以分明看見那個人的佛性繼續分明現前；顯然可見那個人的佛性並沒有隨著六識的中斷而消失，已中斷的只是六識心對六塵的分別功能；因爲六識心離念靈知已經斷滅了，而佛性仍然繼續存在著。所以不是因爲聲音出現而使得聞性出現，也不因爲聲音的消滅使聞性消滅啊！聞性還是附屬於佛性而一直存在著。

阿難等人當時迴心大乘不久，還沒有明心，也還沒有眼見佛性，當然不知這個道理；縱使已經明心而且眼見佛性了，也不一定能懂這個道理，得要親證了已入地菩薩隨順佛性的智慧，才能懂得這個道理。所以 世尊當時說阿難等人顚倒，把聲音跟聞性都混在一起：「惑聲爲聞；何怪昏迷，以常爲斷？」當時阿難等人才剛迴心大乘不久，既未證得眞心如來藏，也不曾眼見佛性，怪不得阿難等人當時會昏昧迷悶，誤以爲常住不壞的佛性中的聞性是斷滅法——誤將耳識的辨聲功能當作是聞性，也誤將聲音當作佛性中的聞性。如來藏是常，體恆常住；佛性則是如來藏的妙眞如性，當然也是常住法——依永不入涅槃的菩薩來說。阿難等人當時既未明心，也未眼見佛性，竟然將佛性中的聞性當作是斷滅法，還誤認 佛說的是戲論，誤以爲聞性跟緣起性空的耳識功能一樣。

換句話說，聞性是一直都存在的，而聞性只是佛性中很小的部分，只是佛性中的一丁點而已。即使你今天眼見佛性了，你所知道的佛性還只是那麼一點點，還無法完全聽懂我今天所說的法義，所以不值得自大。因爲佛性有四個層次，我們《宗通與說通》書中已經說得很清楚了，其實是沒有多少人能眞正讀懂的。對佛性這四個層次的實證與受用是不一樣的，如果有人認爲是一樣的，你們之中有一些人已經看見佛性了，應該也要坐上佛案去，等人家來禮拜供養就好了；每天都有水果、清水、清香供養，不必再修行了啦！因爲假使見性只有一種，你見性了就是成佛了！然而事實上終究不是如此。有位大和尚說（其實他也不算很大），他說：「成佛跟眾生不一樣就是在這裡，成佛以後什麼事都不必幹了，只是專門坐在那邊等人家拜水果就好了。」（大家笑…）哪裡是這樣？他其實不懂。成佛以後才不好玩呢！成佛以後比菩薩還要辛苦。你們有沒有看到？等覺菩薩個個都很灑脫，等覺菩薩全都過得很愜意；你看文殊師利菩薩，十方世界到處來去，只要哪裡有佛說法時，祂有空就去參與，而且都是要角。普賢菩薩也是一樣啊！再看彌勒菩薩好了，彌勒菩薩在欲界天宮，那裡的五欲太勝妙了，誰比得上祂？祂以天身穿著天衣，頭戴寶冠，座下有許多大菩薩、大阿羅漢聽祂說法。

可是你們再看成佛的時候，釋迦牟尼佛從菩提伽耶走路去鹿野苑，我們一九八九年時在印度坐遊覽車要走六個鐘頭，因爲那時路況比較不好，大多是石子路；如果你用走路的，看要走多久？恐怕要走兩、三天吧！走那麼遠的路，只爲了度那五個人成阿羅漢。你說，成佛好幹嗎？眞的不好幹！所以成佛以後不一定只是坐在那邊等人家供水果。有時 佛去托鉢還托不到食物呢！結果只能吃馬麥；雖然祂吃馬麥味道與常人不同，特別好吃。但是 彌勒菩薩來人間成佛時可就不一樣了！那時可眞的是享受呢！因爲那時人壽八萬四千歲，你想祂會住世多久呢？那時連天魔都會來擁護祂，而不是破祂所說的法，眞的相差很大。

可是我們這個時節沒有人願意來成佛，只有我們 世尊願意來，所以我們對祂的感念特別深。如果不是祂肯來，我們這時就沒有佛法可聞，沒有佛法可修可證，當然更沒有阿羅漢果可以成就，這就是我們最感念 釋迦世尊的地方。所以我將來成佛時，不會選八萬歲的時候來；寧可讓眾生磨一磨也沒關係，能度幾個算幾個。那是不是意味著說，我將來成佛時就一定要在人壽百歲時才來？那也不一定啊！假使人壽八萬歲的時候沒有佛來成佛，而人間的因緣是有人應該得度了，那你也可以來成佛啊！但是當你發願肯在人壽百歲的五濁惡世時來人間度眾生，成佛速度就會快很多。就譬如 釋迦牟尼佛後發心，但是卻提早 彌勒九劫成佛。成佛以後，也不是只有在這種人壽百歲的地方受生度眾生而已；如果還有別的星球、別的世界現在沒有菩薩來成佛，當那些世界人壽八萬歲時，善根都具足了，是可以有很多眾生有緣得度，那你也可以在那邊示現成佛啊！不論成佛後是享受人間的六塵，或是陪同窮苦眾生一起吃苦，都可以，都無所謂，這樣子成佛才會快。

言歸正傳，佛性有不同的層次差別，可是佛性沒辦法鍛鍊，佛性也不是可以修行增長的，佛性是本來具足圓滿的，你只需要去修行而實證祂，使佛性的所有功德全部顯現出來。證得佛性以後，才會發現祂是本來就存在的，功能也是本來就存在的，但是要依靠一切種智的實證來增益智慧而顯發佛性的各種功德出來。你把禪定修得再好，對你的佛性也沒有增益的功用；你再怎麼樣去打坐，坐斷了雙腿而成就四禪八定，你的佛性還是沒有增益，因爲祂是原本就具足圓滿的，只是有沒有顯發出來罷了。想要把佛性的功德顯發出來，是屬於增上慧學；已入地菩薩所隨順的佛性，全都屬於增上慧學，不像十住菩薩只是單純在眼見佛性上面取證，而是有各種不同的功德作用，這是連眼見佛性的十住菩薩都無法知道的，是能在山河大地上看見自己佛性的十住菩薩所無法理解或思惟的。

連十住菩薩都無法了知入地菩薩的佛性，凡夫當然更不知道了！所以現在很多久學佛法的人都誤會了，把眞如說是佛性，說佛性就是眞如，其實是連眞如都不曾實證的凡夫；因爲他們那些大法師們是連我見都沒有斷除的，如來藏當然也都不曾證得，更無法眼見佛性。他們連十住位的功德都還沒有呢，怎能知道諸地菩薩所隨順的佛性？所以總是把六識對六塵的分別性當作是佛性，名爲凡夫眾生隨順的佛性，全都落入六識心的分別性中，也就是落入六識的能見、能聞乃至能覺、能知之中。好比這一段經文中 佛所說的「汝尚顚倒，惑聲爲聞」的愚人，把聲音當作是聞性，當然更無法了知眞如與佛性的異同。所以當我們說佛性與眞如的異同所在時，那四大山頭的大法師們都讀不懂，根本無法了知我在說什麼，又如何能與他們自己宣稱已證菩薩果的言行匹配呢？他們又不肯承認自己根本沒悟，以免失去信徒與名聞利養，當然要私底下大力抵制了。

你如果明心以後，再進三步眼見佛性了，你將會發覺明心與見性這兩關的內容，眞的是截然不同；明心時無法獲得如幻觀，眼見佛性時卻同時獲得世界身心如幻的現觀，不必加行就同時成就了；見性時就在山河大地上看見世界如幻，就在一切有情身心上面看見身心如幻，所以完全不一樣，怎麼會是同樣的意涵呢？再進修而從初行位到達初地的入地心時──是從十住位再進修而經歷了二十一心以後──入了初地，證得已入地菩薩隨順佛性境界時，又是另外一番風光了！那些連我見都還具足存在的大法師們，既未明心也未眼見佛性，又如何能聽懂我在說什麼呢？同樣的道理，當時剛剛迴心大乘而未明心、也未眼見佛性的阿難菩薩等人，把聲音跟聞性都混在一起了，哪能像我們知道得那麼深細？然而 世尊慈悲，幫助所有迴心大乘的阿羅漢都明心了，而且後來有些人還親證了眼見佛性的功德了。

反觀現代台灣海峽兩岸各大山頭的大法師們，連當時阿難等人親證聲聞法斷我見的功德都沒有，假使把如來藏心體及如來藏的心所有法都說得很詳細，他們一定更加聽不懂，可能會反過來指責說：「你講那麼多的法，其實都只是名相、戲論。」我蕭平實以往就曾被人家批評是經論讀很多而沒有實證的人。然而這都不是名相、戲論，都是可以實證的法，而且是想要進入初地的所有菩薩都必須修證的一切種智。必須能夠如是深細地現觀，深細的智慧才能夠發起；如果智慧不是這麼深細，絕對進不了初地。可是進了初地以後還要再更深細，由於更深細，才能夠證得猶如鏡像、猶如光影、猶如谷響、如水中月、變化所成、非有似有等現觀，才能成就六地滿心功德，這時三界愛的習氣種子也就斷得差不多了，已經所剩無幾了。

若是剛剛迴心大乘時，還不曾明心，連聲音與聞性都還分不清楚，當然一時還無法入地。且不說他們，現在台灣、大陸各大山頭，在我們講解或出版這部經的講記以前，有哪一個大法師能夠把聲與聞分清楚？連這一段經文中的義理都還不明白呢！所以他們反對我的時候，都是斷章取義來說；並且他們只敢私下言說，都不敢落實到文字上面來評論我。因爲一旦落實到文字上，我們如果剛好談到他們所評論的題目時，就會順便破斥他們的說法。將來整理在書上流通出去，他們可就更沒有顏面了。當然我都不會立即破斥他們，但是若遇到我講到某個題目，跟他們私下評論我的說法有關時，我就會拿來作例子加以破斥，藉此教育佛門中學法的眾生；當我一年又一年地辨正法義以後，佛子的層次就會日漸提昇上來。

所以現在台灣佛教界大概都知道，只要誰講蕭平實的法義錯誤，蕭平實可能在半年、一年、三年、五年後，會把他拈出來辨正，但不一定馬上會辨正。台灣佛教界的領頭者，大概都有這個心理認知，知道我們一定會辨正，只是遲速不同罷了。因爲正法不容破壞，現在二乘菩提解脫道，以及大乘法佛菩提道，已經被印順法師率領各大山頭的大法師們搞到這個地步，如今只能靠在座的諸位同修來支持，把我們在座的這一些法師們拱出來弘法，才能快速提升佛教的素質。（編案：正覺同修會許多年來努力培養聲聞相的菩薩，期望他們可以無私無我爲眾生弘法，但成績不佳，多是不肯全心投入同修會正法的弘揚行列，多是想要自己開山弘法、趕快出頭當一方大師。）

我在前天有講過，我們正覺同修會的發展，一定要在家、出家兩條路並行，不能只有一方獨大；因爲若是只有一方獨大，就會腐敗，還會驕慢。如果兩條路齊頭並進，哪一方腐敗了，另一方可以出來指正；若是哪一方驕慢了，另一方可以出來指正。若是哪一方的正法失傳了，另一方也可以把正法補過去，必須要兩條路齊頭並進。所以諸位護持正法，而我們也在這上面用心，希望趕快有一些聲聞相的菩薩可以在弘法的路上開始行進，而不是像目前正覺同修會中的親教師們，只有一位聲聞相的法師，出家菩薩的陣容眞的太單薄了，還要再多培養出幾位才行，這是我們的計劃。

佛道甚深極甚深，非常難解、難證，不是一般人所能了知；所以在這上面，我們大家都要盡心盡力去作。而在這個末法時代，正法的勢力非常渺小，我們這個正法團體讓人覺得勢力大，其實是因爲法的勢力大，是因爲法的威德力很大，沒有人敢挑戰。可是我們同修會的物力與人力，畢竟還是很渺小。我們才只有一千多人（編案：這是二〇〇二年所說），面對幾萬人、十幾萬人乃至幾百萬人的其他佛教團體來說，我們真的太渺小了！這麼渺小的正覺道場，卻要幹**續佛慧命**的大事業，所以作起來當然很辛苦。所以在這裡還是要像前天講的一樣，再一次要感謝大家的護持，讓正法可以堅強地、永續地弘傳下去，也讓正法的力量能夠越來越堅固、越來越壯大。

這樣，如果諸位未來世還繼續在娑婆世界修行，就不會再有遇到邪師誤導而流轉了二、三十年以後，還是無法親證佛法的現象存在。那麼未來世正覺同修會還存在時，一代又一代延續下去，大家都可以在開始修學佛法時很快又遇到正法，在未來世親證佛菩提就變得很容易，這就是我們成立正覺同修會的宗旨所在。現在沒有辦法依靠任何人，那些大法師們，我早就失望了，他們都沒有可以讓我寄望之處，所以正法就只能依靠各位同修來護持、來弘揚。因此正覺同修會能夠走出今天這個局面來，也還是要感謝諸位；所以我還是在這裡，再一次感謝諸位。

這一段經文中說，眾生能聞之性其實是一直都存在的，因為聞性只是佛性中的一個小部分；既是佛性所攝，所以眠熟無夢時仍然存在不滅，但是凡夫都不知道。這裡所說的聞性，與凡夫大師們所說的聞性不同；他們是把耳識配合意識對聲塵的了別性當作聞性，我們破邪顯正時也只能依照他們對聞性的定義來作辨正，說他們落入凡夫所隨順的佛性之中。不過這裡經文中佛所說的聞性—能聞之性—卻是佛性中的一小部分，是攝歸佛性而不是耳識配合意識對聲塵的了別性。從實證佛性者的所見來說，佛性有四個層次，一般人所知道的能聞之性，只是醒著的時候耳識配合意識對聲塵了別之識性，是把醒著時攝屬佛性的聞性弄錯了，誤以為覺知心的能見、能聞……等六識自性即是佛性，所以 佛陀為大家作了實驗。於是世尊教羅睺羅撞鐘，隨即問大眾：「有聞沒有？」大眾都說「有聞」；等鐘聲停了，世尊再問：「如今有聞沒有？」大眾都說不聞——沒有聞！是說已經聽不到了！若是已經不能聽到聲音而說聽不到，怎麼還會知道此時是不聞呢？正因為聞性還在而沒有聽到聲音，並且知道是沒有聽見聲音，這就表示聞性還是存在，才會知道是聽不到鐘聲，當然只能說是無聲而不能說是無聞。

所以眾生連凡夫地的佛性如何運作都搞不清楚了，若是再為他們說眼見佛性的境界，再為他們解說聞性在佛性中的定位，該如何為他們說明呢？而且，單單是十住菩薩眼見佛性的境界，確實也沒有辦法以言語形容出來，到今天爲止，我還是無法形容出來使未見性者理解，只能在同樣已經眼見佛性者中互相共說而且互知。因爲那個境界不論怎麼樣講，都無法實際上把它描述出來；不像是如來藏，佛在《阿含經》中明講（對悟者而言是明講），對還沒有悟的人來講可就根本不知道了！在般若諸經中也是一樣啊！深怕大眾誤會，所以明著說：非心心、無心相心、不念心……。

對於證悟般若的菩薩而言，這其實已經是明講了，是把眞心的體性很明白地開示出來，可是有多少人讀了般若諸經以後找到了如來藏呢？眞是難以屈指而數啊！幾乎是一個也沒有。六祖慧能當年聞到般若系的《金剛經》時也是沒有悟啊！很多人說六祖在客棧中聽到有人誦《金剛經》時就開悟了，其實錯了！如果他聽到《金剛經》時眞的開悟了，爲什麼五祖弘忍後來爲他講解《金剛經》時他會開悟呢？那不是同樣的明心要開悟兩遍？同一個如來藏而開悟兩遍，哪有這回事？其中一定有一次是悟錯了！不可以說：「我現在看見了，原來這個叫作報歲蘭。」將來重新再看見的時候又說：「啊！我現在才知道這個叫作報歲蘭，而以前看見時也是才剛剛知道是報歲蘭。」同樣一物會有兩次的開悟嗎？不可能嘛！所以他們都不瞭解事實眞相。六祖是在五祖爲他講解《金剛經》時明講了以後，才算是眞正開悟的。

如來藏的悟入就已經這麼困難了，但對如來藏心體有深厚智慧的菩薩們，仍然是可以一句話明講出來就使人聽了立刻了知如來藏的所在，都可以現證眞如法性！可是想要自參自悟如來藏是很困難的，得要有善知識施設正知正見的課程，並且進修參禪的功夫以後，才有機會自參自悟，所以現代所有大法師們私底下想要證悟如來藏都無法如願。連如來藏都無法實證了，比證悟如來藏困難十倍的眼見佛性當然更困難，想要證得諸地菩薩所證的佛性又是更難，所以佛性眞義確實很難說明，也不許爲人明說——明說了一樣是無法眼見的。因此自古以來親見佛性的人本已不多，能夠隨入諸地菩薩所證佛性的人，當然更是難以舉證了。接著 世尊開示說：

「如重睡人眠熟床枕，其家有人於彼睡時擣練舂米，其人夢中聞舂擣聲，別作他物：或為擊鼓或復撞鐘，即於夢時自怪其鐘為木石響；於時忽寤，遄知杵音，自告家人：『我正夢時，惑此舂音，將為鼓響。』阿難！是人夢中豈憶靜搖開閉通塞？其形雖寐，聞性不昏。」關於聞性，眾生所知道的都是日常生活中清醒的時候，只知道六識的了別性，這就是凡夫所能知、所能隨順的佛性，但是清醒時還有眼見的部分都是弄不清楚的。然而睡著無夢時，佛性又哪裡去了？對現代各大山頭的凡夫大法師們而言，佛性都是不存在了！

可是對見性的菩薩們來說，那個眠熟者的佛性還是分明現前而可以被清楚看見的啊！由此證明十住菩薩所見的佛性與凡夫大師所知的佛性是截然不同的，所以名爲未入地菩薩所隨順的佛性。同樣的道理，當你睡著無夢時，你的聞性哪裡去了？其實還是在，因此世尊舉出一個現成的例子來解說。

譬如有人午睡正熟的時候，說這個重睡的人眠熟於床枕時，本來無覺無知而沒有夢境，當時正好家人在「擣練舂米」。古時沒有碾米的機器，都要用石臼木杵，把稻穀放在石臼中，用木杵撞擊石臼中的稻穀，這就是舂米，這樣就能把穀皮—稻殼—去掉。以前的人家大多是泥巴地，有錢人家就在泥巴上鋪設石板，都不是水泥地；所以正在舂米時，木杵每舂一下，當然就會振動地面一下，震動聲就傳到那個人午睡的地方；可是他睡得太沈了，一時醒不來，就被舂米聲影響而轉入夢境中，把舂米的聲音誤會是人家在打鼓或者在敲鐘，然後在夢中覺得奇怪：明明是在敲鼓或撞鐘，那鼓與鐘的聲音怎麼好像是木石在響呢？因爲舂米用的石臼是石頭做成的，舂時是用木頭往下舂，當然不會聽見鼓或鐘的聲音；但因爲他在沈睡中無法清醒過來，於是夢見人家在敲鐘鼓，而鐘鼓的聲音卻像是木石撞擊的聲音，於是心中覺得奇怪。

等到後來被一再傳來的舂米聲影響而快速地醒過來時；「遄知杵音」，

「澢」就是很快速，於是隨即知道原來是家人正在舂米的木杵聲音，所以他就對家人說：「我剛才正在作夢的時候覺得很迷惑，把木石舂米的聲音當作是人家打鼓的聲音。」接著 佛就開示說：「這個人在睡夢中的時候，難道還會記得聞性是從安靜動搖開通閉塞而產生的嗎？」那個人的身形雖然昏寐，可是他的聞性可不昏昧，只是六識無法詳細了別罷了！才會把聞到舂米的聲音誤認作鐘鼓發出了木石之聲。

夢境中通常是內相分，但也會漸漸地轉入外相分去，那就會漸漸覺醒過來；如果身體還很累，還無法完全覺醒過來時，夢境中的內相分就會與外相分聯結起來；這就是夢中意識心現前而將外聲塵引入夢中，然後錯認為鼓聲、鐘聲，卻只聽到夢中的鐘鼓聲音是木石的聲音，然後就在夢中覺得那個鐘鼓的聲音好奇怪；其實是夢中的色塵相分與外聲塵聯結，但是意識並未完全清醒過來，還住在夢境中，把外相分的木石聲音與夢境中的內相分鐘鼓聯結在一起，才會產生那個奇怪的夢境。以上說的是夢境中，如果是睡著無夢的時候，聞性又在哪裡呢？有人曉得嗎？都是弄不清楚的。但其實你的聞性還是存在，並沒有中斷，而這部分的了知，已經是已入地菩薩的隨順佛性境界了！然而十住菩薩卻還是可以在眠熟者身上看見那個眠熟者的佛性不曾中斷，雖然眠熟者的六識見性、聞性乃至知覺性已經中斷了。這樣子，大家聽懂了嗎？

我這些說法，十住菩薩可以聽懂一些，七住菩薩可就難以聽懂了！所以佛性的正義並不是那麼簡單的，但是有多少人能夠知道這個正義呢？很多人學佛已經三、四十年了，可曾聽聞這種法義？一定不曾聽過。可是雖然不曾聽過這種佛性正義的道理，他們的佛性還是存在不斷的，而聞性只是佛性中的一小部分而已。可是他們佛性所攝的眞正聞性在哪裡呢？全都不知道了！所以眼見佛性以後還得要求證道種智，想要有道種智就得要修學一切種智。分證了一切種智時就是證得道種智了，這時才能夠了知眠熟無夢時聞性在何處？是眼見佛性的十住菩薩所不能知的智慧。這樣次第進修一直到達佛地時，佛地是如何隨順佛性的？我們眞的無法想像。等你將來到了等覺位時再去請問 佛，因爲我也無法告訴你。

據佛所說，佛地還有十地境界，也就是諸佛都有十個不同層次的境界，是諸佛所證的，根本不是等覺菩薩所能知道的。經中的記載，等覺菩薩們聽到佛地的第一種、第二種境界時就聽不懂了，所以 世尊也就沒有再講下去，所以並不是找到如來藏而明心開悟時就成佛了。在會外，許多弘法者都認爲明心開悟時就是成佛了，也誤認爲明心就是見性；但是在正覺同修會中，明心開悟只是入學前剛剛註冊完畢而已；若是還沒有明心開悟，或是悟錯了，表示在佛教大學中還沒有註冊完畢，還在想辦法獲取註冊資格而已。接下來佛說：

「**縱汝形銷，命光遷謝，此性云何為汝銷滅？**」接著講到另一個層次，「縱汝形銷」，縱使你的色身毀壞了，生命的光明也就變遷而滅謝了；是說命根斷了，心光就隨之消失不見了，生命就得要移轉出去而使這個色身中不再有生命了，所以稱爲「命光遷謝」。遷就是移轉出去而不在身中，謝就是消失了——這個色身中的生命已經落謝了。可是「縱汝形銷，命光遷謝」了，聞性還是不會因爲色身的毀壞而消失，在中陰身還沒有現起之前，聞性還是存在的；但這得要有道種智時才能知道，不是開悟明心時就能曉得的，也不是眼見佛性時就能曉得大部分的。如果能夠知道死亡的全部過程—每一個微細的轉變過程都知道—在還沒有死亡前就知道自己將來死亡時的全部過程，了知自己死亡時的前後次第與內容，自然就會知道這時的佛性（包含見性、聞性……等）在何處、有什麼功能。

以前我在講解《成唯識論》時有稍微說了一部分，不過那時只有在建國北路那裡稍微講了一些，後來在其他兩個地方，已發覺不可以再講，所以那個部分就沒有再講了。因爲明講了以後會有後遺症，不如留著讓大家自己去親自體驗，將來道業才能夠突飛猛進。如果我全部明講了，你們還修什麼呢？如果我全部明講了，大家都將失去親自體驗的機會了。只有一種人能夠得到受用——識貨的人。誰才是識貨的？是證境能夠一步一步地緊跟上來的人。如果落差太大，根本沒有辦法體驗，就會覺得根本沒什麼，得不到功德受用。

就好像一般人出去買柴火時，其中有一個人賣的是一擔沈香，其他人賣的全都是一擔又一擔的相思樹木柴。相思樹的木柴當然便宜：「我這一擔總共賣你十文錢就好。」另外一個人說：「我這一擔又粗又重的木頭，要賣五十兩黃金。」不識貨的人就說：「你是瘋子呀！精神有毛病！」因爲他分不清楚貨品的內涵。但是識貨的人一看就說：「哎呀！這一擔木頭才賣五十兩黃金，便宜啦！我全買了。」因爲那些木頭又粗大、又沈、又黑，那樣的沈香木可不容易找，於是他就趕快買走了，還覺得只花五十兩黃金的代價眞是便宜。旁邊不知道的人就背後罵著：「這個瘋子！竟然用五十兩黃金買了那些木柴。」識貨跟不識貨之間，的確相差很多。

譬如上週有人說：「哎！我那天聽老師講解『意根默容一切諸法』的內

容，眞的勝過我三年自修。」有的人聽了他這樣子說，不信邪：「哎呀！你未免太誇張了吧！」那就表示他不識貨，人家識貨啊！那種深妙法，如今可沒地方去聽了，文獻上也找不到。世尊也總是幾句話就帶過去，不可以講得太細太白，否則大家聽了就沒有親自體驗的機會了嘛！若是沒有體驗，將來道業進步就會很緩慢。言歸正傳，「縱汝形銷，命光遷謝」時，你的聞性在哪裡呢？這是個大題目。可是正當死時，聞性等等歸屬於佛性的自性，又何嘗消失了呢？如果眞的消失了，意根還能運作嗎？意根可就運作不了了！還能有中陰身去投胎嗎？接下來說：

「以諸眾生從無始來循諸色聲，逐念流轉，曾不開悟性淨妙常；不循所常，逐諸生滅，由是生生雜染流轉。」循就是攀附著一個物體的表面，也就是攀緣的意思。譬如循聲緣色，就是攀附於色塵、聲塵等。佛陀再三叮嚀：因為眾生從無始劫以來就一直都依附著色塵、聲塵等六塵，不斷地向外法六塵中攀緣，總是落入色、聲、香、味、觸、法中，持續不斷地隨逐著經由六塵所產生的虛妄念，從來都不曾開悟自己的佛性是本來清淨勝妙常住的，不能持續地循於自己常住的妙眞如性，一直向外追逐六塵境界而念念不忘，於是就由於這個緣故而忘失本心及本心顯示出來的佛性，因此就一生又一生地產生了雜染行爲與種子，自然就不斷地流轉於三界六道中了。

「**曾不開悟**」是倒裝語句，也就是不曾開悟的意思。但是「**曾不**」意思卻含有「**打從一開始就從來不曾**」的意思，不是單指意識可以理解的較接近的過去世，而是含有「**無量劫前就已經如此**」的意思。是說眾生從無始以來都不曾開悟自己所擁有的性淨妙常的如來藏心的妙眞如性。這個「**性淨妙常**」的如來藏，所蘊含的常住佛性，眾生都是弄不清楚的，所以隨追外六塵等生滅法而流轉於三界六道中，生死無量，都不曾知道是依附或隨逐這些生滅法背後的常住佛性；由這個緣故，生生世世都在很多種染污法中流轉，持續追逐種種生滅法而流浪於三界六道中。

「**若棄生滅，守於真常，常光現前，塵根識心應時銷落：想相為塵，識情為垢，二俱遠離，則汝法眼應時清明；云何不成無上知覺？**」如果有人能把眾生所犯「誤認生滅性的妄心爲常住不壞眞實心」的邪見捨棄，讓妄心自己堅固守持著眞實常住的如來藏；也就是轉依於常住的如來藏妙心，時時刻刻使常住妙心的光明—功德性—佛性，都全部現前照耀；那麼六塵、六根、六識妄心的執著性，自然就會應時銷落而不再有所執著了，自然完全清淨了。這時，「**想相爲塵，識情爲垢**」的障道狀況就全部遠離了，法眼隨即清淨光明地現前，又怎麼不能成就無上的知覺呢？

所謂「想相爲塵，識情爲垢」，想即是知，阿含中說「想亦是知」，這是最微細的想陰；只要有六塵中的了知，已經是想陰的層次了，這與妙眞如性—佛性—兼具六塵內外的知是不同的；所以離念靈知完全是想陰所攝的境界，乃至最高級的離念靈知境界—非想非非想定中不會反觀自己的知—仍都是想陰境界，不離我與我所。至於現代所有大法師們所謂開悟境界的離念靈知，是連初禪中的一心功德支都沒有的，都是六塵具足的離念靈知或放下我所煩惱的世間人境界，全都屬於極粗糙的想陰境界。凡是有了「想」—想陰—知的法相時，都是不離六塵或法塵境界的，所以說「想相爲塵」。有了想陰的法相時就必然落入六塵或法塵中，那就必然有六識心或意識心，處於六塵之中作出各種認識而有了六情或意情；這時的六情或意情必然不離六塵或法塵，於是在六塵中追求享樂或安逸的污垢心行就跟著產生了，所以說「識情爲垢」。在「想相爲塵，識情爲垢」的情況下，如來藏中的七識心種子當然無法轉變清淨，又如何能生起清淨的法眼來呢？當然也就不可能證得賢位或聖位菩薩所擁有的無上知覺了！

悟後必須轉依本性清淨的如來藏心，而不是將妄心七識修行轉變成眞心如來藏；因爲妄心六識或七識永遠都不可能變成如來藏，妄心的你永遠跟如來藏並行運作著，所以不能夠說你住在眞心的境界中，你永遠都只能在眞心功能的表面運作。一切菩薩都在眞心的表面運作著，這樣一世又一世生老病死，卻又全都不曾在如來藏心以外生老病死，也無法使自己變成如來藏心。但是你要轉依：本來悟前是依自己，都以自己爲中心；現在找到如來藏了，觀察證實如來藏才是常住的自內我，而五陰十八界的我不是常住的眞我，這時看見如來藏的體性是本來有自性、本來就清淨的涅槃體，依這個本來自性清淨涅槃的如來藏的體性來安住。轉變自以爲是的自我，轉而依止本來自性清淨的涅槃體如來藏而安住下來，才是究竟的依止，才是自己究竟的安止處，這就叫作轉依。若是以悟前自以爲是的意識覺知心作爲究竟心，而想要安心自住，是不可能成功的；因爲意識覺知心是與苦樂憂喜相應的心，也是生滅不住的心，無法貫通三世故無法常住，怎能令自己安心呢？

轉依就是轉變覺知心與意根自己的執我性、不淨性，依止於常住如來藏的無我性、清淨性、涅槃性。悟前都是依止於處處作主的我，依止於見聞覺知的我，現在開始轉變自己而依止常住不壞的如來藏爲眞實法，認定自己虛妄不實，我見與我執漸次消滅了，煩惱漸次減少了，轉而依止從來都無所得的常住心如來藏，這就是轉依，這樣就是「守於眞常」。因爲如來藏恆常不滅，轉依如來藏時就叫作「守於眞常」。如果已經轉依常住如來藏的清淨性時，看見漂亮的事物時還要不要貪著呢？不貪了嘛！因爲如來藏從來不貪。若是看見討厭的事物時是否還要討厭呢？不必再討厭了，因爲如來藏從來不討厭任何事物嘛！

貪與厭都是生滅法，因爲你不可能永遠貪嘛！譬如你問小孩子：「糖果很好吃，我給你很多糖果好不好？」「好！」「給你一大麻袋，可是我規定你，不論什麼時候都要含著糖果，一直含到你把這一袋糖吃完。」可是不必等到三天以後，他就會抗議說：「我不要再這樣吃糖了，剩下的糖果全都還給你。」他不想再吃原來喜歡的糖果了。小孩子對於最喜歡、最貪的糖果都會這樣，其他的事物可想而知。貪是無常的，也不是絕對的樂受，那麼厭也是一樣的體性，因此都是生滅法。那你如果守著常住如來藏的清淨性，依如來藏的清淨體性而住，雖然自己在人間時依舊要面對生滅法，卻知道那些生滅法都是虛妄性、不淨性。

這樣繼續不斷地「守於眞常」，依如來藏的體性而安住自己的六識妄心來修學佛道，同時修證解脫果；這樣「守於眞常」時間久了以後，心中妄念就減少了，到最後是妄念自然不起。除了對佛法的修學而生起的淨念，除了為護持正法而生起的正念，從此都不會再為自己生活上的瑣事生起煩惱、生起念想，自然而然就會常住在無念當中。這是由於我與我所煩惱的斷除而淨除妄念，不是用修定的方法來壓制妄念，是自然不起念。除非是為了佛法或救護眾生來作事，或者正在進修佛道、說法、聞法，否則心中是不會有念的。這時所有鬼神們想要找你，就會很難找；因為你如果一念不生時，他們就找不到你了！他們找得到你，是因為你心中有語言在運轉著，你的覺知心有了心行，於是鬼神才能找到你。

譬如透明水管中的流水，你會看見有水在流動，是因為水中有一些氣泡在流動；如果把水澄清了，水中都沒有氣泡了，即使水繼續流動著，你也看不見水管中的水在流動著。同樣的道理，心中沒有語言在進行時，一念不生而清楚地了別時，鬼神就找不到你了，因為無法了知你的覺知心何在。無相念佛則是再進一步，於一念不生時生起憶佛的清淨念相續不斷，沒有語言而繼續在想著佛——淨念相繼。如果只是不想被鬼神找到，只要一念不生就行了，不必有淨念相繼的功夫。當你無相念佛淨念相繼時，鬼神只能看見你發光，光中是什麼呢？鬼神不知道，所以找不到你。如果是找到如來藏了，轉依常住如來藏的清淨性；如果能夠長時間一直繼續下去，到最後都不起煩惱，能夠長時相續「守於眞常」，這時你的如來藏心就開始發光了！這是由於般若實相智慧作爲所依而進到這個地步，所顯現出來的光明是金黃色的；這時是「常光現前」，以前常常落入塵、根、識的覺知心，對自我的執著性就應時銷落了。

爲什麼一定把「塵、根、識」合起來講，而不只說識呢？因爲凡是見聞覺知心，一定要依附於五勝義根和意根才能夠有六塵境的現前與了知，否則就接觸不到六塵境；接觸不到六塵時，心中就沒有六塵境界了！所以，正因爲有根有塵，識心方能現前；識心現前了，才能認識自己眼前有六塵諸法，所以塵、根、識等三法互相爲因。與塵、根、識三個法相應的就是前七識，「守於眞常，常光現前」時，意根還在，前六識的煩惱與執著就銷落了！意根要到入無餘涅槃時才銷落。如果不入無餘涅槃而修學佛菩提道，究竟成佛，則是前七識盡未來際都不銷落，永恆常存；那麼這時所謂的塵、根、識心應時銷落，意思是說：想陰之相都是落入妄塵中，妄塵中的識情全都是垢穢，已經遠離想相與識情了，這時法眼當然會現前，就證得無生法忍慧了。證得無生法忍智慧時，就是成就無上知覺的聖位菩薩。

想，一般人都以為在覺知心中以語言打妄想，或者是覺知心中的影像連續不斷，但這樣已經是極粗想了。細一點的想，就是處在六塵境界了了分明，是在六塵中離語言而清楚明白地分別六塵境界。更細一點的想，是很多念頭常常突然出現又突然消失；那些念頭出現時都沒有語言文字，接著又消失了；可是你都知道那些念頭是什麼意思，這就是細想。接下去越來越細，譬如剛進入第二禪等至位時，往往突然一個念頭出現，但你不知道那個念頭是什麼意思，所以當你發覺自己覺知心動了一下，然後就已經回到初禪中了，不在二禪等至位中了，這種不知意思的念頭也是想。

最微細的想，是非想非非想定中全無念頭的知，這時的知是完全不會返觀自己覺知心的，所以住在非非想定中時，並不知道自己正住在非非想定中，所以稱為「非想」；想亦是知，非知就稱為非想。那為什麼又叫作非非想？因為畢竟還有知嘛！有知就是想——覺知心還在，佛在阿含中說「想亦是知」；雖然那時已經完全不返觀自己，意識的證自證分已經不現前了，只剩下自證分，可是畢竟覺知心還在，還是有想啊！為什麼是有想？因為還有知啊！只是不了知覺知心自己的存在，所以又稱為非非想。因此說，這是三界中最微細的想陰，也就是最微細的意識境界；意識的細心無過於此，最微細的意識就是非想非非想定中的意識覺知心。這是所有意識中最微細的境界，再過去就沒有意識存在啦！但因非想非非想定中還是有意識覺知心存在，所以還是有對於非非想定境界的了知，有知即是有想，所以非非想定的全名不是「非非想定」，也不是「非想定」，而是「非想非非想定」。正因是不會了知自己的存在，所以名爲「非想」；卻因爲還是有覺知心在了知定境，所以名爲「非非想」，於是就合名爲「非想非非想定」，這就是最微細意識的境界，超過這個定境就不再有意識存在了。

這樣講解以後，大家就了知「想」的意涵了——凡是有知即是有想。這個「想」所面對的又是什麼？是「相」，也就是六塵中的各種法相。當你還沒有來正覺修學無相念佛以前，心中總是語言文字不斷：「張某某叫我去學密，可是密宗到底是什麼呢？到底我該不該去學呢？」心中有語言文字延續下去時就是粗想。這種粗想所面對的是語言文字的思想境界，就是具有語言文字相的妄想相。修行以後的想就越來越微細，到最後非想非非想定中的想陰是面對什麼相呢？是非非想定中的定境法塵相——定相，那也是相啊！只是那個相已經是極細想所面對的極細相了。

所以，想與相兩個法是相對應的，這兩個法其實都不離塵，因爲「想—

知」是識陰六識或意識的心所有法，「相」則是識陰或意識相應的心所有法所面對的六塵中的境界，所以都不離塵，都不是眞實法。正因爲有想也有相，所以有了識與情；識就是前六識識陰，或者獨頭意識；情則是識陰六識或獨頭意識，面對五塵或法塵相時產生的愛厭喜怒等情緒。四禪八定中，除了初禪以外，二禪以上的等至位都是獨頭意識，眠夢還沒有開始與外境聯結以前，也都是獨頭意識。可是只要意識存在時就會有情產生，情就是喜歡、討厭。前五識跟著意識時一定會跟著生起這種情，由意識領頭生起各種不同境界中的情；識陰有喜厭愛惡，所以凡是有識陰或有意識心的生物，一定是「有情」（意根暫且不談）；若是沒有識陰或沒有意識的生物，就稱爲無情生，即是植物，有生命卻是無情，因爲沒有如來藏來出生前七識。話說回來，意識若是喜歡某一個定境時就會繼續安住，若是討厭這個定境時就會趕快轉到別的定境去，這就是有「情」；因爲有「情」的緣故，所以就被稱爲「有情」。無情是不會有這種覺受與思緒的，有情才會有這種覺受與思緒，有情與無情就從這裡來分判，這就是「情」的意思。

意識既然出現了，一定是緣於六塵或法塵而出生的，當然不離塵；意識與情都只能存在三界中，也都是污垢法，所以這種法沒有辦法入住無餘涅槃中，都與涅槃不相應。所以，假使遠離了「想相爲塵」，也遠離了「識情爲垢」，「二俱遠離」以後，法眼當然就應時清明了！就生起法眼了！若是有人不信我的話，可以去會外把所有善知識的著作買回家讀一讀，看看有誰能夠告訴你這些道理，有誰能爲你說明「想相爲塵、識情爲垢」的正理？所有現代大法師們連想陰的內涵都弄不清楚，只能依文解義，所以「想相爲塵」的境界，不論粗細都弄不清楚；對於「識情爲垢」的境界，一樣是不論粗細都弄不清楚。但是對我們來說，佛在四阿含中所說的已經夠清楚了，現代大法師們就是弄不懂啊！

如果能把這八個字中粗細法義都弄清楚，那你的法眼就應時清明了，也就是出生法眼了。法眼「應時清明」時，不管什麼大師說的法，哪裡有紕漏，你都找得出來，只是辨正時要把它破斥少一點或多一點的差別而已；假使他誤導了很多眾生，使你想要把他破盡，那就會辨正出一大堆法義來。可是，即使你只對他們稍微辨正幾個錯誤，還留下許多情面給他們，他們還是會受不了的，因爲他們都無法反駁而覺得顏面盡失啊！所以，如果「法眼應時清明」了，你怎麼可能不成就無上知覺呢？這時你已經有法眼了，已經確定自己接下來只是一步一步、按部就班地邁向佛地了；由於已經可以確定了，所以你已經很清楚知道自己將來終究可以成就無上正等正覺而成就佛果。

這表示對於三界的實相法—根本智、別相智、種智—你都已經有所體驗了。接下來只是福德有沒有具足圓滿？三昧有沒有具足圓滿？一切種智有沒有具足圓滿？而習氣種子是否已經斷盡了？當這些全都具足圓滿時，就是究竟成佛了。若是對這四個部分都知道了，圓滿三賢位的實修內容時，就進入修道位而開始進修十地之道了，這時當然知道將來一定可以成佛，自己已經有把握了，這時就叫作「法眼清明」。這時所有的眞假善知識若是想要籠罩你，已經完全不可能了。接下來要進入第五卷了。

【阿難白佛言：「世尊！如來雖說第二義門，今觀世間解結之人，若不知其所結之元，我信是人終不能解。世尊！我及會中有學聲聞亦復如是；從無始際，與諸無明俱滅俱生，雖得如是多聞善根，名為出家，猶隔日瘧。唯願大慈，哀愍淪溺，今日身心云何是結？從何名解？亦令未來苦難眾生，得免輪迴，不落三有。」作是語已，普及大眾，五體投地，雨淚翹誠，佇佛如來無上開示。】

講記：阿難聽完了世尊的開示以後，還是有疑問，於是向 佛稟告說：「世尊，如來您雖然解說第二義的法門，想要讓我們理解第一義諦；然而我如今觀察世間正在修行想要解開結縛的人們，若是不知道他們結縛所結成的根元所在，我相信這些修行人終究不可能解開繫縛之結。世尊！我阿難以及法會中一切還在有學位中的聲聞證果者也是一樣的情形；都是打從無始劫以前之時，就與種種無明同時死滅之後繼續與無明同時出生，雖然今天得到這個多聞正法的善根，所以名爲出家之人，卻仍然同於隔日瘧的病人一般，依舊無法究竟治癒無明病，有時仍然會被無明病所擾亂。唯願世尊以大慈之心，哀愍我們這些還在三界生死海中淪溺的有學聲聞，開示給我們知道：今日身心之中，有些什麼結？要從什麼處所深入理解而滅除無明以後才能名爲已經解開了繫縛？您若是爲我們這樣解說了以後，也可以使未來世的苦難眾生，和我們一樣得以免除輪迴生死的大病，不再落入三界有之中。」阿難尊者說了這些話以後，這樣的意願同時普及所有大眾，於是阿難與大眾都五體投地禮求 世尊，同樣是掉下眼淚而翹起頭部仰望如來，一起等候如來無上法義的開示。

阿難白佛言：「世尊！如來雖說第二義門，今觀世間解結之人，若不知其所結之元，我信是人終不能解。」現在講的是第二義門，因爲第一義不可以明講，所以這裡從事相上來講解出來的，都已經是第二義門了。把第一義不藉言說而直接指示出來時，就是第一義門，即是禪宗祖師的作略，是直接從世尊一代又一代承襲下來的宗門直指之法。若是藉諸言說而做了詳細的說明，從事相上來解說解結的道理與方法，就叫作第二義門。在前面四章之中，世尊把第一義說得很多了，阿難等人還是無法理解，當然需要探究各種無明結成的結縛，究竟是依附在哪裡：這些無明究竟是以什麼爲體？世間所有想要把「心」結打開的人，如果不知道輪迴生死的心結，不知什麼才是證知法界實相的障礙，不知解結的根本在哪裡？其實終究都無法打開「心」結的。

「世尊！我及會中有學聲聞亦復如是；從無始際，與諸無明俱滅俱生，雖得如是多聞善根，名為出家，猶隔日瘧。」阿難尊者以及眾多剛剛迴心大乘的聲聞弟子們，都是自從無始劫以來就一直都跟無明同時死了又同時出生，這其實也是一切眾生的眞實情況。即使阿難尊者多劫學佛而獲得多聞不忘的善根，仍然是無法了生脫死的；縱使如同諸阿羅漢等人已經了生脫死，其實也只是解脫於分段生死的無明罷了，對於無始無明還是不曾有所觸及，何況能斷呢？所謂無始無明的意思，正是對於宇宙萬有的本源無所知，也就是對世界及五蘊的出處無所知，所以仍然無法實證佛菩提的見道智慧，何況能夠成佛呢？

阿難等人則是仍然處於有學位中，還沒有成爲阿羅漢，所以縱使有著多聞不忘的善根，仍然無法完全安住於羅漢法解脫道中，有時還是會如同凡夫一樣有著不太好的行爲，因此自稱爲「隔日瘧」。「隔日瘧」是指瘧疾的病況，瘧疾患者的特徵就是今天渾身熱得要死，明天不熱了，卻變成冷得要死；後天的冷患好了，大後天卻又熱得要死，就這樣子一天一個樣子變來變去，所以叫作隔日瘧。現在台灣是沒有瘧疾了，以前我們小時候常常聽老人家說這種病叫作「馬啦利訝」。那時還有一種流行病，叫作「KOLALA」，就是霍亂，這可能是日本人的發音（編案：學名為 CHOLERA）。霍亂是由蒼蠅作病媒，會使人不斷地上吐下瀉；瘧疾則是由蚊子作病媒，會使人忽冷忽熱。當時的阿難尊者還只是聲聞初果人，對大乘佛法仍然不懂，都還要自稱是隔日瘧；那麼如今還沒有證悟般若，還在否定第八識的各大山頭大法師們，都還沒有在聲聞法中斷我見，那可能得要自稱是得了每日瘧的人了。可是那些得了每日瘧的大法師們，卻都不知道自己每天都正在瘧疾重病中，還反過來否定正覺同修會弘傳的第八識如來藏妙法，常常在私底下大力否定正覺的如來藏妙法呢！他們都不知道，只有在大乘法中真見道以後，才會具有對大乘法是否已經實證的自省能力，否則是沒有自省能力的。當時的阿難即使已經有多聞不忘的智慧了，已有多聞的善根而憶持不忘，並且也證得初果而斷我見了，卻還自稱隔日瘧，那些尚且不曾多讀經論而憑自己臆想所知的大法師們，卻還敢否定如來藏正法，真的是膽大包天呢！

「唯願大慈，哀愍淪溺，今日身心云何是結？從何名解？亦令未來苦難

眾生，得免輪迴，不落三有。」作是語已，普及大衆，五體投地，雨淚翹誠，佇佛如來無上開示。阿難等人都很希望如來大慈大悲，能哀愍所有仍在輪迴中，仍然沉溺在生死海中的有情，來開示今天現前這個色身以及識陰覺知心，是爲什麼還不能解脫於生死苦海？到底是什麼地方有著結縛而無法解脫？當然得要先瞭解這個生死結是怎麼出生的，眾生是被綁在哪裡，才能理解應該從什麼地方把生死結眞正的解開。假使 佛陀能夠爲大眾開示，就能幫阿難等人解開了生死結的繫縛；當這個開示留下來以後，也能夠讓未來世很多的苦難眾生，同樣可以依照 世尊的開示來進修佛法而免掉生死輪迴，從此以後不會再落到三有之中。阿難尊者說出這一番大道理來，當然 佛陀就會接受而爲大眾開示了。可是阿難等人向 世尊請求第一義諦勝妙大法時，當然要有至誠之意，要以恭敬心來祈求。所以首從阿難，普及大眾，所有大眾全都站起身來，五體投地禮敬 佛陀；因爲太虔誠了，所以大家都掉下眼淚來，仰望 世尊，等待 佛如來爲大眾作無上妙法的開示。

【爾時世尊憐愍阿難及諸會中諸有學者，亦爲未來一切衆生爲出世因、作將來眼，以閻浮檀紫光金手摩阿難頂。即時十方普佛世界六種振動，微塵

如來住世界者，各有寶光從其頂出，其光同時於彼世界來祇陀林、灌如來頂，是諸大衆得未曾有。於是阿難及諸大衆，俱聞十方微塵如來異口同音告阿難言：「善哉！阿難！汝欲識知俱生無明，使汝輪轉生死結根，唯汝六根，更無他物；汝復欲知無上菩提，令汝速登安樂解脫寂靜妙常，亦汝六根，更非他物。」阿難雖聞如是法音，心猶未明，稽首白佛：「云何令我生死輪迴、安樂妙常，同是六根？更非他物？」佛告阿難：「根塵同源，縛脫無二；識性虛妄，猶如空花。阿難！由塵發知，因根有相；相見無性，同於交蘆。是故汝今知見立知，即無明本；知見無見，斯即涅槃無漏真淨，云何是中更容他物？」

講記：這時 世尊憐憫阿難尊者以及會中還沒有解脫生死的人，也為未來世的我們作為將來實證出世果報的因緣，作為我們將來證得佛菩提時，可以在見道位、修道位中自我檢查的眼目，於是 世尊就以閻浮檀顏色的紫光金手，撫摩阿難的頭頂；正當 世尊撫摩阿難的頭頂時，因此而使十方所有佛世界都出現了六種震動的現象，於是十方世界如同微塵數一般不可計數的如來，凡是有在三界世界中住持正法的如來，各各都從頂門放射出光明；那不可計數的微塵數如來所放出的寶光，從各個世界同時來到娑婆世界的祇樹給孤獨園中，灌入 釋迦如來頂門中。所有參與楞嚴法會的大眾都不曾見過這樣的景象，都覺得很稀有而難得一見。於是阿難以及所有與會的大眾，都同時聽聞十方世界的微塵數如來異口同聲告訴阿難說：「善哉！阿難！你想要認識及了知與生俱有的無明中，使你輪轉生死的結縛的根源，就是你的六根，再也沒有別的事物了；你如果又想要知道無上的覺悟，使你快速達到安樂解脫寂靜微妙的常住不壞境界，仍然是你的六根，再也沒有別的事物了。」阿難雖然聽聞到十方如來這樣的法音，心中卻仍然不能明白其中的道理，於是向 世尊稽首而稟白說：「爲什麼使我生死輪迴、使我安樂妙常的，同樣都是這六根呢？爲什麼再也沒有別的事物來導致我生死輪迴與證得安樂妙常呢？」世尊告訴阿難說：「六根與六塵都出自同一個根源，繫縛與解脫其實也是根源於同一個心，並不是兩個心；而六識的自性則是虛妄暫有的無常法，猶如空花一般地不眞實。阿難！由於攀緣六塵的緣故而發起了六識的知覺性，又因爲有六根的緣故才會有六塵等境界相；然而六塵境界相以及六識的能見等自性都沒有常住不壞的金剛性，如同蘆葦製成的掃把是由三束蘆桿綁成的一樣，是眾法聚合所成的生滅性，不是常住不壞的金剛性。由此緣故，你如今處於能知能見之中，而在能知能見底心中建立了能知的心是常住不壞底自我，這就是俱生無明的根本；若能明白及證實這個能知能見存在的當下，有一個從來不見一法的如來藏心，這就是不生不滅的涅槃，就是本來無漏而眞實又清淨的常住法，你怎麼會認爲在這個能知能見及不知不見的綜合法性之中，還可以容得下其他外法呢？」這意思就是說：根塵同源，根識同源，塵識同源。每一個人整個十八界全都不是外法，都是自心如來藏所生的內法。這也是說，生死輪迴與涅槃寂靜，全都是依如來藏而建立的；若沒有如來藏的常住不壞、執持各類種子，就沒有任何有情的生死輪迴，也不會有三乘聖者的解脫與實相智慧。

爾時世尊憐愍阿難及諸會中諸有學者，亦爲未來一切衆生爲出世因、作將來眼，以閻浮檀紫光金手摩阿難頂。即時十方普佛世界六種振動，微塵如來住世界者，各有寶光從其頂出，其光同時於彼世界來祇陀林、灌如來頂，是諸大衆得未曾有。這些異象顯示 世尊在楞嚴法會中所說的法義是多麼重要，顯示楞嚴妙義在大乘法中是多麼殊勝微妙的了。否則，十方微塵數如來爲什麼要如此鄭重其事，同時放光來此娑婆世界灌入 釋迦如來的頂門呢？而且十方如來放出的寶光都是各自從頂門放出來的，不是從肩、胸、臍、足等處放出來的，這已顯示楞嚴法會中所說底法義是最勝妙法，是十方如來都同樣重視的極妙法義。當我們明心證得如來藏，再眼見佛性而成就未入地菩薩隨順佛性的境界，乃至成就已入地菩薩隨順佛性的境界之後，再來請閱《楞嚴經》理解其中所說底法義以後，發覺其中仍有許多是自己尚未實證的智慧，正是自己所應繼續進修求證的智慧境界。可笑的是呂澂與印順等凡夫大師，連聲聞解脫道中的我見都未斷除——未證初果，大乘法中親證如來藏的明心境界更未實證，其餘增上進修所應證法也都沒有絲毫理解，更未實證，竟敢公然毀謗諸地菩薩所未能盡知的楞嚴是僞經，竟然說完全不懂佛法的外道或佛教千年後的凡夫弟子們，能創造諸地菩薩所無法創造的《楞嚴經》，謗爲僞經，眞的太可笑了！我們只能說他們就像是井蛙之鳴而洋洋得意，根本不像是佛弟子的心行。

諸佛都有金色像，明心證悟大乘法的禪宗二祖大迦葉尊者也有金色像，只是沒有佛陀那麼光明妙好而已。閻浮檀金的顏色，是金黃色的光芒中有一種稍帶紫光的顏色；譬如世俗法中說「紅得發紫」，紫是三界中最高級的顏色；而金光是出世間聖者皆有的光明，若是在金光之中顯現淡淡的紫色，就是出世間聖者中最頂級的光明，所以閻浮檀色就是紫光金色。阿難一向都坐在世尊身旁，當時世尊就伸出紫光金色的手，撫摩阿難的頭頂，這就是摩頂。這時十方所有的佛世界都產生了六種震動，譬如前湧後起、後湧前起、左起右湧等等六種震動，也就是警覺十方微塵數如來，顯示 釋迦佛即將宣示妙義了。當然這是警覺十方無量無數正在各個世界中住持正法的如來，這時十方如來都各有寶光從頂門放射出來，同時來到娑婆世界的祇陀林—祇園精舍—灌入 釋迦牟尼佛的頂門中。從諸佛頂門放出來的寶光，表示這是最殊勝的光明；而且也灌入 釋迦如來的頂門中，表示都以最特勝的方式共同支持 釋迦如來即將宣講的如來藏妙義。這時大眾全都看見了，卻是從來沒有看過的特別殊勝景象。

於是阿難及諸大衆，俱聞十方微塵如來異口同音告阿難言：「善哉！阿難！汝欲識知俱生無明，使汝輪轉生死結根，唯汝六根，更無他物；汝復欲知無上菩提，令汝速登安樂解脫寂靜妙常，亦汝六根，更非他物。」一般人讀了這一段經文時往往迷糊起來說：「奇怪！十方微塵數如來竟然異口同聲說『如果想要知道和你同時而有的俱生無明，使得你輪轉生死而產生結縛的根源其實就是自己的六根，再也找不到這個生死結是從別的地方出生的』；可是爲什麼又說『如果想要眞實了知無上的覺悟，由無上的覺悟來使自己證入安樂解脫寂靜和微妙常住的境界中，同樣也是自己的六根』？又說不是別的事物可以使自己解脫生死結縛？」這眞是不能不使現代凡夫大法師們迷惑的地方。

一般大法師們的想法，總是認爲應該修行清淨才能得解脫，得解脫時是不再有貪著六塵境界的六根；如今諸佛世尊竟然說，能使人解脫生死的是這六根，能使人輪迴生死的也是這六根，再也沒有別的事物了。意思是要從這六根下手來解脫生死，然而使人輪迴生死的仍然是這六根，於是現代所有的大法師們就全都迷惑不知了！膽子大的法師們就乾脆否定楞嚴，謗爲外道或後世佛弟子們所創造的僞經了。然而從證悟者來看，十方諸佛這個說法卻是完全正確的；而且世尊隨後說出來的法義，以及在此之前所說的法義，都是三界中至高無上的實相境界。而諸地菩薩們都無法創造這樣的經典法義，呂澂與印順等人竟說，凡夫位的後代佛弟子能夠創造這樣深妙無比的無上法義，豈不是怪事一樁？

阿難雖聞如是法音，心猶未明，稽首白佛：「云何令我生死輪迴、安樂妙常，同是六根？更非他物？」佛告阿難：「根塵同源，縛脫無二；識性虛妄，猶如空花。阿難！由塵發知，因根有相；相見無性，同於交蘆。是故汝今知見立知，即無明本；知見無見，斯即涅槃無漏真淨，云何是中更容他物？」

阿難等人聽到十方微塵數如來，異口同聲宣說：使得有情生死輪轉的是這六根，實證無上覺悟而速登安樂解脫寂靜妙常的也是這六根，當時心中還不明白這個道理，就好像會外那些大法師與佛學研究者都弄不清楚一般。當然要向佛稟白，講出自己心中的疑惑：既然使我生死輪迴的是這六根，爲什麼令我將來可以安樂妙常的也是這六根呢？而六根分明是虛妄法，這究竟是什麼道理？於是 佛就開示：其實六根與六塵都是出自同一個根源，繫縛和解脫其實也沒有差別。可是一般人初聽這個說法時，往往會罵你：「你有精神病！」因爲他們覺得這種說法是有矛盾的。

可是不迴心的二乘聖人若是聽了這樣的開示，一定不敢罵你有精神病；但是他們心中仍然是弄不懂的，可就是不敢誹謗，因爲他們都知道諸菩薩智慧不可思議，何況是諸菩薩們最恭敬的諸佛如來所說法義呢？但是今天你們如果去會外說：「六根六塵是同一個根源，解脫與繫縛並沒有差別！」誰會信你呢？沒有人會相信的（編案：這是二〇〇二年所說。此書於二〇一〇年開始出版時，已經有許多佛弟子相信了，估計也有部分大法師已經相信了！因爲正覺弘揚如來藏微妙法義已經二十年，從各種不同層面述說如來藏勝妙法義的書籍已有將近百本，已經明顯提升台灣佛弟子們對三乘法義認知的水平了）。然而六根與六塵爲什麼都出自同一個根源呢？你若去會外這麼講，那些大法師們一定質問說：「哪有可能？六根在我身內，六塵明明是在身外！」會外那些大法師們一定會這麼質問你，而且還是振振有詞地跟你質問呢！他們根本不知道，眾生從無始劫以來都不曾接觸過外相分六塵，從來都只是接觸到自己的內相分六塵——都是只接觸到自己如來藏變生出來的內相分六塵。

佛陀在四阿含諸經中常常說有外六入、內六入，既然有內六入相對於外六入而存在著，當然內六入是指內六塵，就是十八界中的六塵；這顯示眾生所見一切色塵都是自心現量，所以把六塵歸納在各人自己的十八界中。不懂羅漢法與佛法的人，才剛聽到我說六塵都是自己眞心所現，誤以爲我說的是外六塵，立刻就罵起來：「**六塵怎麼可能是自心所現？蕭平實這樣說，一定是邪魔外道！經中可不曾如此說過。**」他們不敢謗佛謗經，於是就謗人，硬說經典中沒有這樣的說法；其實是他們讀不懂四阿含，然後就毀謗這樣說法的人是邪魔外道，我是常常被那些大山頭這樣毀謗的。但他們都沒想到的是，無根毀謗賢聖跟謗佛謗經的罪業是一樣的啊！因爲無根毀謗證法的賢聖時，就是在抵制及毀謗世尊的正法，是虧損如來、虧損法事，同樣都犯了菩薩戒中的十重罪。因爲世尊早就說過了：虧損法事即是虧損如來。

既然四阿含中說六塵是各人的十八界所攝，既然大乘經中說六塵也是自心現量，請問：佛說十八界中的六塵，會是心外的六塵嗎？當然不是！既然說六塵都是自心現量，請問：佛說的色塵、聲塵，會是自心以外的色塵、聲塵嗎？當然不是！難道諸佛會那麼笨？笨到把外六塵與內六塵都分不清楚嗎？可是末法時代的所有凡夫大法師們聽了都弄不懂，就想：「我聽到的聲音怎麼會是自己的心所顯現出來的？我聽到的聲音明明是外面的聲音。那明明是人家在舂米產生的聲音，是那個人在那邊舂米，我在這裡才能聽到；這聲音分明是從那邊傳過來的，怎麼可能這聲音是我自己的心顯現出來的？」大法師們眞的弄不清楚，所以當你告訴他們這個道理時，他們都不肯相信，還罵你有精神病。

這道理其實並不深，這是聲聞道羅漢法中的修學者就應該理解的，然而現代那些自稱證悟大乘法的大法師們竟然都不相信；所以我們在一九九七年出版的《眞實如來藏》書中寫出內相分的法義時，那些大法師們還是不相信，往往私底下說這是我蕭平實發明的。如果是蕭平實自己發明的，現在《楞嚴經》中說的「根塵同源」的法義，是不是得要改寫呢？而且，我寫《眞實如來藏》時，還不曾讀過《楞嚴經》呢！怎麼會知道根塵同源的道理呢？都因爲所證的是如來藏心，而世尊在楞嚴法會中所說的同樣是如來藏心，所以才能完全一致嘛！不但如此，四阿含諸經中也說我們都有十八界，又說有內六入及外六入，當然十八界中的六塵一定是指內相分的六塵入；這十八界又是攝在名色之中，而名色卻是被另一個入胎而住的識所出生，這不就告訴我們「根塵同源」的道理了嗎？他們卻都不信！

從現代所有大法師們的所知所見來說，還沒有親證如來藏而無法現觀六塵是由自己的如來藏心中出生的，當然會認為自己所觸的六塵是外六塵，不可能與自己的六根同源。六根從自己的如來藏中所生，大法師們心中可能願意相信，但口中還是不願承認的；因為這會顯示他們以前所說的開悟都是錯悟——承認有如來藏就會顯示出自己是錯悟，名聞、利養、眷屬都會因為認錯而開始流失，因為他們都沒有證得如來藏心。

聲塵是從自己的如來藏心中出生的。從一般人的所知所見來說，明明聲塵是從外面傳來的，由於人家正在舂米，他在眠夢中才會聽到舂米的聲音；卻不知道舂米的聲音固然是從身外來的，但是他的覺知心並沒有直接聽到身外的舂米聲；身外的舂米聲透過浮塵根傳進來，如來藏經由浮塵根攝受外聲塵，將外聲塵在勝義根中變現出內聲塵；這是自心所變現的帶質境的內相分聲塵，已經不是外相分的物質色法聲塵，純屬自心如來藏所變生的心境。正因為是自心如來藏所變的聲塵，無形無色而不能接觸物質的覺知心的你，才能聽得到啊！若不是自心所變生的，無形無色而不能接觸色法聲塵的覺知心，如何能聽得到？

覺知心是心，心無形無色，怎麼可能接觸到物質所成的色塵與聲塵呢？既然接觸不到，當然就不可能知道色法所成的外相分色塵與聲塵，這表示覺知心所看到、所聽到的都是自心如來藏變生出來的色塵與聲塵啊！就好比無形無相沒有色身的有情，想要拿起一個杯子，能拿得起來嗎？當然不行啊！一定要轉換為有色身的有情，才能拿起物質的杯子嘛！同樣的道理，既然覺知心無法接觸外色塵、外聲塵，當然要透過浮塵根傳進來如來藏心中，由如來藏在勝義根中變現出帶質境的色塵與聲塵，讓屬於同一個如來藏變生的覺知心接觸到，有情才能了知色塵與聲塵，所以有情覺知心所接觸到的六塵都是自己的如來藏心所變現的，世尊正因為這個道理而將六塵歸攝在各人的十八界中。而人間有情的六根也都是從各自的如來藏心中變現出來的，從入胎後變生五色根的道理，現觀五色根不是由覺知心變現出來的，也可以佐證世尊所說的這種道理——在親證如來藏心以前就能如此現觀了。這不就顯示出根塵同源的道理了嗎？怎能說不是「根塵同源」呢？

如果現代的大法師們敢公然主張說「沒有內相分」，那麼 世尊在楞嚴法會中說的這一句話得要改寫了！不但這一句話要改寫，四阿含諸經以及般若系列諸經，包括所有大乘法的經典也都要改寫了！這可是特大號的大工程呢！那些大法師們是否得要負起改寫的責任？改寫後是否還得要負起被菩薩們從法界實相加以檢驗的責任？在四阿含諸經中常常相對於外六入而說有**內六入**，正是講內相分；在大乘法的《解深密經》、《楞伽經》、《華嚴經》中也都同樣有**諸法是自心所生**的正理，那是不是都應該要改寫了？所以我說現代的大法師們都不懂佛法，所謂的阿含專家也不懂阿含，才會異口同聲地否定第八識心。

接著我們來解說「**縛脫無二**」。一般人聽到你這麼一說，心想：「**既然縛脫無二，那你就回家喝老酒、唱卡拉OK去，不必再弘法了，我也不必來學法了！那你辛苦弘法，又何苦來哉？**」但我卻要告訴他們：「**正因為是縛脫無二，所以大家才要學法。**」他們也許會罵：「**你是精神病！**」但咱們不必生氣，因為是他們不懂的緣故啊！這個道理，連阿羅漢們都不懂，必須要迴入大乘法中修學佛菩提，並且後來也眞的悟了，才能夠了知這個道理啊！當你們去參加禪三精進共修，破參明心回來以後，現在來聽聽我解說這個道理，不就眞的懂了嗎？因爲現在可以現觀生死之中確實也是本來解脫。也可以現觀證實：密宗藏傳佛教所說的「輪涅不二」其實都是騙人的，只有證悟如來藏的顯教菩薩們才能住在輪涅不二境界中。爲什麼說藏傳佛教是騙人的呢？因爲他們全都落在意識境界中，根本就是生死法、輪迴法，完全與不生不死的涅槃不相應；可是藏傳佛教密宗所有的法王、喇嘛、活佛們，全都不懂，全都是具足我見的輪迴者，根本談不上聲聞涅槃，何況是大乘菩薩所證的「輪涅不二」呢？

當眾生被我見與我執繫縛而輪迴生死時，都是因爲始終不肯斷除我見，跟著就無法斷除我執，恐怕自己滅掉；在知見上面也不願意自己滅掉，所以始終都堅決地認定意識自我是常住不死之心。殊不知意識心只能存在一世，不能去到下一世；於是死的時候意根不肯死，總是想要繼續保有見聞覺知；正因爲意根有這個作意，於是死後中陰身就出生了。當中陰身出生以後，愚人會覺得這個中陰身蠻好用的，因爲有小五通；那時心裡覺得安慰，因爲見聞覺知心並沒有失掉或斷滅。那時覺得中陰身比肉身更好，還可以飛來飛去，想要去哪裡，一念就到，還眞不錯！可惜的是過了兩、三天以後，發覺越來越沒力氣，不得不開始找食物；只要哪裡有食物，就去猛嗅一番，所以又名食香、尋香。中陰身只要能多嗅食物的香氣，就有力氣；於是也覺得很好，只要每天多嗅食物的香氣就行了。可是到了第七天，哎呀！這一回再怎麼嗅香也沒有用，中陰身開始消失了！這才知道中陰身原來只有七天生命，然後就消失了，見聞覺知心又斷滅了。

等到第二個中陰身又出現以後，發覺第二個中陰身比第一個更不好用，這時已經知道中陰身不可靠，還是趕快投胎去。所以大部分人往生後投胎都是在第二七的七天裡，只有學過佛法的人，眞能放下的人，才會在頭七之中去投胎。那麼你現在證得如來藏了，現觀自己的如來藏從來無生亦無死，這就是本來不生不死、本來解脫。你已經了知這個道理：會讓我繫縛於生死，不斷輪轉生死的就是由於貪著六根與六塵，而貪著六根與六塵的正是識陰六識嘛！當你明心以後，觀察六根六識在輪轉生死的當下，自己的如來藏有沒有生死呢？根本就沒有啊！你在六塵當中打混的時候，如來藏照樣是住在寂靜境界中，祂永遠離六塵啊！你五陰有出生，所以你五陰有所來、也有所去，而如來藏從來就在啊！祂從來沒有出生過，所以沒有所來，是無始劫以來本來就在的，根本就不曾有生，又怎能有死呢！所以祂本來就是不生不死的心，不生不死就是涅槃。

正因爲祂是無始以來本就自己存在的心，所以是「本來性」，不曾有生。可是這個具有本來性的如來藏，卻是離六塵見聞覺知的。一般人聽說如來藏離見聞覺知，就誤以爲是跟石頭木塊一樣；其實不然，因爲祂有自性。如來藏有很多的自性，這個自性並不是自性見外道所墮的六識的自性；如來藏自性的內容一時間講不完，等以後在增上班重講《成唯識論》的課程中再來說。正因爲祂有種種的自性，所以又說祂有「自性性」。如來藏還有本來就清淨的體性：「清淨性」；當有情在六塵中喜歡或討厭某些法時，如來藏卻是從來都不貪不厭，所以心性是本來就清淨性的。有貪有厭所以心不清淨，所以會有執著，因此就貪愛自己、討厭別人；貪愛順心境、討厭違心境；貪愛清淨境界、討厭污垢境界；有貪有厭就會有染污的心性表現出來。可是眾生的染污心存在時，表示已被境界繫縛了，但是各人的如來藏卻仍然沒有被繫縛，一樣是本來清淨的自性。既然是本來清淨的自性，哪裡會被繫縛而流轉生死呢？

如來藏本來就有「涅槃性」，眾生的五陰都有出生，出生了以後當然會死，可是如來藏從來沒有出生過，無始以來一直都是那樣，根本就沒有出生過，是本來就在的；既沒有出生過，怎麼會死亡呢？所以眾生的五陰有生死，如來藏沒有生死；如來藏不生不死，所以祂叫作涅槃。涅者不生、槃者不滅，所以如來藏就是涅槃，除了如來藏以外，沒有涅槃可證、可得。這樣子，如來藏有**本來性**，有**自性性**，有**清淨性**，有**涅槃性**，合起來就稱爲**本來自性清淨涅槃**。可是如來藏的本來自性清淨涅槃，卻是與眾生被繫縛流轉的五陰生死同在一起；當你有五陰生死繫縛流轉時，如來藏的涅槃解脫還是繼續同時存在著。但如來藏的解脫性並不是由眾生修來的，這才是眞正的佛菩提道。

在二乘菩提中，阿羅漢們修證解脫道其實是自殺，而且是把自己永遠幹掉—永遠不再有未來世的自己再出生—不受後有，這叫作無餘涅槃；然而無餘涅槃中仍然是如來藏心體，外於如來藏心體的獨存，無餘涅槃就成爲斷滅空了。可是如來藏的涅槃並不是阿羅漢們修行以後得來的：二乘菩提的修行只是把自己永遠消滅掉，不在死後拖著祂去投胎，所以不再有未來世的自己重新出生，剩下如來藏獨存而離見聞覺知，成爲寂靜的無餘涅槃；可是阿羅漢們的如來藏是本來就不生不死地住在涅槃中，祂是本來就涅槃。所以說，繫縛與解脫都是依如來藏而說的：當如來藏出生了五陰時就是被生死繫縛了，當如來藏不再出生未來世的五陰時就是解脫生死了。可是解脫了生死以後仍然是如來藏，而流轉生死時也是由不生不死本來解脫的如來藏，出生了五陰在生死流轉，而本來解脫的如來藏與繫縛於生死的五陰同時並存。所以說，繫縛與解脫並不是兩個法，而是同一個如來藏，因此 世尊就說「縛脫無二」。

諸位明心以後來聽我說的這些法義，就知道：其實「根塵同源」也就是「縛脫無二」。因爲是先有六根與六塵的存在才能再出生六識，於是就有十八界合成五陰來生死流轉，而六根、六塵與六識全都出自如來藏心，出生以後也都緊緊依附於如來藏心才能生死流轉；正當十八界合成的五陰正在生死流轉當中，如來藏卻仍然處於涅槃之中，從來都無生死。佛弟子證悟如來藏後，經由對六根與六塵同樣源於如來藏的觀察，證實了「根塵同源」的道理時，自然就會知道生死流轉的根本處所即是如來藏；因爲生死流轉的六根與六塵，都同樣源於不生不死的如來藏，所以生死流轉也是源於如來藏。而如來藏自身從來離生死，從來住於涅槃中，所以現觀「根塵同源」時就會了知「縛脫無二」。因此我們才說：「根塵同源」已經表顯了「縛脫無二」。

當八識心王存在時，就同時有繫縛與解脫了！而解脫不是修來的，二乘解脫是把自己滅了叫作解脫，大乘法中的解脫卻是本來解脫的，也是所有不迴心大阿羅漢們所不敢否定的。當我說明：二乘解脫的涅槃境界，就是把自己五陰十八界全部滅除，永遠不再出生未來世的五陰十八界自己了。可是現代所有大法師們，以及他們座下的徒弟們，不論是法師或居士，都不信我說的話，他們心中想：「哎呀！這樣的解脫，我修它幹什麼？當我像蕭平實講的那樣修證解脫以後，原來是自我全部消失掉，這怎麼行呢？」他們都是這樣想的，所以都不願意接受我說的「十八界俱滅即是無餘涅槃」。那你們說說看：這些人一天到晚在說要斷我見、斷我執，還說要**消融自我**（編案：此是聖嚴法師當時的弘法主軸），但是他們的我見、我執究竟斷了沒？他們的五陰自我消融了沒？全都沒有！始終都不肯讓自己消失，不斷地抓緊五陰自我、十八界自我，怎麼能叫作斷我見、我執？不肯承認見聞覺知心自己是生滅心，堅持自己必須分明存在，而且是緊緊地抓著自己不肯放，又怎麼能喚作**消融自我**？全都是自欺欺人之談啊！所以說，解脫、繫縛並沒有差別，都在自己身上：是如來藏不生不死的解脫本來就存在著，而五陰十八界的生死繫縛也同時存在。這是解脫與繫縛同時同處並存的，不是異時異處存在的，所以才說**「根塵同源，縛脫無二」**。

接下來說：「**識性虛妄，猶如空花。**」前六識根本就是虛妄性的心，猶如虛空中妄生的花朵一樣。譬如身體衰弱、頭昏眼花時，往往會看見滿天都是花，或者看見滿天的星星——眼冒金星，都是妄生妄滅的無常法。識陰等六識正是這樣，當色身正常而不勞累時，識陰六識就出現了；等你很疲累而睡著了，六識可就全都斷滅不見了；而且六識只能存在一世，不能去到下一世繼續存在；下一世的識陰六識可都是全新的，不是由這一世的六識往生去下一世，現在的這六識豈不是如同空花一樣嗎？往生去下一世時，十八界中只剩下意根還存在；眠熟時只有意根與五色根還在，前六識及六塵全都斷滅了，這不正是空花一樣嗎？

要等到五色根疲勞消除了，覺知心才又在意根主導下再度出現；如果身體很累，還沒有睡到疲勞消除的時候，六識覺知心是不會出現的；即使勉強出現了，也是不太情願出現的，總是覺得昏沈無力，很想繼續睡覺。若是覺知心出現以後發覺並不是什麼緊急重要的事情時，意根又會作主而讓覺知心再度中斷而消失；那時就算有人想要讓他再醒過來，可是由於身體很累，意根就使他的識陰六識很不容易醒過來，於是眼睛才剛張開一下，隨即又闔下去，又昏睡了！可見六識覺知心眞的猶如空花，一直都是每天早上出現後，晚上就消滅了，每天都是生滅不停而不是常住不斷的。並且覺知心也無法去到未來世，因爲覺知心是依這一世的五色根爲緣而有的；依這一世的五色根而出現的六識覺知心，怎麼可能去到未來世？因爲未來世另外有全新的五色根，自然會由如來藏藉未來世的五色根來出生新的覺知心。這一世的覺知心無法緣於未來世的五色根，所以未來世的六識覺知心是依未來世的五色根配合意根才能出生的，當然不是這一世的覺知心去依附未來世的五色根，當然這一世的意識無法去到未來世；因此說，由根與塵爲緣而生起的覺知心，當然如同空花一般虛妄不實。

如果覺知心能夠去到未來世，那麼你們現在一定已經精神錯亂了！因爲以前無量世的意識都可以延續過來這一世，而未來每一世的五色根爲緣又都會出生全新的意識，就會有許多意識覺知心同時存在，那麼多的意識要如何共存呢？假使眞的如此，我說，台灣全島從北到南全都建了精神病院，也還是不夠容納精神病患的。既然是根塵觸等三法和合而有識陰覺知心，請問：過往每一世的意識若是都可以來到這一世，那你累積下來到這一世時將會有多少意識覺知心？豈不是要精神錯亂了嗎？假使有大法師說：「每一世的意識都是同一個覺知心，不是依各世不同的五色根爲緣而各別出生世世不同的覺知心。」那我倒是要請問他們：那你前世學習很多世間法而懂得很多事情的覺知心入胎後，應當是清楚明白地住於母胎中，並且也應當都記得往世的每一世做了什麼重要的事，但您眞的記得每一世的重要事情嗎？他們當然都是無法回答我的問話。所以識性眞的虛妄，絕對不眞，猶如空花。

一般人修行時，總是想要把六識見聞覺知心當作是眞實不壞的自我。說老實話，不止是一般修行人這樣想，中台山的惟覺法師、法鼓山的聖嚴法師、佛光山的星雲法師、慈濟的證嚴法師，全都是這樣妄想的啊！都認為見聞覺知心只要不起妄想、不起煩惱、不起妄念，就是眞如心了，都說這樣就叫作開悟。

以前我曾說過：「我這一世的師父聖嚴法師，從來都不敢說開悟是悟個什麼內容。根本就不能稱之為開悟者。」我私底下一直這麼講，這話傳來傳去；他被逼急了，於是不得不寫出來，就在《動靜皆自在》書中把他的「悟境」寫了出來。否則人家會說：「師父！你沒有悟，所以才講不出悟的內容。」於是只好講了出來。可是越講越糟糕（雖然以前他還沒有明講，我卻老早就斷定了），因為他在書中講的是：如果人家罵你，你都不起念，心中沒有煩惱，那你就是開悟啦！說這樣就是悟境現前啦！有時又說：如果能夠起念以後馬上就消失掉，心裡很平靜，不再生起煩惱了，這樣就是悟境現前。那眞的很簡單，依照他這個標準，凡是修養好的人全都是悟境現前了！因為他們心中縱使生起煩惱，也能立刻放下而不會再生起妄想或煩惱，那當然就是悟境現前啦！那些人當然也就是證得聖嚴法師所說的禪宗開悟境界了！接下來若是永遠都不會再生起這一類煩惱、妄想，當然也就是大悟徹底了！那麼，這種說法倒是**有一點點**符合聲聞羅漢們的修證，這樣子說來，應該所有阿羅漢們都是大悟徹底的菩薩囉！可是阿羅漢們爲什麼還是不懂實相般若呢？爲什麼還會有三乘菩提的差別呢？所以問題就出現了。（編案：聖嚴法師直到死前都還不會禪宗參禪應有的看話頭功夫，都是教導徒眾們在心中以言語重複唸著一句話來反問自己，這其實已經落入話尾中了。連看話頭的功夫都不會，我見未斷，亦未證得如來藏心而繼續否定如來藏，至死不改，竟然可以宣稱開悟，應名之爲「奢言開悟」。）

因此說，凡是落到六識中，就全都是悟錯的凡夫。如果能夠把六識觀察清楚，了知識陰覺知心等六識都是斷滅的、虛妄的，都是容易生起也很容易斷滅的，自然就知道覺知心的虛妄性，解脫道的第一步就完成了——三縛結已經斷除了。接著還要去觀察意根，意根也是虛妄心啊！雖然意根從無量劫以來就不曾間斷過，但是入了無餘涅槃時還是要永遠斷除啊！意根就是處處作主的心，祂既是可以永遠斷除的心，怎麼可以說是常住不壞法呢？應該是入了無餘涅槃以後還繼續存在的心，才是常住法，那就是如來藏。如來藏從來離見聞覺知，從來都不思量，這樣才符合三法印中的「涅槃寂靜」印。否則，繼續有意根與意識存在時，必然是同時還有六塵存在的，那麼無餘涅槃怎麼可以稱爲「寂靜」呢？豈不是違背了三法印中的「涅槃寂靜」印？因爲有覺有知時就一定有六塵——至少還有法塵，就不是眞正的寂靜了；由此可以證實識陰覺知心是虛妄性的生滅心，因此說「識性虛妄，猶如空花。」凡是學佛人，第一步要作的觀行就是現前觀察識陰覺知心等六識，從本以來虛妄，易起易斷。能夠如此確實觀出來的人，才是永斷我見的聲聞初果或大乘通教初果人，但仍然不是佛菩提道中的見道者，仍然無法稍微懂得楞嚴法義。

然後 佛就開示說：「阿難啊！由於有身外的外相分六塵而引生了身中的內相分六塵，所以藉著六塵爲緣才會發起覺知性。」所以只要落到覺知之中，就已經落入虛妄法了。因爲 世尊已經開示說「由塵發知」啊！沒有六塵就不會有覺知心，既然是「由塵發知」，當然證明覺知心是藉六塵來發起的，當然是虛妄性的生滅心。而知覺性正是識陰六識的自性，這六識性是如何生起的呢？《阿含經》中 世尊說，識陰等六識覺知心，全都是藉二法爲因緣而出生的，所謂根與塵二法相觸。譬如眼根觸色塵而生眼識，乃至意根觸法塵而生意識。這已經很清楚告訴大家了：識陰覺知心等六識全都是生滅心，不是眞實的自我，所以才說五陰、十八界全都無我。唯識增上慧學的第三轉法輪諸經中也都是這樣講的，印順等人怎麼可以說唯識諸經所講的法義有錯誤呢？

因此說，由根與塵相觸作爲因緣，才能夠發起識陰覺知心，才會有對六塵的知覺性；又因爲有六根存在，才會有種種的六塵法相；如果沒有六根，六塵相就不會在覺知心中現起，所以　世尊說「由塵發知，因根有相」。可是六根以及所面對的六塵相出現時，有情就能夠有所見了。這個「見」是廣義的說法，也就是見分的意思，是函蓋見、聞、嗅、嚐、覺、知等識陰六識的自性；也就是說，凡是能夠了知、能夠識別六塵等功能，就叫作「見」。被見的相分與能見的見分，全都沒有眞實不壞的體性；相與見就如同掃把一樣不眞實，都是聚合所成的，不是本自存在的常住法。掃把是先用蘆葦綁成一小股又一小股，然後把三小股的蘆葦交合起來綁成一隻掃把。如果不是三股蘆葦而少了一股，掃把就很容易折斷，所以掃把必須要三股交合起來綁緊。這樣假合而成的掃把，把它詳細分析下去，其實沒有掃把的眞實性存在，整個全都是假合而成的。

又如同一種名爲交蘆的植物一般，本是同根所生的二莖植物，互相依倚而矗立在沼澤中，看來卻好像是二株植物；這二株植物都是空心而無實質，不能單獨存在，推究它們的實質時，還是得要歸源於水下的同一個根源。覺知心見分以及六塵相分的道理也是一樣，所以說「**相見無性，同於交蘆**」，是說**相分**與**見分**全都沒有能夠自己單獨常住的眞實體性，就好像蘆葦綁成的掃把或交蘆都沒有自體性，全都是因緣所生法，卻都同樣是源自同一處，一般無二；有智慧的人都應該深入探究：相分六塵與見分六識都無單獨存在的自性，又是以什麼爲根源才能出生的？

由於這個緣故，所以 世尊說：**大眾都應該知道，在能知能見的諸法中，去建立其中能知的心，作爲眞實不壞的法性，作爲常住不壞的自我，這種見解就是俱生無明的根本**。請問大家：知與見如何出生的呢？藉六塵爲緣出生的。而六塵如何出生的呢？藉六根爲緣出生的。六根又如何出生的呢？從如來藏中生出來，而能知能見與六塵也都與六根一樣是從如來藏中出生的，只是藉緣有多有寡的差別而已，莫不是從如來藏心中出生的。如今竟然有大法師們異口同聲地主張，意識覺知心是常住不壞底眞如心，正是這部經中 世尊所說的「**知見立知**」底愚癡人，這些大法師們正是落入「**無明本**」之中。覺知心的能知能見功能，都藉六塵與六根爲緣而從如來藏心中生出來的；六塵是相，六識覺知心是見，見與相又都藉六根才能從如來藏心中生出來。如果沒有六根，如來藏就不能變生六塵與覺知心六識——不能變生六識覺知心。所以，六識覺知心是最後才被如來藏變生出來的，六根與六塵——相，尚且不是常住法，藉相而從如來藏心中變生出來的六識覺知心——見，又怎麼會是常住不壞底眞如心呢？所以說現代諸大法師們眞是愚癡啊！他們究竟有沒有瞭解六根與六塵呢？究竟有沒有瞭解六識覺知心的本質呢？而這只是最基礎的聲聞解脫道中就應該有所瞭解的粗淺法義，他們卻都不知道，他們究竟是如何學法、如何「開悟」的呢？眞是令人百思不解！

如來藏變生了六根以後，才能夠藉具足的六根去接觸外相分六塵，然後藉外六塵再變生內相分六塵出來；有了內相分六塵相，然後六識覺知心才能出現；如果沒有先變生出六塵相，六識覺知心見分是不可能出現的。換句話說，如果沒有內相分的六塵出生而存在著，一切有情都將醒不過來，因爲覺知心六識絕對不可能出生的。我這樣說，已經夠明白了：覺知心絕對是生滅心——意識絕對是生滅心。如果你知道了這個道理，就知道那些大法師們的落處：他們都是想要從能知能見之中，把能知的心建立爲眞實常住不壞的根本心、建立爲常住不壞底眞如心，就是落入俱生無明之中。這個我見就是俱生無明的根本，所以他們都是世尊所斥責的「知見立知，即無明本」的愚癡人。

「**知見無見，斯即涅槃無漏真淨，**」如果能夠知道：從能知能見的心存在的當下，找到當下還有另一個不知也不見的心，那個心就是涅槃心、就是無漏心、就是眞淨心，就證得菩薩摩訶薩所證的**本來自性清淨涅槃**了，這才是無漏而眞實清淨的法。「**無見**」是說沒有見分，就是要找到一個不見、不嗅、不聞、不嚐、不觸、不知的如來藏心。如果有人能夠從能知能見的當下，找到那個從來不知亦不見的如來藏心，這心就是涅槃，就是無漏，就是眞正的清淨性。這樣「**知見無見**」底人，就是找到離見聞覺知的如來藏心而成爲菩薩摩訶薩了。

請問你們找到了如來藏的同修們：所找到的如來藏心，有沒有符合涅槃、無漏、眞淨等體性？（眾答：有！）你們禪三剛明心回來的人，現在都可以當場這樣檢查看看。凡是從知見之中建立一個能知的心，作爲常住心的人，都在禪三時被我殺掉了！凡是誰錯認有覺知的心，我們就殺；殺到最後再也沒有可以被殺的，只剩下如來藏時，那個無覺無知的如來藏心，都還有人不敢承擔下來啊！總是有些人到最後實在沒辦法了，被逼之下才不得不承擔下來，因爲只剩下祂，再也沒有別的心可以被找到了！那時不承擔下來，又該如何呢？只好心不甘、情不願地承擔下來。這就是說，有些人眞是我見深厚，五陰死得很不甘心啊！最後沒辦法了，又想要開悟明心，只好把剩下唯一的那個如來藏心承擔下來：「**眞的就是祂！**」這可得要眞的「死掉」五陰自己才行！

如今承擔下來了，現在你們可以印證這一段經文：從知與見當中找到有一個從來不知不見的心，那個心就是涅槃、就是無漏法、就是眞實清淨的心。可是卻不許離開知與見的自己，而想要找到那個不知不見的如來藏心。當你離開了知與見，就沒有自我可以參禪了，當然絕對找不到不知不見的如來藏心。換句話說，如果出了三界，就找不到如來藏了！想要找到如來藏，還得要在三界中找，因爲若是出了三界時，就沒有覺知心存在了，還能有誰來找出如來藏心的所在呢？所以成佛之道不在三界外，而是在三界內，從來沒有人是出三界外成佛的。

這時找到了無見又無知的如來藏，就能看見如來藏心自己就是涅槃，祂是從來無漏的，也是本來就已是清淨性，不需要我們來轉變祂的自體性，只需要轉變祂所含藏的我們覺知心自己，一步又一步地轉依於本來自性清淨涅槃的不知也不見的如來藏心，就可以漸次成佛了。既然我們不淨的覺知心自己，從來都是在如來藏所變生的五陰十八界中生存著，從來都在如來藏變生的相分與見分中生存著，本來就住在涅槃、無漏、眞淨的如來藏心中，從來不曾住於如來藏心外，這時雖然還在生死繫縛之中，卻是本來就解脫、無縛、無染的。當你現觀到自己本來就住在如來藏的涅槃、無漏、眞淨之中，改認不生不死底如來藏心爲自己時，那麼自己本來就無生亦無死、無漏亦無染，那你何必再拿一些不相干的事物而指稱是涅槃、是無漏、是眞淨，怎能眞的把這些子虛烏有的建立法容納到如來藏的涅槃法界中來呢？所以 世尊才說：「云何是中更容他物？」

【爾時世尊欲重宣此義而說偈言：

真性有為空，緣生故如幻；無為無起滅，不實如空花。
言妄顯諸真，妄真同二妄；猶非真非真，云何見所見？
中間無實性，是故若交蘆；結解同所因，聖凡無二路。
汝觀交中性，空有二俱非；迷晦即無明，發明便解脫。
解結因次第，六解一亦亡；根選擇圓通，入流成正覺。

陀那微細識，習氣成暴流；真非真恐迷，我常不開演。
自心取自心，非幻成幻法；不取無非幻，非幻尚不生，
幻法云何立？
是名妙蓮華，金剛王寶覺，如幻三摩提，彈指超無學。
此阿毘達磨，十方薄伽梵，一路涅槃門。

於是阿難及諸大眾，聞佛如來無上慈誨祇夜伽陀，雜糅精瑩妙理清徹，心目開明，歎未曾有。阿難合掌頂禮白佛：「我今聞佛無遮大悲性淨妙常真實法句，心猶未達六解一亡舒結倫次，惟垂大慈，再愍斯會及與將來，施以法音，洗滌沉垢。」

講記：這時世尊想要讓大眾聽得更明白，想要重新宣示以上所說的微妙法義，所以重新演說了以下的偈頌：

眞實的法性既是有爲也是空性，
眞實空性所出生的蘊處界都是因緣所生的緣故而說猶如幻化；
各種無爲法自身是沒有生起與斷滅的時候，
但卻同樣不眞實而猶如虛空中妄生妄滅的花朵一般。
我說諸法虛妄，是在顯示諸法同屬眞心如來藏所有而都眞實不壞，

當有人說有妄也有眞的時候，已經同樣落入二種虛妄法中了；
所說出來底無爲法既然仍舊不是眞實法而非眞，
那麼又如何可以執著能見的覺知心所見的各種法性是眞實的呢？
在眞實法如來藏所出生的相與見中間，並沒有一個眞實不壞性，
由這個緣故而說相分與見分都如同掃把或交蘆一般虛妄；
結縛的形成與解開之處，都是同一個所因，
聖賢與凡夫之所行其實並無二路，同樣要依六根來實行。
你阿難應該現前觀察見分與相分互交中間有不知不見的眞心法性，
當你說祂是空或是有的時候，這兩種說法都是不正確的；
迷惑而晦昧於實相法界如來藏處的時候就說是無明，
發明了實相法界如來藏處而出生了智慧時便稱爲證得解脫了。
然而悟後想要解開生死結縛時卻要依循於結縛產生時的次第，
當六根中的六個結都解開了以後，六結所歸的一也就跟著消失了；
從六根之中選擇其中一種最圓通的法門出來，
進入聖者之流而亡失六根中的結縛時就可以成就無上正覺了。
在阿陀那這個覺知性很微細的第八識心中，

其中的習氣種子流注而出，便使六識心如同暴流一般不間斷；
這個阿陀那識究竟是眞實心或者不是眞實心，
這法義實在太深妙而恐怕眾生聽了會產生迷惑，
所以我釋迦牟尼在大多數時間都是不開示演說出來的。
眾生都是由自心如來藏所生的見分來執取如來藏自心所生的相分，
全都落入自心如來藏所生的見分與相分之中，
使本來歸屬常住如來藏而非幻的蘊處界，反而成爲幻化不實法；
若是轉依如來藏心而不取著所生的蘊處界等法時，
如來藏自心所生的蘊處界就不再是幻化不實法了；
這時住在如來藏自心境界來看待所生蘊處界諸法時，
所說蘊處界非幻這個法尚且不會出生於覺知心中，
那麼所謂蘊處界幻化不實的說法又如何能夠成立呢？
這樣子現觀的菩薩就是證得殊勝微妙蓮花的人，
就是證得常住不壞性的金剛王的寶貴覺悟者；
像這樣子實證了如幻三摩提的人，
如同彈指一樣快速地超越了聲聞無學的解脫智慧。

我這樣針對法義而作的論議——這種殊勝的阿毘達磨，正是十方一切諸佛所開示的，唯一正路的究竟涅槃法門。

當世尊把這個重新述說法義的偈子—重頌—說完了以後，當時阿難及諸大眾聽聞了佛陀如來無上慈心的教誨重頌法偈，把以上所說的微妙法義雜糅成爲重頌，變成精瑩微妙的正理，很清澈地顯示出來。這時阿難與諸大眾心眼已經打開而明白無遮了，也就是開悟佛菩提了，所以讚歎這是以前所未曾聽聞過的勝妙法。這時阿難合掌頂禮 世尊，向 世尊稟白說：「我如今聽聞佛陀無所遮隱，純依大悲心而說出來的本性清淨微妙常住的眞實法句，但是我心中還沒有達到完全理解『六解一亡』的打開生死結的各種次第；惟願世尊垂下大慈之心，再度憐愍同在這個法會中的大眾，也憐憫將來的佛弟子們，請再度以法音布施給我們，洗滌大眾沈積已久的污垢。」

接下來我們就來一一解釋世尊重說的這些偈子，把這個重頌中的眞實義重新顯示出來：**爾時世尊欲重宣此義而說偈言**：「**真性有為空，緣生故如幻；無為無起滅，不實如空花**。」眞性是說眞實心的法性，又名空性；祂既具備了有爲法的特性，但心體無所攀緣而同時具備無爲法的特性；並且無形無色，所以也稱爲空性。凡是有爲法都是緣生所以如幻，只是暫時而有、幻化所生的法性，本無而今有，所以又說爲空——性空；但一切有爲法也是由空性如來藏所生，也都要攝歸如來藏空性之內，因爲全都不能外於空性心如來藏而存在，所以說「眞性有爲空，緣生故如幻」。空性如來藏所出生的一切有爲法，全都緣生如幻；而空性如來藏在祂所出生的如幻有爲法中運作時，祂本身卻是無爲性，也是常住而不曾起滅的。可是依如來藏的無爲性而施設了種種不同的無爲法時，這一切無爲法卻只是如來藏的所顯法，所以說無爲法並無起滅——只是恆時不間斷地顯示無起無滅的如來藏的無爲法性。

即使說是無爲法，也還是猶如空花一般地不實在。爲什麼是這樣呢？或許有人剛才聽說如來藏是無爲法，因爲是眞實、無漏、眞淨，怎麼到這裡卻說「無爲法無起也無滅」，又說「不實如空花」呢？那麼我們就來解說六種無爲的本質吧！聽完而且理解了以後，就會知道六種無爲法確實都無起滅，也確實是不實如空花。可是要開講六種無爲法的體性之前，卻先要談一談別的法義，這是因爲上週有人問：「『法身的體性是如來藏阿賴耶識』，這樣的說法是根據哪一部佛典中明說的？還是依據其他經典對法身的描述而作出這樣的推論，而認爲如來藏所描述的體性是與法身一樣的，才有這樣子的說法？」由於上週有人提出了這樣的質問，而這個質問與本經的法義有密切關聯，所以留在今晚要先回覆這個題目，再回來解說本經。

請諸位務必要把我的書，每一本都要好好研讀；我在一九九七年就出版的這一本書中（編案：平實導師手中拿著《生命實相之辨正》小冊展示給大眾），都已經把這些問題說明過了，現在已經是二〇〇二年，經過五年之久了，怎麼還需要再提出這個問題呢？（編案：這是由已退轉的楊先生等人故意在講經前所提出的質疑，他們不承認阿賴耶識心體即是法身如來藏，想要否定正覺所證的阿賴耶識心）這是在目錄之後的內文第一頁中，就已經載明了的。我在這裡要把第一頁所載明的《佛說不增不減經》中的一些經文唸給諸位聽，質疑者所質難的疑問也就煙消雲散了：「**舍利弗！甚深義者即是第一義諦，第一義諦者即是眾生界，眾生界者即是如來藏，如來藏者即是法身。**」這段經文中有沒有明說如來藏就是法身呢？（眾答：明說了）已經是明說了！只是問這問題的人自己少讀經論，又不肯遍讀我的書而導致自生疑惑罷了！

眾生界就是如來藏，如來藏就是法身，而如來藏就是阿賴耶識，所以阿賴耶識就是法身啊！一切有情眾生都是由自己的如來藏所出生的，所以每一個人身中都背著一面「古鏡」，卻總是向我說：「**我找不到自己的古鏡。**」就這樣被無明所遮障，這就是無明眾生。佛在這段經文後，接著又說：「舍利弗！即此法身，過於恆沙無邊煩惱所纏，從無始世來隨順世間，波浪漂流往來生死，名爲眾生。」這個法身如來藏，被超過恆河沙數的煩惱所纏縛，所以從無始劫以來就隨順著世間法波浪而漂流不停，這樣不斷往來生死的人就叫作眾生。

可是如果換到另一個不同境界的人，佛卻說：「即此法身，」就這個如來藏法身來說，如果祂所出生的五蘊身心，由於「厭離世間生死苦惱，棄捨一切諸有欲求，行十波羅蜜，攝八萬四千法門，修菩提行，名爲菩薩。」所以眾生與菩薩的差別，在於是貪愛境界流轉生死，或是勤修十度波羅蜜多——勤修佛菩提。凡夫眾生與諸地菩薩們，都同樣有法身如來藏，這已經是明著告訴你說：法身就是如來藏。這又何必再提出質問呢？當然，還有別的經典中也有這樣的開示，您是否應該先讀過經典以後，如果眞的找不到經文依據，再來請問呢？其實我們以前也有講過別的經典，其中也明說法身叫作阿賴耶識。我這本書中還有舉出經文說，法身就是阿賴耶識啊！可是爲什麼您不先去讀一讀呢？若是讀過了，就不必再當眾質問我這個問題，浪費了大眾的時間。接著回到《楞嚴經》的經文來。

「**無為無起滅**，」無爲法爲什麼無起滅呢？無爲法一般說有六種無爲：虛空無爲、擇滅無爲、非擇滅無爲、不動無爲、想受滅無爲、眞如無爲。這六種無爲法爲什麼是無起滅的呢？你們以前聽過我講解《成唯識論》的人，且先回想一下：《成唯識論》──也就是百法明門──其中是怎麼說六種無爲的呢：

百法明門中的偈是「**一切最勝故，與此相應故，二所現影故，三位差別故，四所顯示故。**」「**一切最勝故**」是指八識心王，因爲八識心王是一切法中最殊勝的，捨離八識心王時就沒有一法可得了。第二句是「與此相應故」，以前有一位法師擅自把「與此相應故」的前面加上「一、二」，成爲「一、與此相應故」，然後增補爲「三、二所現影故，四、三位差別故，五、四所顯示故。」眞是錯到一塌糊塗，這樣子也敢爲人講解唯識法門。「**與此相應故**」，是講八識心王總共有五十一個心所有法，這五十一個心所有法是與「此」八識心王相應的，所以五十一個心所法就被說爲「與此相應故」，「此」是指八識心王。

接下來第三句「**二所現影故**」，是指色法。色法共有十一個，即是五色根、五塵、法處所攝色。由八識心王加上五十一個心所有法，就可以互相配合而映現出色蘊中的十一個色法。十一個色法是由八識心王與五十一個心所有法共同運作而映現出來的暫時假有的影像，也就是我們的色蘊身體及五塵與法處所攝的色塵。當**一切最勝的**八識心王加上**與此相應**的五十一個心所有法時，映現出來的影像就是**二所現影**的色身及六塵。據說有一位法師在佛學院教書時，在「二所現影故」上面還加上「三、」，成爲「三、二所現影故」，這表示他完全不懂唯識法義。（心所有法又簡稱爲心所法。）十一個色法是由八識心王、五十一個心所有法等兩位共五十九個法所顯現出來的影像，於是有了色身及六塵等。

然後是第四個部分「**三位差別故**」：二十四個心不相應行法。這二十四個心不相應行法，是「三位差別」的緣「故」而有的；意思是說，這二十四個心不相應行法，有的部分是八識心王所表顯的，有的部分是五十一個心所法表顯出來的，有的部分則是由十一個色法表顯出來的，由這三位（也就是心法、心所法、色法）等三位諸法的差別不同，而有這二十四個心不相應行法。到此地步，有了八識心王、五十一心所法、十一個色法，再加上這二十四個「三位差別故」所生的二十四個心不相應行法，具足這四位九十四法以後，才能夠有最後的六個無爲法被顯示出來，所以最後六個無爲法是「**四所**

顯示故」。不是由前面四個單元九十四法所出生，而是「四所顯示」；特別強調是「顯示」而不是「出生」。所以我的書裡面所寫的出生、顯示，這兩個詞的意思完全不一樣！所生法有功能作用，所顯法無功能作用。

爲什麼六種無爲法都是「四所顯示」而不是獨有、自在的呢？我們現在先來講虛空無爲。有很多人把虛空無爲當作是虛空，然而虛空是無法，跟我們有情、跟佛法有什麼關聯？要特地來講虛空作什麼？事實上，虛空只是「色邊色」，是依色法而有，若沒有色法就沒有虛空可言；所以是依色法空無之處立名爲虛空，所以虛空與有情身心無關。六個無爲法中的第一個是虛空無爲，是講眞如心如來藏的體性，是說衆生的如來藏心性無爲無作猶如虛空一般，所以依如來藏心的無爲法性立名爲虛空無爲，不是將無色法的處所立名爲虛空無爲，因此說虛空無爲「不實如空花」。如來藏猶如虛空，意思是說如來藏隱藏於一切衆生身中，祂的體性猶如虛空，非色、非聲亦非香味觸法——從來不在六塵中生起一念貪厭，心性猶如虛空無爲無作。

可是，當你們禪三破參明心回來以後，親眼看見衆生身中的如來藏性如虛空，就是親見虛空無爲了；這個虛空無爲的法性，如果離開了如來藏以及祂所生的七識心王，如果離開了祂直接間接所生的五十一心所有法，離開了祂的色法，離開了祂的二十四個心不相應行法，還能夠看得到祂的虛空無爲嗎？這個虛空無爲還能夠顯示出來嗎？絕對顯示不出來。一定要有這四位九十四個法共同運作，才能使有情生命存在，才能夠顯示出如來藏在五蘊身中的虛空無爲，所以虛空無爲「不實如空花」。可是這個虛空無爲有出現、有消滅嗎？都沒有啊！因爲如來藏心體始終是那樣猶如虛空而無爲無作啊！無始劫以前就已經是如此，所以祂的虛空無爲並沒有生起的時候。當有情在三界流轉時，如來藏的虛空無爲始終還是這樣；當有情活著時是這樣，有情死的時候如來藏的虛空無爲還是這樣；悶絕時是這樣，睡著無夢時也是這樣；睡著有夢時是這樣，入了滅盡定、無想定時還是這樣，所以虛空無爲是不曾有生，將來也是一樣不會有滅啊！因此世尊說「無爲無起滅」。

如來藏的虛空無爲只是顯示出來給你看的，一切證悟如來藏的人都可以看得見這個虛空無爲，並不是修行以後才出生的；而這個虛空無爲並不是所生法，而是一直都存在於如來藏心體的運作過程中，不斷地顯示出來，「不實如空花」。即使一隻螞蟻，從來都沒有修行，牠的如來藏顯示的虛空無爲還是那樣存在著；你若是有慧眼時，就能看清楚牠的虛空無爲分明顯現出來，而且是本來就無爲，不是修行以後才生出來的，所以「無爲無起滅」。

現代的大法師們都不懂這個道理，當然也是不能現觀這個眞實理，所以他們都想要把意識覺知心修出這個虛空無爲法，因此始終入不了佛法內門，一直率領著廣大徒眾流轉於外門中。

虛空無爲是本來就存在的，因爲是如來藏的所顯性；而如來藏心是無始以來就在的，因此虛空無爲也是無始就在，當然是從來都無起滅的。如來藏心的眞性，固然也具備了無漏有爲的法性，但那只是出生萬法的功德，而不是在世間法中生起執著的有爲性，七識心對世間法生起的執著性是有漏性的有爲法。如來藏雖然具備無漏有爲法的功德，可是祂也具備了空性；如來藏的無漏有爲法所出生的蘊處界諸法都是緣生緣滅，所以說「**緣生故如幻**」；但如來藏自身的無爲法性猶如虛空一般永遠都無所著，永遠分明顯現著，所以沒有起也沒有滅，永遠存在，因爲是「四所顯示」嘛！是由八識心王、五十一心所法、十一個色法、二十四個心不相應行法的和合運作而顯示出有情眾生各自如來藏的虛空無爲，所以虛空無爲不是修來的，而是在九十四種法性中所顯示的如來藏猶如虛空一般無爲的法性。當你證悟如來藏了，就可以清楚地看見如來藏所顯示的虛空無爲，自然會知道虛空無爲是無起也無滅的；你若沒有證悟如來藏，就一定看不見祂的虛空無爲。定性聲聞阿羅漢由於沒有證得如來藏心，所以就不能看見虛空無為，連第七、八識的心所法都無法了知，自然也無法修習許多心不相應行法，當然是無法如實修證百法明門妙法的。

接著再來說六無為中的不動無為吧！不動無為是講第四禪的定境，是通凡夫與聖人的。當凡夫位的佛弟子進入第四禪時，住在第四禪等至位中，首先是心跳停了，接下來呼吸也跟著停止了；剛開始是呼吸很微細，但是最後心跳停止時，呼吸也就隨後跟著停下來了。這時意識覺知心完全不接觸五塵，也不會生起極微細妄念，這時就是不動無為的境界。可是當你住在第四禪的等至位中，在不動無為境界中，請問：若是離開了八識心王等四位九十四法，這個不動無為還能顯示出來嗎？絕對不行！因為那時你都死了，還能有第四禪定境嗎？還有二十四個心不相應行法中的「得」嗎？還有「眾同分」嗎？連色身都壞掉了，當然不會有眾同分了，那時當然不再有第四禪中的不動無為了，所以說「不實如空花」。然而不動無為卻仍然在如來藏心體上面顯現著，所以「無為無起滅」。

所以在你覺知心中，當你證得第四禪而且聽我解說過了，就知道自己正在四禪等至位時就是不動無為。可是你處於第四禪等至位時並不知道自己正在不動無爲中；因爲第四禪是捨清淨、念清淨的，所以定境當中沒有念存在；當你知道那時正在不動無爲中的時候，已經生起了極微細而且無言語的妄念了，那你就隨即離開了第四禪等至位，又落回到三禪中了。然後你在三禪中觀察剛才的定境時才知道：「哎呀！原來剛才的定境就是不動無爲。」可是請問你：這個不動無爲的境界相，如果沒有前四位九十四法的和合運作，這個排在第五位中的不動無爲能夠顯示出來嗎？絕對不行的，因此而說無爲法「不實如空花」。

而凡夫位的這個不動無爲其實也是本來就在的，不是你修來的，它是被顯示出來的。怎麼說呢？因爲不管你修與不修，第四禪的不動無爲體性本來就在，只是眾生迷失了，所以後來沒有辦法進入第四禪中。但那個功能性仍然是存在的，它的種子仍然存在；你只要再度把意識與意根降伏了，就可以重新住入第四禪中，於是就有能力顯示不動無爲了。而這不動無爲有起有滅嗎？沒有！它是始終存在的。其實不動無爲的現行也是存在著，是依附於如來藏而存在，但因爲意識覺知心暫時不能夠降伏不動，所以不能入第四禪中；可是一旦意識入了第四禪等至位中，其實還是由如來藏來顯示這個不動無爲；然而如來藏的不動無爲其實是本來早就存在著的，所以這個無爲法也是沒有起滅的，因此 世尊說「**無爲無起滅**」。

至於想受滅無爲，請諸位觀察看看，如果離開「一切最勝故……」等四位九十四法，想受滅無爲還能夠存在嗎？想受滅無爲就是滅盡定，滅盡定是無爲法；如果沒有了五色根，只剩下意根，就沒有辦法入滅盡定中安住了。所以，想要入滅盡定中住，還得要五浮塵根及五勝義根是完好的；如果發瘋了，或是五色根壞了，想受滅無爲就跟著不存在，或者根本修不起來。但是，當你入了滅盡定中，那個滅盡定所顯示出來的無爲性，仍然是由四位九十四法所顯示出來的；滅盡定這個法在法界中並不是實有法，只是把第二位「**與此相應故**」的大多數心所有法中斷——把前六識中斷而消失了，此時沒有識陰六識的見聞覺知，只剩下意根五遍行中的觸、作意、思三個心所有法存在，也就是意根的受與想也滅了，才能叫作滅盡定——想受滅無爲。

可是當俱解脫阿羅漢住在滅盡定中，具足顯示想受滅無爲時，若沒有正常的色身，能入住這個定中嗎？若沒有八識心王中的如來藏，單單有七轉識，能入此定中嗎？如果沒有前六識配合來作等引，你能入此定中嗎？就好比發射火箭，若沒有最粗大的、最先被拋棄的火箭，最後那一節最細的載人火箭是上不了太空的；同樣的道理，必須先有最粗的色身、然後要有極粗糙的意識等六識，接著還要具足八識心王的心所有法，再有十一個色法的運作，並且有一些心不相應行法的存在而被即將入定的阿羅漢所觀察，然後這位阿羅漢才能依次第中斷五塵、前五識的心所法、前五識、五色根、心不相應行法、不動無爲、意識的心所法、意識、意根的受與想，這時才能住入滅盡定中而顯示想受滅無爲的境界，成就想受滅無爲。由此看來，在人間示現想受滅無爲，顯然必須有諸法配合才能漸次成就的，所以 世尊說無爲法「不實如空花」。

可是，當俱解脫的阿羅漢入定而顯示想受滅無爲法時，這個想受滅無爲法其實是本來就存在的。因爲想受滅無爲只是回復到五塵、前五識的心所法、前五識、五色根、心不相應行法、不動無爲、意識的心所法、意識等法尚未生起以前的狀態；然而不動無爲與想受滅無爲的狀態是在這些法出生以前就已經存在著的，只是因爲五塵等法出生以後太明顯、太光亮了，使人們無法注意到極微細的不動無爲與想受滅無爲存在的狀態，所以六無爲中的不動無爲與想受滅無爲也是本來就存在著的——從來不曾生起過；既不曾生起過，又怎麼會有消滅可說呢？所以想受滅無爲也是「無起滅」的。然而想受滅無爲固然是無起也無滅，卻仍然不是眞實法，因爲無爲法只是所顯法，從表面看來其實是由前四位九十四法再加上不動無爲的生起與拋棄以後才能顯示出來的，所以又說「不實如空花」。今天只能講到這三個無爲法的無起亦無滅，剩下三個無爲法，我們下一週再來說。

……（講經前的當場答問，移轉到《電子報》〈般若信箱〉，以廣利學人，此處容略）以上的問題回答完了，繼續講《楞嚴經》。上週講到八十四頁重頌的第一行「無爲無起滅，不實如空花」。無爲法略說有六種無爲，上週我們已經講解了三種無爲法的「無起滅」，接下來再講擇滅無爲、非擇滅無爲和眞如無爲的「無起滅」與「不實如空花」。這六種無爲概略說明以後，諸位自然能瞭解無爲法爲什麼是「無起滅」的，爲什麼「不實如空花」。在一般人的觀念中，都認爲無爲法一定是不生不滅的；但無爲法的不生不滅，有它不可混淆的定位；絕對不可以混淆，免得修道過程中產生障礙。上週講了三種無爲，現在再講擇滅無爲。

擇滅無爲，是經由見道之後—不論是三乘菩提的哪一種見道—由於見道的關係所以有了見地（未見道前只有知見而無見地），從見地去作觀察，就能夠作各種揀擇，因此對於哪些事該作、是善法，哪些事不應該作、是染法，都能夠揀擇。能揀擇就不會再落入染污法中，就不會再造作引生未來輪迴的惡業種，或者引生貪於欲界法、色界法、無色界法的善業種；當這種能促使修行者遠離貪著的抉擇智慧存在時，即能揀擇善惡而知所進退，這種能夠揀擇而顯示出來的無爲性，就是擇滅無爲。但是這個離染而能抉擇的智慧，固然不是本來存在，而是經由智慧的揀擇所產生的無爲性，所以就把這種見道及修道所引生的智慧能力叫作擇滅無爲。換句話說，是經過見道或修道的智慧作了揀擇以後而轉依成功所出生的無爲法，是由於智慧揀擇而滅除染污法所顯現出來的無爲性，就是擇滅無爲。但這個擇滅無爲也是「無起滅」的，只是回復到七轉識的不善心所法生起以前的狀態，這道理與虛空無爲、不動無爲、想受滅無爲的「無起滅」是一樣的。

六無爲中的第五個無爲法是非擇滅無爲。非擇滅無爲，是說已經證得阿羅漢果了（在大乘法中是指入地菩薩），是已經證得解脫道的極果了，從此以後在世間遊行時，不會再造作任何惡業，也不會對三界善業生起貪著而產生造作善業的執著；是由於覺知心與意根被修行清淨而且成爲習慣了，不會再有貪染的心行生起（當然習氣種子還是存在的，但大乘菩薩入地以後都已經開始斷除習氣種子的修行過程了）；這時不必再起意揀擇某些事情是否應該做，凡是起心動念時都能直接遠離有爲有作的行爲，這叫作非擇滅無爲。也就是說，這時的心性是清淨的，是不必再經由見道、修道的智慧來做抉擇的，是自然而然不會再生起惡口、惡行的——非經抉擇而自然滅除有爲有作的行爲——非擇滅無爲。這個非擇滅無爲也是「無起滅」的，仍然是回復到七轉識的不善心所法生起以前的狀態，其道理與虛空無爲、不動無爲、想受滅無爲、擇滅無爲的「無起滅」是一樣的，卻也是要經由前四位九十四法來顯示的，不是自己存在的，所以說「不實如空花」。

最後一種是眞如無爲。當你修行到達佛地時，八識心王具足顯現眞如理體，顯示八識心王都已經究竟清淨、本性清淨。不但現行運作時是清淨的，而且所含藏的七轉識種子與心所法也都是究竟清淨的；這時一切有漏法種全部斷盡了，連習氣種子都已經斷盡無餘了，而且於實相法界無所不知，這時是究竟而眞正的如。此時的第八識無垢識也能完全流露出所有功德，因此才有大圓鏡智，能使其餘的妙觀察智、平等性智具足圓滿，也因此才能使前五識生起成所作智，這就是佛地的眞如無爲。

因地有沒有眞如無爲呢？還是有的！因爲如來藏心在因地中，仍然是一樣顯示眞如無爲的，只是祂的眞如無爲功德，不能像佛地一樣顯示無垢識所流注出來四智圓明的功德。可是因地的眞如無爲，依舊是本來就存在著的，所以當你們證得如來藏時，就能立即觀察如來藏的眞實性與如如性。這時是由自己證實如來藏確實有眞實性，因爲祂不但眞實存在，而且還是出生名色萬法的實相心，確實符合「眞如」二字裡的「眞」字。而如來藏漸次出生了十八界及萬法以後又時時處處顯示祂擁有一切法界—擁有一切法的功能差別—一切法的功能都從祂的心體中流注出來；而祂在一切法中卻從來都不生起貪愛或厭惡的心行，一直都是無分別地支應著有情所需的一切法——住於一切法中運作著；卻同時如如不動而不作取捨，只由七識心有情自己去作取捨，所以是永遠如如不動的，完全符合「眞如」中的「如」字；證得如來藏以後能夠這樣觀察如來藏的眞實與如如的自性，就稱爲證眞如。所以如來藏在因地時就已經顯示祂的眞如無爲了，當然要說「無爲無起滅」。而這個眞如無爲雖是本來就已經存在著的，仍然是要藉前四位諸法才能顯示出來，仍是前四位諸法的所顯法，而且並沒有三界有爲法的功用，所以 世尊說「不實如空花」。眞如無爲是由無生無滅而常住不壞的如來藏自身藉諸法所顯示出來的，既是本已存在的，乃至將來成佛以後仍然不會滅壞，所以同樣是「無起滅」的。這樣解說了以後，也已經顯示六種無爲法是無起也無滅的，因此世尊說「無爲無起滅」。

第六個眞如無爲與第一個虛空無爲是相對而說的，虛空無爲是說眾生在凡夫地的第八識如來藏性如虛空，猶如金剛不能毀壞，是側重在祂的體性猶如虛空一樣沒有任何執著性。所有的執著性，譬如第八識如來藏對於業種的收集，都是由七轉識所造作而被如來藏自動集藏的。但如來藏並沒有起意想要收藏業種，心性猶如虛空一樣地無爲無作；只是因爲有情從來都生活在如來藏所生的十八界五陰之中，而五陰十八界都存在於如來藏之內，所以有情不曾生活在如來藏心外；因此有情所造作的業行完成而落謝爲種子時，當然也不會落謝在如來藏心體以外，那些業種當然無可避免地由如來藏收存了。這樣看來，收藏分段生死種子的集藏性，其實還是由七轉識產生的；但因爲七轉識攝歸如來藏，使得如來藏一直都有這種集藏性，於是如來藏在這個階段中就被稱爲阿賴耶識，阿賴耶就是能藏、所藏、集藏的意思。由於如來藏還沒有到達佛地眞如無爲的境界，但是從博地凡夫的如來藏而觀，七轉識不斷造作生死業而使如來藏集藏生死種子時，如來藏心性依舊猶如虛空一般無爲無作；即使不斷地收存有情的業種，卻不是特地起心動念去收藏、去執行的，所以說如來藏在因地的無爲法性是虛空無爲。

證悟菩薩由此現觀而證實：凡夫地的第八識自性是清淨的，但是所含藏的七轉識卻是污垢的，因此才有所含藏的分段生死種子收藏著，如來藏才被稱為阿賴耶識（阿賴耶是指對於分段生死種子的能藏與所藏性，是由七轉識的我愛而產生的執藏性）；然而阿賴耶識心體如來藏，自身卻沒有想要收藏生死種子的心所法——沒有收藏生死種子及業種的「欲心所」。正是因為如來藏阿賴耶識心體時時顯現這種猶如虛空無取無捨的清淨自性，所以立名為虛空無為。而虛空無為是指因地有情如來藏的本來自性清淨性，所以六無為中的第一個虛空無為，與第六個眞如無為是兩個對比性的無為法，是在顯示出因地與果地的無為法性的外貌有其差別，然而心體的無為自性是一樣的，只是所含藏的種子有迥然不同的差別。

這樣講解完了，請大家來揀擇這六個無為法，來觀察一下虛空無為是依什麼而建立？是依如來藏嘛！所以其實虛空無為只是如來藏依祂的無漏性而無所作為，所顯示出來的本來清淨自性。虛空無為也是如來藏在三界中的種種作為中所顯示出來的金剛性、虛空性、無貪染性、無厭惡性，所以虛空無為既然是依如來藏心體而顯現出來的，當然虛空無為本身沒有自性，不是實體法。既不是實體法，怎麼可以說是眞實法呢？所以「不實如空花」。虛空無為既然只是如來藏所顯現出來的一個現象，現象是沒有作用的，當然不能說虛空無為是眞實法，因此世尊說無為法「不實如虛空」。那麼虛空無為有沒有起滅過呢？從來都沒有啊！因為這一種如來藏的自性是從無量劫以前就是這樣的；既然無量劫以前就是這樣，是從來就是這樣，本來就是這樣，那麼虛空無為哪有起的時候呢？所以虛空無為當然就不會有滅失的時候，因此說「無為無起滅」。

不動無為是由於證得第四禪而有，可是第四禪的境界，也許有人會懷疑說：「第四禪的無為境界是由於修定而證得，所以才有不動無為，顯然是後來才有的，是修而後有。」可是請問：第四禪等至位的不動無為境界，是不是因為如來藏常住不移、不變、不化，才能夠使七轉識藉色身來修行而證得第四禪的不動無為？請問：追根究柢而推究到最後，你會發覺不動無為的體性是從哪裡來的呢？其實還是從如來藏來的啊！一旦離了如來藏，就沒有不動無為可證。譬如你現在證得第四禪而有不動無為了，請問：這第四禪的境界是如來藏中沒有這個功能性，所以你是外於如來藏而單獨由意識證得的嗎？當然不行！得要如來藏中本來就有這個功能性，只是因為被欲界及色界的三禪天以下煩惱染污所遮障，所以使你證不得，其實是因為有欲界及色界三禪天以下的煩惱而遮住了第四禪的不動無為；但是這些煩惱存在的當下，不動無爲還是存在著，只是沒有被顯示出來而已。

當你把欲界及色界三禪天以下的境界愛修除掉了，如來藏原本所顯示的不動無爲就分明地被你看見了，所以不動無爲仍然是你本來就有的，依舊是如來藏所顯示出來的體性。不動無爲是在有情正處於紛亂狀態之下時，就已經是存在著的；就好像你還沒有明心之前，你的如來藏依舊是本來清淨自在地存在著；同樣的道理，由於有情還沒有經過修行而無法修除遮蓋不動無爲的染污法，所以無法使不動無爲分明地顯示出來。所以，從證得種智的菩薩來看，不動無爲並沒有起滅；但是實證第四禪的凡夫們，沒有智慧如此觀察，就會以爲第四禪的境界是修來的，不是原本就有的；當然他們更沒有智慧來觀察第四禪等至位中的不動無爲，於是才會炫耀自己，公開宣示自己證得涅槃而犯下大妄語業。

這個不動無爲的證得是通凡夫位的，先決條件就是證得第四禪；要先證得第四禪以後，才能入觀不動無爲，成就不動無爲的現觀。至於第四禪證得的方法，等將來我們有了根本道場而可以容納一千人一起靜坐修學禪定時，那時可能已經有兩、三千人明心了（編案：這是二〇〇二年所說，爲了防止再有人如二〇〇三年初楊榮燦先生等人一樣退轉而否定第八識心，自從二〇〇三年夏初開始，已將明心的勘驗標準提高，每年四個梯次禪三精進共修，大約只能有二十人被印證明心），那我們就會開講枯木禪，專講初禪到四禪的修習方法。

我們是受生來復興佛教的，不是來毀滅佛教的，不是那些凡夫大法師們所毀謗的邪魔外道。那時我們將要開講枯木禪，依自己的實證及方法來教導大眾實證四禪；而那些毀謗我的大法師們，到那個時候仍然是連初禪都無法實證的。那時我將會從欲界定、未到定、初禪，一直講到第四禪。至於四空定，我大概不會教導諸位修證，因爲諸佛都以第四禪爲根本禪定，證得四空定對菩薩道沒有什麼大作用。對三地滿心前的菩薩而言，只要證到第四禪就足夠了。如果得了四禪，其餘的四空定，只要稍微講一下，你就可以證得了，不必多費脣舌。所以將來根本道場完成時，就是我們開講枯木禪的時候，就是要教你們親證不動無爲的時候。當你們證得不動無爲時，可以再作觀察而回想我今天所講的話，檢查我有沒有騙你，那時你就會證實：不動無爲果然沒有起滅。

可是你再來檢查不動無爲—證得第四禪所產生的不動無爲—會使你不再被三禪天以下的火災、水災、風災所破壞、所困擾，也因此而建立不動無爲之名，可是這個無爲仍然不是眞實法；因爲這個不動無爲是由許多的助緣促成，才能夠顯現出來。但它不是所生法，而是本來就在的，是本來就在你的五蘊中存在的，卻要經由修除或壓伏煩惱才能顯現出來。要有五蘊、十二處、十八界具足，才能住在人間，才能夠修成而顯示出不動無爲。可是不動無爲的修成與存在，還是依附於如來藏而存在的，當然不可以說是眞實法。其實它根本就是如來藏法，所以說它「不實如空花」。

不動無爲是所顯法而不是所生法，所生法有作用，所顯法沒有作用；所以，由意識心所出生的第四禪定力會有作用，而第四禪所顯示的不動無爲卻沒有作用。爲什麼叫作顯呢？是因爲祂本來存在，藉緣顯示出來；只是三禪以下的煩惱還沒有被降伏或斷除，所以不動無爲被煩惱遮蓋住；當遮蓋它的煩惱被修除了，於是不動無爲就被顯示出來了，所以是被顯現而不是被生的法。所以將來如果你證得第四禪時，會外若是有不懂裝懂的人對你說：「你說證第四禪了，請你把境界拿來給我看。」你說：「這沒有境界啊！」如果勉強要說有境界的話，那就是入了定以後，呼吸停了、心跳停了、異於常人而顯示出來；但是呼吸及心跳停止了，是有境界嗎？沒有！只是顯現原有的境界不見了，顯示出第四禪中是無爲性的，所以不動無爲是所顯法，不是所生法，因此 世尊說「無爲無起滅」。不動無爲既然依舊是依止如來藏所顯現出來的無境界境界，當然不能說它是眞實法，所以世尊說「不實如空花」。又如想受滅無爲，我們來觀察俱解脫阿羅漢入了滅盡定時，那個滅盡定中有什麼境界可說呢？都沒有！那時有什麼所得呢？也都沒有！如果有人要求阿羅漢：「你把滅盡定拿出來我看。」他一定說：「我沒辦法拿出來。」因爲這是無境界法、無所得法，怎麼能夠拿得出來呢？這又不像神通有所得法、有境界法。想受滅無爲，是六識滅盡而無見聞覺知了，那時意根五遍行中的受與想兩個心所法也滅了，只剩下意根對於法塵的觸、作意、思三個心所法，怎麼可能會有境界呢？

意根在滅受想定中與眠熟位中並不一樣，眠熟位中識陰全部滅盡，剩下意根；滅受想定中也是識陰全部滅盡而剩下意根，但眠熟位中的意根不但五遍行心所法具足，還有別境心所法中的慧心所，雖然意根的慧心所功能很差。在滅受想定中的意根卻只有五遍行中的三個心所法——觸、作意、思，已經滅掉受與想兩個心所法，也沒有五別境心所法中的慧心所，因此滅受想定的境界與眠熟位的境界是大不相同的，同樣的部分只是識陰全部滅盡而沒有覺知心對六塵的見聞覺知。由於睡覺時意根的五遍行心所法全部都還在，而且意根的慧心所也還在，所以半夜裡身體受壓迫久了以後會翻身，蚊子叮得很厲害時會去抓癢，因爲意根的受想與慧還在。但滅盡定中意根的受想不存在了，別境的慧心所也不在了，不到該出定時，臀部再痛也不會知道有痛覺，蚊子叮得很厲害時也不會有痛癢感覺。所以想受滅無爲所依的滅受想定中，與睡著無夢的境界是大不相同的。

那麼滅盡定無爲，是所生法嗎？當然也不是！因爲滅盡定無爲—想受滅無爲—的境界其實在有情身中本來就存在，只是因爲還無法控制自己，所以讓你前六識不斷地現前運作，以致於前六識與意根的五遍行心所法及別境心所法具足現行運作，把想受滅無爲的定境遮蓋了，其實這個定境還是存在的。就好比一張紙下面本來就有的物品，由於被紙遮蓋而無法顯示出來；只要把紙拿掉了，紙下原來的物品就顯示出來。滅盡定的境界也是本來就有的，只是被煩惱所遮蓋，因此就無法顯示出來，所以滅盡定所顯示的無爲性，仍然不是有生起的法性；既無生起，當然就沒有滅壞時。

但想受滅無爲的顯示，是依滅受想定來施設的；而滅受想定的境界，是依八識心王、五十一心所法、十一個色法、二十四個心不相應行法、虛空無爲、擇滅無爲、非擇滅無爲、不動無爲來成就的；而這些法全都要歸結到「**一切最勝故**」的八識心王，八識心王中的七識心卻還要歸結到第八識如來藏來，所以被顯示出來的無為性卻還是依於不生不滅的如來藏而有；既然還是依如來藏而顯示出來的，而如來藏無始以來就是不生不滅的，當然想受滅無為也就無起也無滅了。而且，想受滅無為既然是依意根的心所法局部不現行而顯示出來的，並不是有生之法，哪裡會有起滅呢？所以想受滅無為也是本來就在的，因此世尊說：「無為無起滅。」

眾生都是因為沒有把我見與我執斷盡，也還沒有藉著修定而把我執種子習慣性地揉服，因此才會入不了滅盡定。所以依世俗法表相來看，就說「證得滅盡定時是滅盡定現前，是第一次證得」，其實滅盡定的境界是本來就在的。如同清水本來就在，只是被奶粉混雜而成為牛奶了，這時只要把奶粉的成分抽離了，就回復到原來清水的模樣了！這時就依奶粉成分的消除而說「清水還原」了，然而清水還是原來的清水，而「清水還原」就如同想受滅無為這個名詞一般全無作用，因為「清水還原」的名詞只是在顯示清水被還原的狀態，並不是實體法，當然沒有清水的功用。

所以說，無為法都是所顯法，都不是所生法。所以我的書中有時候說某某法是所顯法，有時說某某法是所生法，說所顯法與說所生法時的用意並不一樣。因為依某法所顯示出來的法相，是形容詞，不可能有作用；但所生法不一樣，是有某些特定法性存在的，當然是有作用的。不生不滅法的所顯法一定是無生滅、無起滅的，也是無作用的；然而所生法則是有生滅、有起滅的，也必然會有某些作用，譬如七識心是所生等等。我在書中的遣詞用字，很多人都不會感覺到；當你開始感覺到其中的遣詞用字不同是基於某些原因，這時就表示你的層次已經提升了，超出一般讀者的層次了。

那麼想受滅無爲，爲何它「不實如空花」呢？因爲祂是依如來藏而顯嘛！若是離了如來藏心，想受滅無爲就無法顯現出來，所以說祂是所顯法。但「不實如空花」的想受滅無爲只是一個名相，是個無所得、無境界法，怎麼可以說是被生出來的法呢？既然不是被生出來的法，當然是沒有任何作用的，怎麼可以說它是實體法？只有如來藏才是實體法，依如來藏所顯示的無爲法全都是所顯法，都無實體。虛空無爲、不動無爲、擇滅無爲、非擇滅無爲、眞如無爲也是同樣的道理；若是再細分而建立九無爲、十二無爲時，你們都可以依此類推而知。因此說：「無爲無起滅，不實如空花。」

這四句偈的含義很深，前兩句「眞性有爲空，緣生故如幻」，與後兩句「無爲無起滅，不實如空花」，是對比。怎麼對比的呢？眞性也就是說如來藏流注出來的妙眞如性—佛性—有眞實的體性，這個眞實體性能夠出生各種有為法，而所生的各種有為法其實也是空性如來藏中的一部分。所生的各種有為法既然被稱作有為法，一定是依眾緣而生起，必然沒有常住不壞的自在性，所以體性是空，這個**如來藏藉緣生起一切有為法**，才是真正的**緣起**性空。

二乘聖者證得**性空**而不證**緣起**，因為只看見諸法緣生緣滅、無常故空——諸法性空；然而諸法是如何**藉緣生起**的？二乘聖者卻不能實證並作現觀，只知道世尊是這麼說的：「**諸法是因為有根本識入胎、住胎，所以出生了名色而使諸法具足。**」但這個根本識何在呢？祂又是什麼模樣及心性呢？不迴心阿羅漢們全都無法現觀，當然無法了知這個識是如何生起名色而使諸法具足的。所以，既說緣起性空，當然不可能由所生法自己緣起、自己性空；凡是所生法——譬如名色——都是要依空性如來藏的「眞性」來出生，如來藏本來就有無漏性的有為法，能依有情的業種、習種來出生名色；有了名色以後就產生了有漏有為法，然後依於有漏有為法才能夠說有一個法叫作緣起性空。

有為法的生住異滅、緣生性空，是**世俗法**絕對的正理，就如同兔無角一般，是無法推翻的；但這卻是依常住法如來藏而有的，不曾涉及**實相法界**的正理，所以有為法的緣生性空並不是究竟的道理，只有如來藏妙義才是究竟的道理，才能具足顯示有為法的**緣起**以及性空的道理。譬如 佛在《楞伽經》

中所說，依牛有角而說有兔無角，若無牛角時就沒有兔無角這個法可說了；牛角是所生法，故有作用；牛有角這個名詞是所顯法，故無作用。兔無角是依牛有角而顯，是所顯法故無作用；牛角緣生性空而不是常住法，無金剛不壞性，依緣生性空的牛有角而施設的兔無角，當然是緣生無常的法性，當然不能顯出**緣起**的道理，自然不能說是實相法界的究竟眞諦。

同樣的道理，二乘菩提說五蘊十二處十八界緣生性空，請問這個緣生性空是依什麼而有的呢？（眾答：依蘊處界有。）當然是依蘊處界而有的嘛！蘊處界譬如牛角，當我們說蘊處界確實有的時候，就如同主張說牛有角一樣；然後再依牛有角的概念，當你看見一隻兔子時，觀察兔子頭上與牛的頭上不同時，就說兔子頭上無角。當你提出兔無角的說法，所有人都不能推翻你，因爲所有兔子的頭上都無角。然而，兔無角的說法是依牛有角而產生的，若不是人間有牛、羊等動物頭上長角，就不會有人產生兔無角的想法與說法。

同理，緣生性空的見地是依蘊處界的存在而產生的，但蘊處界究竟是從哪裡來的呢？是從如來藏中生出來的。如果沒有如來藏以及祂前世所蘊含的各類業種，怎麼可能有今世有情的蘊處界？若沒有今世的蘊處界就沒有蘊處界的緣生性空可說了！所以緣生性空不是法界實相，因爲緣生性空的道理不能獨自存有，是必須依附於蘊處界而有，然而蘊處界卻是依附於如來藏才有的。因此說，兔無角是依牛有角而有，緣生性空是依蘊處界有而存在；若離了蘊處界有，就沒有緣生性空法，所以緣生性空法依附蘊處界而存在。就好像虛空依物質的邊際而施設，於物質邊際之外才說有虛空；同樣的道理，凡是解說二乘法時都不能外於蘊處界而說緣生性空，更不能外於如來藏而說緣起性空，因爲外於如來藏時就不可能有蘊處界藉緣而起了；所以，若有人外於如來藏、否定如來藏，而說實有緣生性空的二乘菩提，而說有蘊處界藉緣而起，那就沒有因果可言啦！就成爲**無因唯緣論**的外道法，本質上是與斷見外道合流了。

無因論外道的說法是，一切法都是從緣而起，不需要有根本因，那就不是佛法中說的因緣法，也不能建立緣生法；因爲既無如來藏爲因，就不可能由什麼法來假藉諸緣而生起蘊處界呢！而蘊處界諸法是不可能自生的，也不可能由眾緣自行共生的；因此，「**眞性有爲空**」一句，已經蘊含了《解深密經》所說的三自性。可是《解深密經》又告訴你：三自性其實也是無自性，所以叫作三無性；但這是另一個層次的問題，必須親證如來藏以後，聽聞善知識的解說，才能理解其中的道理。這要等未來有機會時再來細說，若是略說，大家都不容易聽懂的。以後若有機會重講或註釋《解深密經》時，我們再來把它細說。

「**眞性有爲空**」，眞性—如來藏的妙眞如性—產生了有爲法；有爲性的諸法都是緣生故空，這也是說如來藏藉眾緣而生的諸法**緣起性空**。諸法是由如來藏**藉緣生起**的，生起之後必然緣生緣滅、無常故空，因此又說「**緣生故如幻**」。這就是說，由於有如來藏眞實法性存在而且永住，才能藉緣生起諸法而名「緣起性空」；若無如來藏心的常住恆存，是由什麼法來「藉緣」生起諸法呢？總不能由「無」來藉緣生起諸法吧？若是由「無」而藉緣生起諸法，就不符合「緣起」的道理，成爲諸法自己可以共生，只能說爲「諸法緣生緣滅」，即是無因而純憑眾緣即能生起諸法，當然是無因唯緣的緣生性空，成爲「無因論」外道見。因爲這不是由某一法藉眾緣而生起諸法，不符「緣起」的法則，就不能說這個法則是「有因有緣」的「緣起性空」，而只能單從事相的表面層次來說是無因唯緣的「緣生性空」了！

所以，「緣起性空」的前提一定是有一個常住的、本住的、不攝屬一切世間法的心，才能由這個實相法界心**藉眾緣**來**生起**諸法，而所生諸法無常性空。這樣的眞實理才能稱爲**緣起性空**法，能如此現觀的人，才是證得「緣起性空觀」的聖者；除此以外，阿羅漢乃至辟支佛都是尚未證得「緣起性空觀」的世俗諦聖者，不能與親證「緣起性空觀」的第一義諦菩薩相提並論。因爲諸菩薩摩訶薩都是現觀「如來藏心**藉眾緣生起**諸法」的賢聖，全都親證第一義諦了！阿羅漢們只能信受佛語，知有本識心常住不壞，由此本住法藉眾緣生起蘊處界等一切法，而所生的蘊處界一切法緣生性空；這只是信受佛語而說一切法緣生性空，沒有智慧親自現觀本識何在，不能現觀「**本識如何藉父母、四大、業種等緣來出生一切法**」，所以只是「**緣生性空觀**」的實證者，不是「**緣起性空觀**」的實證者。以此緣故，說「眞性」二字也是在指述「**緣起**性空」的道理。

而這個「眞性」函蓋很廣，最簡略的說，是說祂的無漏有爲性，也簡稱爲「有性」。如來藏依著所執持的業種、無明種，再依祂自己的「大種性自性」而住在母胎中出生了名色等有爲法，產生了蘊處界有，於是才有一切法。有了名色等有爲法以後，就有了**緣起性空**的知見或見地；但是緣起性空法是依蘊處界而顯示出來的，所以蘊處界及緣起性空法都是「**緣生故如幻**」；由此可知「緣生性空法」更是虛妄法——依有爲性的蘊處界而有，當然是虛相法而不是實相法。因爲緣生性空法依蘊處界而有，蘊處界既然緣生性空，所以蘊處界也是虛妄法。那麼蘊處界假合而有、暫時而有、從緣而生；因爲從緣而生所以如幻，依如幻的蘊處界而有的「緣生性空法」當然更是如幻法，不是實相法。只有依「如來藏藉緣生起諸法」的「緣起性空法」，表顯如來藏的眞實法界爲第一義諦，才是實相法，才符合實相法界的眞理，也才符合世尊三乘菩提聖教。

「**言妄顯諸真，妄真同二妄；猶非真非真，云何見所見？**」菩薩以一切法函蓋一切有爲法，而以百法明門總攝世出世間法；然而百法明門總攝世出世間法時，其中九十九法都屬於虛妄法，全都是在顯示八識心王中的第八識如來藏心的本住與恆存，只有祂是世出世間法，由祂含攝一切世間法與出世間法。如是顯示以後，眾生就可以由此建立佛道的入手方向：**只有親證第八識實相心，才能眞實進入佛道中實修。**親證後再來現觀百法明門時，就發覺：依未見道的眾生而言，應說無爲法是眞實法，教令一切求證佛道的眾生應該一一親證；親證後卻發覺六無爲、九無爲、十二無爲也都只是在顯示如來藏心的實存與涅槃性，因此了知一切無爲法也都是假藉名言來宣說給眾生了知，本無實質，於是現觀無爲法也是虛妄法；而諸佛親來人間解說這些無爲法的目的，無非是藉言說來使眾生了知諸法的虛妄，然後探究這些虛法的背後一定有一個眞實法，才是眾生據以成佛的憑藉，這就是「言妄顯諸眞」——以言語解說諸法的虛妄，而顯示出第一義諦中的種種眞實法理。

「言妄」二字，是講有爲法的部分。百法中的最後部分是六種無爲：虛空無爲、不動無爲、擇滅無爲、非擇滅無爲、想受滅無爲、眞如無爲。這六個無爲法是所顯法，經由「一切最勝故」的八識心王，「與此相應故」的五十一心所法，「二所現影故」的十一個色法，以及「三位差別故」所顯現出來的二十四個心不相應行法，有了這四位九十四法以後，才能夠顯示出最後這六種無爲法，名爲「四所顯示故」。五位百法有如是次第，然而八識心王卻是從第八識阿賴耶識如來藏的本住不壞性，以及能生萬法的自性作爲基石，才能有第七識意根，然後才由如來藏出生第六識意識，最後才藉意根與意識而由如來藏出生了眼耳鼻舌身等前五識，也是有次第性的；了知這個道理的人，才有資格熏習唯識增上慧學；實證第八識如來藏的菩薩，才有資格實修唯識增上慧學。

由此可以證實，這六個無爲法既然是所顯法，而且是本來就在的如來藏法在五位諸法中所顯示出來的狀態或現象，當然是伴隨著本住法如來藏而恆時顯現著的，不曾有過中斷時，怎麼可能是有起滅的？所以 世尊說「無爲無起滅」。無為法的法性跟前面所說如來藏的眞性有些不同，因為如來藏的眞性雖然無起滅，卻屬於無漏有為法；由如來藏的無漏有為法來出生蘊處界等一切法，而這些被如來藏所生的蘊處界等一切法，都是有生有滅的法性，也屬於有為有作的體性，當然是緣生緣滅而不是常住法，所以「不實如空花」。

但是，**緣起性空**是依實相法界本住法如來藏金剛心而說的，因此說能夠藉眾緣而生起諸法的如來藏，祂的眞性是無起滅的，所以緣起性空才是不生滅法，恆存於一切法界中；卻要藉著如來藏所出生的各種虛妄法，來顯示一切虛妄法都附屬於如來藏的眞性；也藉諸法不能無因而生、不能自行共生，來顯示如來藏的眞性確實恆存而具備了無漏有為的法性，而如來藏眞性卻是空無形色的。所以「眞性有為空、緣生故如幻」，也是藉著解說諸法的虛妄性，來顯示如來藏所具有的各種眞性，因此說「言妄顯諸眞」。既然「言妄顯諸眞」了，轉依眞實法如來藏眞性以後，卻依於從不分別六塵中一切法的如來藏自住境界，來反觀世間及出世間諸法時，就知道如來藏自身從來無所謂世間法或出世間法可說，也無所謂世間智慧與出世間智慧可說；這時若還是繼續以智慧作為如來藏的自住境界時，根本就違背了如來藏自身「無智亦無得、無無明、亦無無明盡」的實相境界了；所以付諸於言語解說如來藏的眞性時，那時所謂的眞性等言語，也都與所說的各種虛妄法一樣共同成爲虛妄法了，所以 世尊說「妄眞同二妄」。

如前所說，從如來藏阿賴耶識出生了七轉識而具足八識心王，然後才能有「與此」八識心王「相應故」的五十一個心所法，這樣次第性的出生諸法而在最後顯示六種無爲法；就藉著無爲法被顯示的法性，來解說如來藏以下的諸法全都是虛妄法；就在諸法緣生緣滅的虛妄性中，顯示背後必然有一個眞實法性的如來藏心，具有能生萬法的功德性。這樣的法義顯示了六種無爲法的被顯性及無起滅性。可是這六個無爲法若再衍生出來時，可以成爲九個無爲法或十二個無爲法，其實都只是再加以細分而說的，同樣都是如來藏心體在諸法中運作時所顯示出來的無爲法性。這些無爲法的法性，全都由如來藏直接或間接顯現出來的；而如來藏自身從來不加以了知，仍然住於無所分別、無所取捨的自心境界中，這就是「妄眞同二妄」的意思。

當你證得如來藏時，即是禪宗所說的「法身活」；其實法身如來藏是本來就在的，修學者還沒有找到這個法身實相以前，假名爲死；後來找到了法身如來藏時，便假名爲活——法身活。這個意思就是說，善知識主持精進禪修時，必須要將虛妄法的本質一一加以指斥；當你知道諸法都是虛妄法的時候，眞實法如來藏心才能夠顯現出來，這也是「言妄顯諸眞」。但是當我告訴你說這個如來藏是眞實法時，已經是落入語言文字中了，已經落入語言聲音中了；而我所說的語言聲音都是與妄心七識相應的，已經是跟妄心一樣虛妄的了，所以也因爲這個緣故而說「妄眞同二妄」。

但是學人可以藉著善知識虛妄的語言音聲的指導，從自己身中把眞心如來藏找出來；找到眞心如來藏以後，現觀如來藏離言絕境、心行處滅。「離言絕境」，是因爲如來藏從來不住於言語境界中，也不住於六塵境界中；就如一句禪宗名言所說的「言語道斷」，言語道是無法到達如來藏的境界中來的；所以說如來藏離語言道，如來藏從來不與語言之道相應。「心行處滅」，是因爲如來藏的自住境界並不是七轉識的心行所能到達的，所以眾生七轉識的心行永遠都到不了如來藏的自住境界中。

但是如來藏自身境界的「言語道斷」，並不是說如來藏的所在或體性形容不出來；事實上是可以形容出來的，未悟的菩薩就是經由證悟者的形容而證得如來藏心體；但善知識形容如來藏的言語，只是語言音聲而不是眞心如來藏。未悟者若是悟緣成熟了，都可以藉由善知識說法時對如來藏說明，向自己身中返觀，就能找到如來藏了。然而自己的如來藏卻是從來都不聽法、都不說法的，因爲言語之道無法存在於如來藏的境界中。而善知識在幫助悟緣成熟的有福德菩薩時，必須藉否定虛妄法來顯示眞實法，這也是「言妄顯諸眞」。但是等你找到如來藏而轉依如來藏的自住境界中時，發覺如來藏從來不與言語之道相應；這時若有人演說眞心妄心等法的差別時，所說的「眞心如來藏」與「妄心七轉識」等語言，尚且不是「眞心如來藏」與「妄心七轉識」，又如何能說如來藏眞心的自住境界中，有什麼能見與所見呢？所以世尊才說：「猶非『眞、非眞』，云何見、所見？」

從眞心如來藏的自住境界來說，沒有所謂的清淨世界或染污世界可言，因爲如來藏從來離六塵分別，當然沒有「眞、非眞」可說，自然也沒有「清淨世界、染污世界」可說。在這裡倒是想要請問諸位：極樂世界是清淨世界或是污穢世界？有人說是清淨世界，有沒有人認爲是污穢世界？請舉手！只有一位、二位，還有沒有人想舉手？（無人再舉手同意）這麼沒膽！我告訴諸位：極樂世界既是清淨世界，也是污穢世界。請大家想想看：三輩九品往生中的第三輩下品三生者，他們生到極樂世界去以後，長住在個人獨有的蓮花宮殿中聽經聞法，下品下生的人要住上極樂世界的十二個大劫，不是娑婆世界短劫的十二個大劫；那邊一天等於這裡一劫，請問等於娑婆世界的多少大劫呢？你想想看那是住多久？

且不說下品人，單說上品下生人，生到極樂世界以後要在蓮花宮殿中待一天一夜，等於娑婆世界的一個大劫；但是離開蓮花宮殿以後還見不到阿彌陀佛，只能見到兩位大士爲他說法；然後還要過那裡的三小劫，才能證得無生法忍而進入初地心中。但在我們娑婆世界中，因緣若具足的人，一世就進入初地了，相差有多麼大呢？所以別聽淨空法師說：「**能夠下品往生就很高興了。**」那是胡扯！下品中生人是造作十惡不赦惡業的大壞人，他們在蓮苞中要住極樂世界的六個大劫，那等於我們這裡的多久呢？而且出了蓮花以後都還見不到兩位大士，只能聽到兩位大士的聲音在說法；這樣聞法以後要等到什麼時候得入聲聞初果中？可就眞的不知道了！果報就只是不再墮入不淨世界中輪迴痛苦而已，就只是在那邊混日子。至於什麼時候能夠斷我見、證聲聞初果？不知道！更別說是找到如來藏而悟得般若了。

你們可以請出《觀無量壽佛經》來讀，下品下生人什麼時候能證得初果都不曉得；但是我們禪三一趟回來時，至少要斷三縛結而證初果；若是斷我見以後再找到如來藏了，這時不但是別教七住位，同時也是聲聞法中的初果人，因爲三縛結已經斷了嘛！這可眞是相差很遠呢！由這個道理來觀察極樂世界，從經文表面意思看來，極樂世界確實是清淨世界，因爲那裡的菩薩們都是「諸上善人」，當然是清淨世界。可是諸位若想一想：那些還住在蓮苞中，還無法從蓮苞中出來的人，他們心中正是污穢世界，因爲心中都是亂七八糟的亂想，想的都是不清淨的法；當他們心中的不清淨法還沒有消除掉以前，就得讓他們繼續住在蓮苞宮殿中不斷地聞熏佛法。讓他們聽上幾個大劫以後（譬如上品下生人要等待娑婆世界的一個大劫以後才會花開，再等待娑婆的七個大劫之中才能見佛，那等於我們這個世界多久的時間呢？）心終於清淨了，然後才讓他們從蓮苞中生出來，那就表示極樂世界的蓮苞中的世界是不淨世界，所以才要隔離開來，別來打擾極樂世界中的諸上善人修行。

也許有人聽了我這個說法以後，終於知道極樂世界的眞相了，心裡就想：「那我還求往生極樂作什麼呢？我不要求生極樂世界了。」不過，我還是要告訴大家：「還是要求生極樂世界。」因爲你們悟了以後往生極樂時，都可以上品上生啊！那眞是揀便宜，是跟阿彌陀佛佔便宜，所以我一向鼓勵大家要求上品上生。上品中生時我都不想去，所以若是紫金臺來迎接時，我還是不想去，得要用金剛臺來迎接時我才願意坐上去（編案：2010/4/25 在高雄巨蛋〈穿越時空——超意識〉演講中，平實導師已公開宣布不求生極樂世界，要繼續留在娑婆世界住持正法）。在正覺同修會中修法的人得要這樣子發願啊！能上品上生就可以很快入地，越是早入初地就越能早日成佛，就可以更快利益更多眾生，應該這樣發願。別老是想著自己只要不輪迴就好了，結果是本來可以求得上品上生、中生的人，竟然懈怠到連下品下生也願意去，眞是自了漢，也是自私自利的人。

可是到了極樂世界證悟以後，還是跟我們在娑婆世界所修學的正法一樣，仍然是「言妄顯諸眞」。因爲在蓮苞中的人們都還是污濁眾生，五濁還沒有消除掉，所以要不斷地告訴他們：蘊處界及一切法全都是虛妄的，同時告訴他們虛妄法存在的當下，就有眞實法性同時並存，才能成就緣起的正理。所以在極樂世界也同樣是「言妄顯諸眞」，因爲這正是諸佛常法。可是當眾生親證眞心如來藏時，觀察如來藏自心的離言法性、言語道斷的實相境界時，發覺一切解說眞心妄心的名言，全都是與如來藏自住境界不相干的，全都不與如來藏的自住境界相應；所謂的眞心等言語也都只是名相，並不等於眞心如來藏自體，也不等於眞心如來藏的心性，這時再說「眞心即是如來藏」時，所說也就跟妄心的虛妄一般無二了，這就是「妄眞同二妄」。這時所說的「眞與非眞」，尚且不是「眞與非眞」，因爲如來藏從來都不了知眞與妄，如何會有「眞」或「非眞」可說呢？在如來藏自住境界中，是從來都不了知六塵的，所以如來藏的實相法界中也沒有能見與所見，怎麼能在「見與所見」之中來執取眞與妄等二法呢？由於這個緣故，所以 世尊才說：「**猶非『眞、非眞』，云何『見、所見』？**」（未完，詳續第八輯中解說。）

佛菩提二主要道次第概要表——二道並修，以外無別佛法

佛菩提道——大菩提道

遠波羅蜜多

資糧位

十信位修集信心 —— 一劫乃至一萬劫

初住位修集布施功德（以財施爲主）。
二住位修集持戒功德。
三住位修集忍辱功德。
四住位修集精進功德。
五住位修集禪定功德。
六住位修集般若功德（熏習般若中觀及斷我見，加行位也）。

外門廣修六度萬行

見道位

七住位明心般若正觀現前，親證本來自性清淨涅槃。
八住位起於一切法現觀般若中道。漸除性障。
十住位眼見佛性，世界如幻觀成就。

一至十行位，於廣行六度萬行中，依般若中道慧，現觀陰處界猶如陽焰，至第十行滿心位，陽焰觀成就。

一至十迴向位熏習一切種智；修除性障，唯留最後一分思惑不斷。第十迴向滿心位成就菩薩道如夢觀。

內門廣修六度萬行

初地：第十迴向位滿心時，成就道種智一分（八識心王一一親證後，領受五法、三自性、七種第一義、七種性自性、二種無我法）復由勇發十無盡願，成通達位菩薩。復又永伏性障而不具斷，能證慧解脫而不取證，由大願故留惑潤生。此地主修法施波羅蜜多及百法明門。證「猶如鏡像」現觀，故滿初地心。

二地：初地功德滿足以後，再成就道種智一分而入二地；主修戒波羅蜜多及一切種智。滿心位成就「猶如光影」現觀，戒行自然清淨。

解脫道：二乘菩提

斷三縛結，成初果解脫

薄貪瞋癡，成二果解脫

斷五下分結，成三果解脫

入地前的四加行令煩惱障現行悉斷，成四果解脫，留惑潤生。分段生死已斷，煩惱障習氣種子開始斷除，兼斷無始無明上煩惱。

近波羅蜜多 — 大波羅蜜多 — 圓滿波羅蜜多

修道位 — 究竟位

三地：二地滿心再證道種智一分，故入三地。此地主修忍波羅蜜多及四禪八定、四無量心、五神通。能成就俱解脫果而不取證，留惑潤生。滿心位成就「猶如谷響」現觀及無漏妙定意生身。

四地：由三地再證道種智一分故入四地。主修精進波羅蜜多，於此土及他方世界廣度有緣，無有疲倦。進修一切種智，滿心位成就「如水中月」現觀。

五地：由四地再證道種智一分故入五地。主修禪定波羅蜜多及一切種智，斷除下乘涅槃貪。滿心位成就「變化所成」現觀。

六地：由五地再證道種智一分故入六地。此地主修般若波羅蜜多——依道種智現觀十二因緣一一有支及意生身化身，皆自心眞如變化所現，「非有似有」，成就細相觀，不由加行而自然證得滅盡定，成俱解脫大乘無學。

七地：由六地「非有似有」現觀，再證道種智一分故入七地。此地主修一切種智及方便波羅蜜多，由重觀十二有支一一支中之流轉門及還滅門一切細相，成就方便善巧，念念隨入滅盡定。滿心位證得「如犍闥婆城」現觀。

八地：由七地極細相觀成就故再證道種智一分而入八地。此地主修一切種智及願波羅蜜多。至滿心位純無相觀任運恆起，故於相土自在，滿心位復證「如實覺知諸法相意生身」故。

九地：由八地再證道種智一分故入九地。主修力波羅蜜多及一切種智，成就四無礙，滿心位證得「種類俱生無行作意生身」。

十地：由九地再證道種智一分故入此地。此地主修一切種智——智波羅蜜多。滿心位起大法智雲，及現起大法智雲所含藏種種功德，成受職菩薩。

等覺：由十地道種智成就故入此地。此地應修一切種智，圓滿等覺地無生法忍；於百劫中修集極廣大福德，以之圓滿三十二大人相及無量隨形好。

妙覺：示現受生人間已斷盡煩惱障一切習氣種子，並斷盡所知障一切隨眠，永斷變易生死無明，成就大般涅槃，四智圓明。人間捨壽後，報身常住色究竟天利樂十方地上菩薩；以諸化身利樂有情，永無盡期，成就究竟佛道。

七地滿心斷除故意保留之最後一分思惑時，煩惱障所攝色、受、想三陰有漏習氣種子全部斷盡。

煩惱障所攝行、識二陰無漏習氣種子任運漸斷，所知障所攝上煩惱任運漸斷。

斷盡變易生死
成就大般涅槃

圓滿成就究竟佛果

佛子蕭平實 謹製
（二〇〇九、〇二 修訂）
（二〇一二、〇二 增補）

佛教正覺同修會〈修學佛道次第表〉

第一階段

＊以憶佛及拜佛方式修習動中定力。
＊學第一義佛法及禪法知見。
＊無相拜佛功夫成就。
＊具備一念相續功夫—動靜中皆能看話頭。
＊努力培植福德資糧，勤修三福淨業。

第二階段

＊參話頭，參公案。
＊開悟明心，一片悟境。
＊鍛鍊功夫求見佛性。
＊眼見佛性〈餘五根亦如是〉親見世界如幻，成就如幻觀。
＊學習禪門差別智。
＊深入第一義經典。
＊修除性障及隨分修學禪定。
＊修證十行位陽焰觀。

第三階段

＊學一切種智真實正理—楞伽經、解深密經、成唯識論…。
＊參究末後句。
＊解悟末後句。
＊透牢關—親自體驗所悟末後句境界，親見實相，無得無失。
＊救護一切眾生迴向正道。護持了義正法，修證十迴向位如夢觀。
＊發十無盡願，修習百法明門，親證猶如鏡像現觀。
＊修除五蓋，發起禪定。持一切善法戒。親證猶如光影現觀。
＊進修四禪八定、四無量心、五神通。進修大乘種智，求證猶如谷響現觀。

佛教正覺同修會 共修現況 及 招生公告　2016/1/16

一、共修現況：（請在共修時間來電，以免無人接聽。）

台北正覺講堂 103 台北市承德路三段 277 號九樓 捷運淡水線圓山站旁
Tel..**總機** 02-25957295（晚上）（**分機：九樓**辦公室 10、11；知客櫃檯 12、13。 **十樓**知客櫃檯 15、16；書局櫃檯 14。 **五樓**辦公室 18；知客櫃檯 19。**二樓**辦公室 20；知客櫃檯 21。）
Fax..25954493

第一講堂 台北市承德路三段 277 號九樓

禪淨班：週一晚上班、週三晚上班、週四晚上班、週五晚上班、週六下午班、週六上午班（皆須報名建立學籍後始可參加共修，欲報名者詳見本公告末頁）

增上班：瑜伽師地論詳解：每月第一、三、五週之週末 17.50～20.50 平實導師講解（僅限已明心之會員參加）

禪門差別智：每月第一週日全天 平實導師主講（事冗暫停）。

佛藏經詳解 平實導師主講。已於 2013/12/17 開講，歡迎已發成佛大願的菩薩種性學人，攜眷共同參與此殊勝法會聽講。詳解 釋迦世尊於《佛藏經》中所開示的眞實義理，更爲今時後世佛子四眾，闡述佛陀演說此經的本懷。眞實尋求佛菩提道的有緣佛子，親承聽聞如是勝妙開示，當能如實理解經中義理，亦能了知於大乘法中：如何是諸法實相？善知識、惡知識要如何簡擇？如何才是清淨持戒？如何才能清淨說法？於此末法之世，眾生五濁益重，不知佛、不解法、不識僧，唯見表相，不信眞實，貪著五欲，諸方大師不淨說法，各各將導大量徒眾趣入三塗，如是師徒俱堪憐憫。是故，平實導師以大慈悲心，用淺白易懂之語句，佐以實例、譬喻而爲演說，普令聞者易解佛意，皆得契入佛法正道，如實了知佛法大藏。

此經中，對於實相念佛多所著墨，亦指出念佛要點：以實相爲依，念佛者應依止淨戒、依止清淨僧寶，捨離違犯重戒之師僧，應受學清淨之法，遠離邪見。本經是現代佛門大法師所厭惡之經典：一者由於大法師們已全都落入意識境界而無法親證實相，故於此經中所說實相全無所知，都不樂有人聞此經名，以免讀後提出問疑時無法回答；二者現代大乘佛法地區，已經普被藏密喇嘛教滲透，許多有名之大法師們大多已曾或繼續在修練雙身法，都已失去聲聞戒體及菩薩戒體，成爲地獄種姓人，已非眞正出家之人，本質只是身著僧衣而住在寺院中的世俗人。這些人對於此經都是讀不懂的，也是極爲厭惡的；他們尚不樂見此經之印行，何況流通與講解？今爲救護廣大學佛人，兼欲護持佛教血脈永續常傳，特選此經宣講之。每逢週二 18.50~20.50 開示，不限制聽講資格。會外人士需憑身分證件換證入內聽講（此是大樓管理處之安全規定，敬請見諒）。桃園、台中、台南、高雄等地講堂，亦於每週二晚上播放平實導師所講本經之 DVD，不必出示身分證件即可入內聽講，歡迎各地善信同霑法益。

第二講堂　台北市承德路三段 267 號十樓。

禪淨班：週一晚上班、週六下午班。

進階班：週三晚上班、週四晚上班、週五晚上班（禪淨班結業後轉入共修）。

佛藏經詳解：平實導師講解。每週二 18.50~20.50（影像音聲即時傳輸）。本會學員憑上課證進入聽講，會外學人請以身分證件換證進入聽講（此爲大樓管理處安全管理規定之要求，敬請諒解）。

第三講堂　台北市承德路三段 277 號五樓。

進階班：週一晚上班、週三晚上班、週四晚上班、週五晚上班。

佛藏經詳解：平實導師講解。每週二 18.50~20.50（影像音聲即時傳輸）。本會學員憑上課證進入聽講，會外學人請以身分證件換證進入聽講（此爲大樓管理處安全管理規定之要求，敬請諒解）。

第四講堂　台北市承德路三段 267 號二樓。

進階班：週一晚上班、週三晚上班、週四晚上班、週五晚上班（禪淨班結業後轉入共修）。

佛藏經詳解：平實導師講解。每週二 18.50~20.50（影像音聲即時傳輸）。本會學員憑上課證進入聽講，會外學人請以身分證件換證進入聽講（此爲大樓管理處安全管理規定之要求，敬請諒解）。

第五、第六講堂　爲**開放式講堂**，不需以身分證件換證即可進入聽講，台北市承德路三段 267 號地下一樓、地下二樓。已規劃整修完成，每逢週二晚上講經時段開放給會外人士自由聽經，請由大樓側面梯階逕行進入聽講。**聽講者請尊重講者的著作權及肖像權，請勿錄音錄影，以免違法；若有錄音錄影被查獲者，將依法處理。**

正覺祖師堂　大溪鎮美華里信義路 650 巷坑底 5 之 6 號（台 3 號省道 34 公里處 妙法寺對面斜坡道進入）電話 03-3886110　傳眞 03-3881692 本堂供奉 克勤圓悟大師，專供會員每年四月、十月各二次精進禪三共修，兼作本會出家菩薩掛單常住之用。除禪三時間以外，每逢單月第一週之週日 9:00~17:00 開放會內、外人士參訪，當天並提供午齋結緣。教內共修團體或道場，得另申請其餘時間作團體參訪，務請事先與常住確定日期，以便安排常住菩薩接引導覽，亦免妨礙常住菩薩之日常作息及修行。

桃園正覺講堂（第一、第二講堂）：桃園市介壽路 286、288 號 10 樓（陽明運動公園對面）電話：03-3749363（請於共修時聯繫，或與台北聯繫）

禪淨班：週一晚上班、週三晚上班、週四晚上班、週五晚上班。

進階班：週六上午班、週五晚上班。

佛藏經詳解：平實導師講解。每週二晚上，以台北正覺講堂所錄 DVD 放映；歡迎會外學人共同聽講，不需出示身分證件。

新竹正覺講堂 新竹市東光路 55 號二樓之一　電話 03-5724297（晚上）

第一講堂：

禪淨班：週一晚上班、週五晚上班、週六上午班。

進階班：週三晚上班、週四晚上班（由禪淨班結業後轉入共修）。

佛藏經詳解：平實導師講解。每週二晚上，以台北正覺講堂所錄 DVD 放映。歡迎會外學人共同聽講，不需出示身分證件。

第二講堂：

禪淨班：週三晚上班、週四晚上班。

佛藏經詳解：每週二晚上與第一講堂同時播放佛藏經詳解 DVD。

台中正覺講堂 04-23816090（晚上）

第一講堂 台中市南屯區五權西路二段 666 號 13 樓之四（國泰世華銀行樓上。鄰近縣市經第一高速公路前來者，由五權西路交流道可以快速到達，大樓旁有停車場，對面有素食館）。

禪淨班：週三晚上班、週四晚上班。

進階班：週一晚上班、週六上午班（由禪淨班結業後轉入共修）。

增上班：單週週末以台北增上班課程錄成 DVD 放映之，限已明心之會員參加。

佛藏經詳解：平實導師講解。每週二晚上，以台北正覺講堂所錄 DVD 放映。歡迎會外學人共同聽講，不需出示身分證件。

第二講堂 台中市南屯區五權西路二段 666 號 4 樓

禪淨班：週一晚上班、週三晚上班、週六上午班。

進階班：週五晚上班（由禪淨班結業後轉入共修）。

佛藏經詳解：每週二晚上與第一講堂同時播放佛藏經詳解 DVD。

第三講堂、第四講堂：台中市南屯區五權西路二段 666 號 4 樓。

嘉義正覺講堂 嘉義市友愛路 288 號八樓之一　電話：05–2318228

第一講堂：

禪淨班：週一晚上班、週四晚上班、週五晚上班。

進階班：週三晚上班（由禪淨班結業後轉入共修）。

佛藏經詳解：平實導師講解。每週二晚上，以台北正覺講堂所錄 DVD 放映。歡迎會外學人共同聽講，不需出示身分證件。

第二講堂 嘉義市友愛路 288 號八樓之二。

台南正覺講堂

第一講堂 台南市西門路四段 15 號 4 樓。06-2820541（晚上）

禪淨班：週一晚上班、週三晚上班、週四晚上班、週五晚上班、週六下午班。

增上班：單週週末下午，以台北增上班課程錄成 DVD 放映之，限已明心之會員參加。

佛藏經詳解：平實導師講解。每週二晚上，以台北正覺講堂所錄 DVD 放映。歡迎會外學人共同聽講，不需出示身分證件。

第二講堂　台南市西門路四段 15 號 3 樓。

佛藏經詳解：每週二晚上與第一講堂同時播放佛藏經詳解 DVD。

第三講堂　台南市西門路四段 15 號 3 樓。

進階班：週三晚上班、週四晚上班、週六上午班（由禪淨班結業後轉入共修）。

佛藏經詳解：每週二晚上與第一講堂同時播放佛藏經詳解 DVD。

高雄正覺講堂　高雄市新興區中正三路 45 號五樓 07-2234248（晚上）

第一講堂（五樓）：

禪淨班：週一晚上班、週三晚上班、週四晚上班、週五晚上班、週六上午班。

增上班：單週週末下午，以台北增上班課程錄成 DVD 放映之，限已明心之會員參加。

佛藏經詳解：平實導師講解。每週二晚上，以台北正覺講堂所錄 DVD 放映。歡迎會外學人共同聽講，不需出示身分證件。

第二講堂（四樓）：

進階班：週三晚上班、週四晚上班、週六上午班（由禪淨班結業後轉入共修）。

佛藏經詳解：每週二晚上與第一講堂同時播放佛藏經詳解 DVD。

第三講堂（三樓）：

進階班：週四晚上班（由禪淨班結業後轉入共修）。

香港正覺講堂　**☆已遷移新址☆**

九龍觀塘，成業街 10 號，電訊一代廣場 27 樓 E 室。

（觀塘地鐵站 B1 出口，步行約 4 分鐘）。電話：(852) 23262231

英文地址：Unit E, 27th Floor, TG Place, 10 Shing Yip Street, Kwun Tong, Kowloon

禪淨班：雙週六下午班 14:30-17:30，已經額滿。

雙週日下午班 14:30-17:30，2016 年 4 月底前尚可報名。

進階班：雙週五晚上班（由禪淨班結業後轉入共修）。

增上班：單週週末上午，以台北增上班課程錄成 DVD 放映之，限已明心之會員參加。

妙法蓮華經詳解：平實導師講解。雙週六 19:00-21:00，以台北正覺講堂所錄 DVD 放映；歡迎會外學人共同聽講，不需出示身分證件。

美國洛杉磯正覺講堂　☆已遷移新址☆

825 S. Lemon Ave Diamond Bar, CA 91798 U.S.A.
Tel. (909) 595-5222（請於週六 9:00~18:00 之間聯繫）
Cell. (626) 454-0607

禪淨班：每逢週末 15：30~17：30 上課。

進階班：每逢週末上午 10：00~12：00 上課。

佛藏經詳解：平實導師講解。每週六下午 13：00~15：00，以台北正覺講堂所錄 DVD 放映。歡迎各界人士共享第一義諦無上法益，不需報名。

二、招生公告　本會台北講堂及全省各講堂，每逢**四月、十月**下旬開新班，每週共修一次（每次二小時。開課日起三個月內仍可插班）；但美國洛杉磯共修處之禪淨班得隨時插班共修。各班共修期間皆爲二年半，欲參加者請向本會函索報名表（各共修處皆於共修時間方有人執事，非共修時間請勿電詢或前來洽詢、請書），或直接從本會官方網站(http://www.enlighten.org.tw/newsflash/class)或成佛之道網站下載報名表。共修期滿時，若經報名禪三審核通過者，可參加四天三夜之禪三精進共修，有機會明心、取證如來藏，發起般若實相智慧，成爲實義菩薩，脫離凡夫菩薩位。

三、新春禮佛祈福　農曆年假期間停止共修：自農曆新年前七天起停止共修與弘法，正月 8 日起回復共修、弘法事務。新春期間正月初一～初七 9.00～17.00 開放台北講堂、正月初一～初三開放新竹講堂、台中講堂、台南講堂、高雄講堂，以及大溪禪三道場（正覺祖師堂），方便會員供佛、祈福及會外人士請書。美國洛杉磯共修處之休假時間，請逕詢該共修處。

密宗四大派修雙身法，是外道性力派的邪法；又以生滅的識陰作為常住法，是常見外道，是假的藏傳佛教。

西藏覺囊巴以他空見弘揚第八識如來藏勝法，才是真藏傳佛教

佛教正覺同修會　弘法行事表

2017/03/31

1、**禪淨班**　以無相念佛及拜佛方式修習動中定力，實證一心不亂功夫。傳授解脫道正理及第一義諦佛法，以及參禪知見。共修期間：二年六個月。每逢四月、十月開新班，詳見招生公告表。

2、**《佛藏經》**詳解　平實導師主講。已於 2013/12/17 開講，歡迎已發成佛大願的菩薩種性學人，攜眷共同參與此殊勝法會聽講。詳解 釋迦世尊於《佛藏經》中所開示的眞實義理，更爲今時後世佛子四眾，闡述 佛陀演說此經的本懷。眞實尋求佛菩提道的有緣佛子，親承聽聞如是勝妙開示，當能如實理解經中義理，亦能了知於大乘法中：如何是諸法實相？善知識、惡知識要如何簡擇？如何才是清淨持戒？如何才能清淨說法？於此末法之世，眾生五濁益重，不知佛、不解法、不識僧，唯見表相，不信眞實，貪著五欲，諸方大師不淨說法，各各將導大量徒眾趣入三塗，如是師徒俱堪憐憫。是故，平實導師以大慈悲心，用淺白易懂之語句，佐以實例、譬喻而爲演說，普令聞者易解佛意，皆得契入佛法正道，如實了知佛法大藏。每逢週二 18.50~20.50 開示，不限制聽講資格。會外人士需憑身分證件換證入內聽講（此是大樓管理處之安全規定，敬請見諒）。桃園、新竹、台中、台南、高雄等地講堂，亦於每週二晚上播放平實導師講經之 DVD，不必出示身分證件即可入內聽講，歡迎各地善信同霑法益。

有某道場專弘淨土法門數十年，於教導信徒研讀《佛藏經》時，往往告誡信徒曰：「後半部不許閱讀。」由此緣故坐令信徒失去提升念佛層次之機緣，師徒只能低品位往生淨土，令人深覺愚癡無智。由有多人建議故，平實導師開始宣講《佛藏經》，藉以轉易如是邪見，並提升念佛人之知見與往生品位。此經中，對於實相念佛多所著墨，亦指出念佛要點：**以實相爲依，念佛者應依止淨戒、依止清淨僧寶，捨離違犯重戒之師僧，應受學清淨之法，遠離邪見**。本經是現代佛門大法師所厭惡之經典：**一者由於大法師們已全都落入意識境界而無法親證實相，故於此經中所說實相全無所知，都不樂有人聞此經名，以免讀後提出問疑時無法回答；二者現代大乘佛法地區，已經普被藏密喇嘛教滲透，許多有名之大法師們大多已曾或繼續在修練雙身法，都已失去聲聞戒體及菩薩戒體，成爲地獄種姓人，已非眞正出家之人，本質上只是身著僧衣而住在寺院中的世俗人**。這些人對於此經都是讀不懂的，也是極爲厭惡的；他們尚不樂見此經之印行，何況流通與講解？今爲救護廣大學佛人，兼欲護持佛教血脈永續常傳，特選此經宣講之，主講者平實導師。

3、**瑜伽師地論**詳解　詳解論中所言凡夫地至佛地等 17 師之修證境界與理論，從凡夫地、聲聞地……宣演到諸地所證一切種智之眞實正理。由平實導師開講，每逢一、三、五週之週末晚上開示，僅限已明心之會員參加。

4、**精進禪三**　主三和尚：平實導師。於四天三夜中，以克勤圓悟大師及大慧宗杲之禪風，施設機鋒與小參、公案密意之開示，幫助會員剋期取證，親證不生不滅之眞實心——人人本有之如來藏。每年四月、十月各舉辦二個梯次；平實導師主持。僅限本會會員參加禪淨班共修期滿，報名審核通過者，方可參加。並選擇會中定力、慧力、福德三條件皆已具足之已明心會員，給以指引，令得眼見自己無形無相之佛性遍佈山河大地，眞實而無障礙，得以肉眼現觀世界身心悉皆如幻，具足成就如幻觀，圓滿十住菩薩之證境。

5、**大法鼓經**詳解　詳解末法時代大乘佛法修行之道。佛教正法消毒妙藥塗於大鼓而以擊之，凡有眾生聞之者，一切邪見鉅毒悉皆消殞；此經即是大法鼓之正義，凡聞之者，所有邪見之毒悉皆滅除，見道不難；亦能發起菩薩無量功德，是故諸大菩薩遠從諸方佛土來此娑婆聞修此經。

本經破「有」而顯涅槃，以此名爲眞法；若墮在「有」中，皆名「非法」；若人如是宣揚佛法，名爲擊大法鼓；如是依「法」而捨「非法」，據以建立山門而爲眾說法，方可名爲法鼓山。此經中說，以「此經」爲菩薩道之本，以證得「此經」之正知見及法門作爲度人之「法」，方名眞實佛法，否則盡名「非法」。本經中對法與非法、有與涅槃，有深入之闡釋，歡迎教界一切善信（不論初機或久學菩薩），一同親沐 如來聖教，共沾法喜。由平實導師詳解。不限制聽講資格。

6、**不退轉法輪經**詳解　本經所說妙法極爲甚深難解，時至末法，已然無有知者；而其甚深絕妙之法，流傳至今依舊多人可證，顯示佛學眞是義學而非玄談，其中甚深極妙令人拍案稱絕之第一義諦妙義，平實導師將會加以解說。待《大法鼓經》宣講完畢時繼續宣講此經。

7、**阿含經**詳解　選擇重要之阿含部經典，依無餘涅槃之實際而加以詳解，令大眾得以現觀諸法緣起性空，亦復不墮斷滅見中，顯示經中所隱說之涅槃實際—如來藏—確實已於四阿含中隱說；令大眾得以聞後觀行，確實斷除我見乃至我執，證得**見到**眞現觀，乃至**身證**……等眞現觀；已得大乘或二乘見道者，亦可由此聞熏及聞後之觀行，除斷我所之貪著，成就慧解脫果。由平實導師詳解。不限制聽講資格。

8、**解深密經**詳解　重講本經之目的，在於令諸已悟之人明解大乘法道之成佛次第，以及悟後進修一切種智之內涵，確實證知三種自性性，並得據此證解七眞如、十眞如等正理。每逢週二 18.50~20.50 開示，由平實導師詳解。將於《大法鼓經》講畢後開講。不限制聽講資格。

9、**成唯識論**詳解　詳解一切種智眞實正理，詳細剖析一切種智之微細深妙廣大正理；並加以舉例說明，使已悟之會員深入體驗所證如來藏之微密行相；及證驗見分相分與所生一切法，皆由如來藏—阿賴耶識—直接或展轉而生，因此證知一切法無我，證知無餘涅槃之本際。將於增上班《瑜伽師地論》講畢後，由平實導師重講。僅限已明心之會員參加。

10、**精選如來藏系經典**詳解　精選如來藏系經典一部，詳細解說，以此完全印證會員所悟如來藏之眞實，得入不退轉住。另行擇期詳細解說之，由平實導師講解。僅限已明心之會員參加。

11、**禪門差別智**　藉禪宗公案之微細淆訛難知難解之處，加以宣說及剖析，以增進明心、見性之功德，啓發差別智，建立擇法眼。每月第一週日全天，由平實導師開示，僅限破參明心後，復又眼見佛性者參加（事冗暫停）。

12、**枯木禪**　先講智者大師的《小止觀》，後說《釋禪波羅蜜》，詳解四禪八定之修證理論與實修方法，細述一般學人修定之邪見與岔路，及對禪定證境之誤會，消除枉用功夫、浪費生命之現象。已悟般若者，可以藉此而實修初禪，進入大乘通教及聲聞教的三果心解脫境界，配合應有的大福德及後得無分別智、十無盡願，即可進入初地心中。親教師：平實導師。未來緣熟時將於大溪正覺寺開講。不限制聽講資格。

註：本會例行年假，自 2004 年起，改爲每年農曆新年前七天開始停息弘法事務及共修課程，農曆正月 8 日回復所有共修及弘法事務。新春期間（每日 9.00~17.00）開放台北講堂，方便會員禮佛祈福及會外人士請書。大溪區的正覺祖師堂，開放參訪時間，詳見〈正覺電子報〉或成佛之道網站。本表得因時節因緣需要而隨時修改之，不另作通知。

佛教正覺同修會　贈閱書籍 目錄　2015/09/29

1.**無相念佛**　平實導師著　回郵 10 元
2.**念佛三昧修學次第**　平實導師述著　回郵 25 元
3.**正法眼藏—護法集**　平實導師述著　回郵 35 元
4.**真假開悟簡易辨正法＆佛子之省思**　平實導師著　回郵 3.5 元
5.**生命實相之辨正**　平實導師著　回郵 10 元
6.**如何契入念佛法門**（**附：印順法師否定極樂世界**）平實導師著　回郵 3.5 元
7.**平實書箋**—答元覽居士書　平實導師著　回郵 35 元
8.**三乘唯識**—如來藏系經律彙編　平實導師編　回郵 80 元
（精裝本　長 27 cm　寬 21 cm　高 7.5 cm　重 2.8 公斤）
9.**三時繫念全集**—修正本　回郵掛號 40 元（長 26.5 cm×寬 19 cm）
10.**明心與初地**　平實導師述　回郵 3.5 元
11.**邪見與佛法**　平實導師述著　回郵 20 元
12.**菩薩正道**—回應義雲高、釋性圓…等外道之邪見　正燦居士著　回郵 20 元
13.**甘露法雨**　平實導師述　回郵 20 元
14.**我與無我**　平實導師述　回郵 20 元
15.**學佛之心態**—修正錯誤之學佛心態始能與正法相應　孫正德老師著　回郵35元
附錄：平實導師著**《略說八、九識並存…等之過失》**
16.**大乘無我觀**—《悟前與悟後》別說　平實導師述著　回郵 20 元
17.**佛教之危機**—中國台灣地區現代佛教之真相（附錄：公案拈提六則）
平實導師著　回郵 25 元
18.**燈　影**—燈下黑（覆「求教後學」來函等）　平實導師著　回郵 35 元
19.**護法與毀法**—覆上平居士與徐恒志居士網站毀法二文
張正圜老師著　回郵 35 元
20.**淨土聖道**—兼評**選擇本願念佛**　正德老師著　**由正覺同修會購贈**　回郵 25 元
21.**辨唯識性相**—對「紫蓮心海《辯唯識性相》書中否定阿賴耶識」之回應
正覺同修會 台南共修處法義組 著　回郵 25 元
22.**假如來藏**—對法蓮法師《如來藏與阿賴耶識》書中否定阿賴耶識之回應
正覺同修會 台南共修處法義組 著　回郵 35 元
23.**入不二門**—公案拈提集錦 第一輯（於平實導師公案拈提諸書中選錄約二十則，
合輯爲一冊流通之）平實導師著　回郵 20 元
24.**真假邪說**—西藏密宗索達吉喇嘛《破除邪說論》真是邪說
釋正安法師著　回郵 35 元
25.**真假開悟**—真如、如來藏、阿賴耶識間之關係　平實導師述著　回郵 35 元
26.**真假禪和**—辨正釋傳聖之謗法謬說　孫正德老師著　回郵 30 元

27.**眼見佛性**—駁慧廣法師眼見佛性的含義文中謬說
游正光老師著　回郵 25 元
28.**普門自在**—公案拈提集錦 第二輯（於平實導師公案拈提諸書中選錄約二十則，合輯爲一冊流通之）平實導師著　回郵 25 元
29.**印順法師的悲哀**—以現代禪的質疑為線索　恒毓博士著　回郵 25 元
30.**識蘊真義**—現觀識蘊內涵、取證初果、親斷三縛結之具體行門。
—依《成唯識論》及《唯識述記》正義，略顯安慧《大乘廣五蘊論》之邪謬
平實導師著　回郵 35 元
31.**正覺電子報** 各期紙版本　免附回郵　每次最多函索三期或三本。
(已無存書之較早各期，不另增印贈閱)
32.**現代人應有的宗教觀**　蔡正禮老師 著　回郵 3.5 元
33.**遠惑趣道**—正覺電子報般若信箱問答錄　第一輯　回郵 20 元
34.**遠惑趣道**—正覺電子報般若信箱問答錄　第二輯　回郵 20 元
35.**確保您的權益**—器官捐贈應注意自我保護　游正光老師 著　回郵 10 元
36.**正覺教團電視弘法三乘菩提 DVD 光碟（一）**
由正覺教團多位親教師共同講述錄製 DVD 8 片，MP3 一片，共 9 片。有二大講題：一爲「三乘菩提之意涵」，二爲「學佛的正知見」。內容精闢，深入淺出，精彩絕倫，幫助大眾快速建立三乘法道的正知見，免被外道邪見所誤導。有志修學三乘佛法之學人不可不看。(製作工本費 100 元，回郵 25 元)
37.**正覺教團電視弘法 DVD 專輯（二）**
總有二大講題：一爲「三乘菩提之念佛法門」，一爲「學佛正知見(第二篇)」，由正覺教團多位親教師輪番講述，內容詳細闡述如何修學念佛法門、實證念佛三昧，以及學佛應具有的正確知見，可以幫助發願往生西方極樂淨土之學人，得以把握往生，更可令學人快速建立三乘法道的正知見，免於被外道邪見所誤導。有志修學三乘佛法之學人不可不看。(一套 17 片，工本費 160 元。回郵 35 元)
38.**佛藏經** 燙金精裝本　每冊回郵 20 元。正修佛法之道場欲大量索取者，請正式發函並蓋用大印寄來索取（2008.04.30 起開始敬贈）
39.**喇嘛性世界**—揭開假藏傳佛教譚崔瑜伽的面紗　張善思 等人合著
由正覺同修會購贈　回郵 20 元
40.**假藏傳佛教的神話**—性、謊言、喇嘛教　張正玄教授編著　回郵 20 元
由正覺同修會購贈　回郵 20 元
41.**隨　緣**—理隨緣與事隨緣　平實導師述　回郵 20 元。
42.**學佛的覺醒**　正枝居士 著　回郵 25 元
43.**導師之真實義**　蔡正禮老師 著　回郵 10 元
44.**淺談達賴喇嘛之雙身法**—兼論解讀「密續」之達文西密碼
吳明芷居士 著　回郵 10 元
45.**魔界轉世**　張正玄居士 著　回郵 10 元
46.**一貫道與開悟**　蔡正禮老師 著　回郵 10 元

47.**博愛**—愛盡天下女人　正覺教育基金會 編印　回郵10元

48.**意識虛妄經教彙編**—實證解脫道的關鍵經文　正覺同修會編印　回郵25元

49.**邪箭囈語**—破斥藏密外道多識仁波切《破魔金剛箭雨論》之邪說
陸正元老師著　上、下冊回郵各30元

50.**真假沙門**—依 佛聖教闡釋佛教僧寶之定義
蔡正禮老師著　俟正覺電子報連載後結集出版

51.**真假禪宗**—藉評論釋性廣《印順導師對變質禪法之批判
及對禪宗之肯定》以顯示真假禪宗
附論一：凡夫知見 無助於佛法之信解行證
附論二：世間與出世間一切法皆從如來藏實際而生而顯
余正偉老師著　俟正覺電子報連載後結集出版　回郵未定

52.**假鋒虛焰金剛乘**—揭示顯密正理，兼破索達吉師徒《般若鋒兮金剛焰》。
釋正安 法師著　俟正覺電子報連載後結集出版

★ 上列贈書之郵資，係台灣本島地區郵資，大陸、港、澳地區及外國地區，請另計酌增（大陸、港、澳、國外地區之郵票不許通用）。尚未出版之書，請勿先寄來郵資，以免增加作業煩擾。

★ 本目錄若有變動，唯於後印之書籍及「成佛之道」網站上修正公佈之，不另行個別通知。

函索書籍請寄：佛教正覺同修會　103台北市承德路3段277號9樓
台灣地區函索書籍者請附寄郵票，無時間購買郵票者可以等值現金抵用，但不接受郵政劃撥、支票、匯票。大陸地區得以人民幣計算，國外地區請以美元計算（請勿寄來當地郵票，在台灣地區不能使用）。欲以掛號寄遞者，請另附掛號郵資。

親自索閱：正覺同修會各共修處。　★請於共修時間前往取書，餘時無人在道場，請勿前往索取；共修時間與地點，詳見書末正覺同修會共修現況表（以近期之共修現況表爲準）。

註：正智出版社發售之局版書，請向各大書局購閱。若書局之書架上已經售出而無陳列者，請向書局櫃台指定洽購；若書局不便代購者，請於正覺同修會共修時間前往各共修處請購，正智出版社已派人於共修時間送書前往各共修處流通。 郵政劃撥購書及 大陸地區 購書，請詳別頁正智出版社發售書籍目錄最後頁之說明。

成佛之道 網站：http://www.a202.idv.tw　正覺同修會已出版之結緣書籍，多已登載於 成佛之道 網站，若住外國、或住處遙遠，不便取得正覺同修會贈閱書籍者，可以從本網站閱讀及下載。　書局版之《宗通與說通》亦已上網，台灣讀者可向書局洽購，售價300元。《狂密與眞密》第一輯~第四輯，亦於 2003.5.1.全部於本網站登載完畢；台灣地區讀者請向書局洽購，每輯約400頁，售價300元（網站下載紙張費用較貴，容易散失，難以保存，亦較不精美）。

正智出版社 籌募弘法基金發售書籍目錄 2017/09/17

1.**宗門正眼**—公案拈提 第一輯 重拈 平實導師著 500 元
因重寫內容大幅度增加故，字體必須改小，並增爲 576 頁 主文 546 頁。比初版更精彩、更有內容。初版《禪門摩尼寶聚》之讀者，可寄回本公司免費調換新版書。免附回郵，亦無截止期限。（2007 年起，每冊附贈本公司精製公案拈提〈超意境〉CD 一片。市售價格 280 元，多購多贈。）
2.**禪淨圓融** 平實導師著 200 元（第一版舊書可換新版書。）
3.**真實如來藏** 平實導師著 400 元
4.**禪—悟前與悟後** 平實導師著 上、下冊，每冊 250 元
5.**宗門法眼**—公案拈提 第二輯 平實導師著 500 元
（2007 年起，每冊附贈本公司精製公案拈提〈超意境〉CD 一片）
6.**楞伽經詳解** 平實導師著 全套共 10 輯 每輯 250 元
7.**宗門道眼**—公案拈提 第三輯 平實導師著 500 元
（2007 年起，每冊附贈本公司精製公案拈提〈超意境〉CD 一片）
8.**宗門血脈**—公案拈提 第四輯 平實導師著 500 元
（2007 年起，每冊附贈本公司精製公案拈提〈超意境〉CD 一片）
9.**宗通與說通**—成佛之道 平實導師著 主文 381 頁 全書 400 頁售價 300 元
10.**宗門正道**—公案拈提 第五輯 平實導師著 500 元
（2007 年起，每冊附贈本公司精製公案拈提〈超意境〉CD 一片）
11.**狂密與真密 一～四輯** 平實導師著 西藏密宗是人間最邪淫的宗教，本質不是佛教，只是披著佛教外衣的印度教性力派流毒的喇嘛教。此書中將西藏密宗密傳之男女雙身合修樂空雙運所有祕密與修法，毫無保留完全公開，並將全部喇嘛們所不知道的部分也一併公開。內容比大辣出版社喧騰一時的《西藏慾經》更詳細。並且函蓋藏密的所有祕密及其錯誤的中觀見、如來藏見……等，藏密的所有法義都在書中詳述、分析、辨正。每輯主文三百餘頁 每輯全書約 400 頁 售價每輯 300 元
12.**宗門正義**—公案拈提 第六輯 平實導師著 500 元
（2007 年起，每冊附贈本公司精製公案拈提〈超意境〉CD 一片）
13.**心經密意**—心經與解脫道、佛菩提道、祖師公案之關係與密意 平實導師述 300 元
14.**宗門密意**—公案拈提 第七輯 平實導師著 500 元
（2007 年起，每冊附贈本公司精製公案拈提〈超意境〉CD 一片）
15.**淨土聖道**—兼評「選擇本願念佛」 正德老師著 200 元
16.**起信論講記** 平實導師述著 共六輯 每輯三百餘頁 售價各 250 元
17.**優婆塞戒經講記** 平實導師述著 共八輯 每輯三百餘頁 售價各 250 元
18.**真假活佛**—略論附佛外道盧勝彥之邪說（對前岳靈犀網站主張「盧勝彥是證悟者」之修正） 正犀居士（岳靈犀）著 流通價 140 元
19.**阿含正義**—唯識學探源 平實導師著 共七輯 每輯 300 元

20.**超意境** CD 以平實導師公案拈提書中超越意境之頌詞，加上曲風優美的旋律，錄成令人嚮往的超意境歌曲，其中包括正覺發願文及平實導師親自譜成的黃梅調歌曲一首。詞曲雋永，殊堪翫味，可供學禪者吟詠，有助於見道。內附設計精美的彩色小冊，解說每一首詞的背景本事。每片 280 元。【每購買公案拈提書籍一冊，即贈送一片。】

21.**菩薩底憂鬱** CD 將菩薩情懷及禪宗公案寫成新詞，並製作成超越意境的優美歌曲。 1.主題曲〈菩薩底憂鬱〉，描述地後菩薩能離三界生死而迴向繼續生在人間，但因尚未斷盡習氣種子而有極深沈之憂鬱，非三賢位菩薩及二乘聖者所知，此憂鬱在七地滿心位方才斷盡；本曲之詞中所說義理極深，昔來所未曾見；此曲係以優美的情歌風格寫詞及作曲，聞者得以激發嚮往諸地菩薩境界之大心，詞、曲都非常優美，難得一見；其中勝妙義理之解說，已印在附贈之彩色小冊中。 2.以各輯公案拈提中直示禪門入處之頌文，作成各種不同曲風之超意境歌曲，值得玩味、參究；聆聽公案拈提之優美歌曲時，請同時閱讀內附之印刷精美說明小冊，可以領會超越三界的證悟境界；未悟者可以因此引發求悟之意向及疑情，眞發菩提心而邁向求悟之途，乃至因此眞實悟入般若，成眞菩薩。 3.正覺總持咒新曲，總持佛法大意；總持咒之義理，已加以解說並印在隨附之小冊中。本 CD 共有十首歌曲，長達 63 分鐘。每盒各附贈二張購書優惠券。每片 280 元。

22.**禪意無限** CD 平實導師以公案拈提書中偈頌寫成不同風格曲子，與他人所寫不同風格曲子共同錄製出版，幫助參禪人進入禪門超越意識之境界。盒中附贈彩色印製的精美解說小冊，以供聆聽時閱讀，令參禪人得以發起參禪之疑情，即有機會證悟本來面目而發起實相智慧，實證大乘菩提般若，能如實證知般若經中的眞實意。本 CD 共有十首歌曲，長達 69 分鐘，每盒各附贈二張購書優惠券。每片 280 元。

23.**我的菩提路**第一輯　釋悟圓、釋善藏等人合著　售價 300 元

24.**我的菩提路**第二輯　郭正益、張志成等人合著　售價 300 元

25.**我的菩提路**第三輯　王美伶等人合著　售價 300 元

26.**鈍鳥與靈龜**—考證後代凡夫對大慧宗杲禪師的無根誹謗。

平實導師著 共 458 頁 售價 350 元

27.**維摩詰經講記** 平實導師述 共六輯 每輯三百餘頁 售價各 250 元

28.**真假外道**—破劉東亮、杜大威、釋證嚴常見外道見　正光老師著　200 元

29.**勝鬘經講記**—兼論印順《勝鬘經講記》對於《勝鬘經》之誤解。

平實導師述　共六輯　每輯三百餘頁　售價 250 元

30.**楞嚴經講記** 平實導師述 共 **15** 輯，每輯三百餘頁 售價 300 元

31.**明心與眼見佛性**—駁慧廣〈蕭氏「眼見佛性」與「明心」之非〉文中謬說

正光老師著　共 448 頁　售價 300 元

32.**見性與看話頭** 黃正倖老師 著，本書是禪宗參禪的方法論。

內文 375 頁，全書 416 頁，售價 300 元。

33.**達賴真面目**—玩盡天下女人 白正偉老師 等著 中英對照彩色精裝大本 800 元
34.**喇嘛性世界**—揭開假藏傳佛教譚崔瑜伽的面紗 張善思 等人著 200 元
35.**假藏傳佛教的神話**—性、謊言、喇嘛教 正玄教授編著 200 元
36.**金剛經宗通** 平實導師述 共九輯 每輯售價 250 元。
37.**空行母**—性別、身分定位,以及藏傳佛教。
珍妮·坎貝爾著 呂艾倫 中譯 售價 250 元
38.**末代達賴**—性交教主的悲歌 張善思、呂艾倫、辛燕編著 售價 250 元
39.**霧峰無霧**—給哥哥的信 辨正釋印順對佛法的無量誤解
游宗明 老師著 售價 250 元
40.**第七意識與第八意識?**—穿越時空「超意識」
平實導師述 每冊 300 元
41.**黯淡的達賴**—失去光彩的諾貝爾和平獎
正覺教育基金會編著 每冊 250 元
42.**童女迦葉考**—論呂凱文〈佛教輪迴思想的論述分析〉之謬。
平實導師 著 定價 180 元
43.**人間佛教**—實證者必定不悖三乘菩提
平實導師 述,定價 400 元
44.**實相經宗通** 平實導師述 共八輯 每輯 250 元
45.**真心告訴您(一)**—達賴喇嘛在幹什麼?
正覺教育基金會編著 售價 250 元
46.**中觀金鑑**—詳述應成派中觀的起源與其破法本質
孫正德老師著 分為上、中、下三冊,每冊 250 元
47.**佛法入門**—迅速進入三乘佛法大門,消除久學佛法漫無方向之窘境。
○○居士著 將於正覺電子報連載後出版。售價 250 元
48.**藏傳佛教要義**—《狂密與真密》之簡體字版 平實導師 著 上、下冊
僅在大陸流通 每冊 300 元
49.**法華經講義** 平實導師述 共二十五輯 每輯 300 元
已於 2015/05/31 起開始出版,每二個月出版一輯
50.**西藏「活佛轉世」制度**—附佛、造神、世俗法
許正豐、張正玄老師合著 定價 150 元
51.**廣論三部曲** 郭正益老師著 定價 150 元
52.**真心告訴您(二)**—達賴喇嘛是佛教僧侶嗎?
—補祝達賴喇嘛八十大壽
正覺教育基金會編著 售價 300 元
53.**次法**—實證佛法前應有的條件
張善思居士著 分為上、下二冊,每冊 250 元
54.**廣論之平議**—宗喀巴《菩提道次第廣論》之平議 正雄居士著
約二或三輯 俟正覺電子報連載後結集出版 書價未定
55.**末法導護**—對印順法師中心思想之綜合判攝 正慶老師著 書價未定
56.**菩薩學處**—菩薩四攝六度之要義 陸正元老師著 出版日期未定。

57.**八識規矩頌**詳解　○○居士 註解　出版日期另訂　書價未定。
58.**印度佛教史**—法義與考證。依法義史實評論印順《印度佛教思想史、佛教史地考論》之謬説　正偉老師著　出版日期未定　書價未定
59.**中國佛教史**—依中國佛教正法史實而論。○○老師 著　書價未定。
60.**中論正義**—釋龍樹菩薩《中論》頌正理。
孫正德老師著　出版日期未定　書價未定
61.**中觀正義**—註解平實導師《中論正義頌》。
○○法師（居士）著　出版日期未定　書價未定
62.**佛藏經講記**　平實導師述　出版日期未定　書價未定
63.**阿含經講記**—將選錄四阿含中數部重要經典全經講解之，講後整理出版。
平實導師述　約二輯　每輯300元　出版日期未定
64.**寶積經講記**　平實導師述　每輯三百餘頁 優惠價300元　出版日期未定
65.**解深密經講記**　平實導師述 約四輯　將於重講後整理出版
66.**成唯識論略解**　平實導師著　五～六輯　每輯300元　出版日期未定
67.**修習止觀坐禪法要講記**　平實導師述　每輯三百餘頁
將於正覺寺建成後重講、以講記逐輯出版　出版日期未定
68.**無門關**—《無門關》公案拈提　平實導師著　出版日期未定
69.**中觀再論**—兼述印順《中觀今論》謬誤之平議。正光老師著 出版日期未定
70.**輪迴與超度**—佛教超度法會之真義。
○○法師（居士）著　出版日期未定　書價未定
71.**《釋摩訶衍論》平議**—對偽稱龍樹所造《釋摩訶衍論》之平議
○○法師（居士）著　出版日期未定　書價未定
72.**正覺發願文**註解—以真實大願為因 得證菩提
正德老師著　出版日期未定　書價未定
73.**正覺總持咒**—佛法之總持　正圜老師著　出版日期未定　書價未定
74.**涅槃**—論四種涅槃　平實導師著　出版日期未定　書價未定
75.**三自性**—依四食、五蘊、十二因緣、十八界法，説三性三無性。
作者未定　出版日期未定
76.**道品**—從三自性説大小乘三十七道品　作者未定　出版日期未定
77.**大乘緣起觀**—依四聖諦七真如現觀十二緣起 作者未定　出版日期未定
78.**三德**—論解脱德、法身德、般若德。　作者未定　出版日期未定
79.**真假如來藏**—對印順《如來藏之研究》謬説之平議　作者未定 出版日期未定
80.**大乘道次第**　作者未定　出版日期未定　書價未定
81.**四緣**—依如來藏故有四緣。　作者未定　出版日期未定
82.**空之探究**—印順《空之探究》謬誤之平議　作者未定 出版日期未定
83.**十法義**—論阿含經中十法之正義　作者未定　出版日期未定
84.**外道見**—論述外道六十二見　作者未定　出版日期未定

正智出版社有限公司書籍介紹

禪淨圓融：言淨土諸祖所未曾言，示諸宗祖師所未曾示；禪淨圓融，另闢成佛捷徑，兼顧自力他力，闡釋淨土門之速行易行道，亦同時揭櫫聖教門之速行易行道；令廣大淨土行者得免緩行難證之苦，亦令聖道門行者得以藉著淨土速行道而加快成佛之時劫。乃前無古人之超勝見地，非一般弘揚禪淨法門典籍也，先讀爲快。平實導師著 200元。

宗門正眼—公案拈提第一輯：繼承克勤圜悟大師碧巖錄宗旨之禪門鉅作。先則舉示當代大法師之邪說，消弭當代禪門大師鄉愿之心態，摧破當今禪門「世俗禪」之妄談；次則旁通教法，表顯宗門正理；繼以道之次第，消弭古今狂禪；後藉言語及文字機鋒，直示宗門入處。悲智雙運，禪味十足，數百年來難得一睹之禪門鉅著也。平實導師著　500元（原初版書《禪門摩尼寶聚》，改版後補充爲五百餘頁新書，總計多達二十四萬字，內容更精彩，並改名爲《宗門正眼》，讀者原購初版《禪門摩尼寶聚》皆可寄回本公司免費換新，免附回郵，亦無截止期限）（2007年起，凡購買公案拈提第一輯至第七輯，每購一輯皆贈送本公司精製公案拈提〈超意境〉CD一片，市售價格280元，多購多贈）。

禪—悟前與悟後：本書能建立學人悟道之信心與正確知見，圓滿具足而有次第地詳述禪悟之功夫與禪悟之內容，指陳參禪中細微淆訛之處，能使學人明自眞心、見自本性。若未能悟入，亦能以正確知見辨別古今中外一切大師究係眞悟？或屬錯悟？便有能力揀擇，捨名師而選明師，後時必有悟道之緣。一旦悟道，遲者七次人天往返，便出三界，速者一生取辦。學人欲求開悟者，不可不讀。　平實導師著。上、下冊共500元，單冊250元。

眞實如來藏：如來藏眞實存在，乃宇宙萬有之本體，並非印順法師、達賴喇嘛等人所說之「唯有名相、無此心體」。如來藏是涅槃之本際，是一切有智之人竭盡心智、不斷探索而不能得之生命實相；是古今中外許多大師自以爲悟而當面錯過之生命實相。如來藏即是阿賴耶識，乃是一切有情本自具足、不生不滅之眞實心。當代中外大師於此書出版之前所未能言者，作者於本書中盡情流露、詳細闡釋。眞悟者讀之，必能增益悟境、智慧增上；錯悟者讀之，必能檢討自己之錯誤，免犯大妄語業；未悟者讀之，能知參禪之理路，亦能以之檢查一切名師是否眞悟。此書是一切哲學家、宗教家、學佛者及欲昇華心智之人必讀之鉅著。　平實導師著　售價400元。

宗門法眼—**公案拈提**第二輯：列舉實例，闡釋土城廣欽老和尚之悟處；並直示這位不識字的老和尚妙智橫生之根由，繼而剖析禪宗歷代大德之開悟公案，解析當代密宗高僧卡盧仁波切之錯悟證據，並例舉當代顯宗高僧、大居士之錯悟證據（凡健在者，爲免影響其名聞利養，皆隱其名）。藉辨正當代名師之邪見，向廣大佛子指陳禪悟之正道，彰顯宗門法眼。悲勇兼出，強捋虎鬚；慈智雙運，巧探驪龍；摩尼寶珠在手，直示宗門入處，禪味十足；若非大悟徹底，不能爲之。禪門精奇人物，允宜人手一冊，供作參究及悟後印證之圭臬。本書於2008年4月改版，增寫為大約500頁篇幅，以利學人研讀參究時更易悟入宗門正法，以前所購初版首刷及初版二刷舊書，皆可免費換取新書。平實導師著 500元（2007年起，凡購買公案拈提第一輯至第七輯，每購一輯皆贈送本公司精製公案拈提〈超意境〉CD一片，市售價格280元，多購多贈）。

宗門道眼—**公案拈提**第三輯：繼宗門法眼之後，再以金剛之作略、慈悲之胸懷、犀利之筆觸，舉示寒山、拾得、布袋三大士之悟處，消弭當代錯悟者對於寒山大士……等之誤會及誹謗。亦舉出民初以來與虛雲和尚齊名之蜀郡鹽亭袁煥仙夫子——南懷瑾老師之師，其「悟處」何在？並蒐羅許多眞悟祖師之證悟公案，顯示禪宗歷代祖師之睿智，指陳部分祖師、奧修及當代顯密大師之謬悟，作爲殷鑑，幫助禪子建立及修正參禪之方向及知見。假使讀者閱此書已，一時尚未能悟，亦可一面加功用行，一面以此宗門道眼辨別眞假善知識，避開錯誤之印證及歧路，可免大妄語業之長劫慘痛果報。欲修禪宗之禪者，務請細讀。平實導師著 售價500元（2007年起，凡購買公案拈提第一輯至第七輯，每購一輯皆贈送本公司精製公案拈提〈超意境〉CD一片，市售價格280元，多購多贈）。

楞伽經詳解：本經是禪宗見道者印證所悟眞僞之根本經典，亦是禪宗見道者悟後起修之依據經典；故達摩祖師於印證二祖慧可大師之後，將此經典連同佛缽祖衣一併交付二祖，令其依此經典佛示金言、進入修道位，修學一切種智。由此可知此經對於眞悟之人修學佛道，是非常重要之一部經典。此經能破外道邪說，亦破佛門中錯悟名師之謬說，亦破禪宗部分祖師之狂禪：不讀經典、一向主張「一悟即成究竟佛」之謬執。並開示愚夫所行禪、觀察義禪、攀緣如禪、如來禪等差別，令行者對於三乘禪法差異有所分辨；亦糾正禪宗祖師古來對於如來禪之誤解，嗣後可免以訛傳訛之弊。此經亦是法相唯識宗之根本經典，禪者悟後欲修一切種智而入初地者，必須詳讀。 平實導師著，全套共十輯，已全部出版完畢，每輯主文約320頁，每冊約352頁，定價250元。

宗門血脈—公案拈提第四輯：末法怪象—許多修行人自以爲悟，每將無念靈知認作眞實；崇尚二乘法諸師及其徒眾，則將外於如來藏之緣起性空—無因論之無常空、斷滅空、一切法空—錯認爲 佛所說之般若空性。這兩種現象已於當今海峽兩岸及美加地區顯密大師之中普遍存在；人人自以爲悟，心高氣壯，便敢寫書解釋祖師證悟之公案，大多出於意識思惟所得，言不及義，錯誤百出，因此誤導廣大佛子同陷大妄語之地獄業中而不能自知。彼等書中所說之悟處，其實處處違背第一義經典之聖言量。彼等諸人不論是否身披袈裟，都非佛法宗門血脈，或雖有禪宗法脈之傳承，亦只徒具形式；猶如螟蛉，非眞血脈，未悟得根本眞實故。禪子欲知佛、祖之眞血脈者，請讀此書，便知分曉。平實導師著，主文452頁，全書464頁，定價500元（2007年起，凡購買公案拈提第一輯至第七輯，每購一輯皆贈送本公司精製公案拈提〈超意境〉CD一片，市售價格280元，多購多贈）。

宗通與說通：古今中外，錯誤之人如麻似粟，每以常見外道所說之靈知心，認作眞心；或妄想虛空之勝性能量爲眞如，或錯認物質四大元素藉冥性（靈知心本體）能成就吾人色身及知覺，或認初禪至四禪中之了知心爲不生不滅之涅槃心。此等皆非通宗者之見地。復有錯悟之人一向主張「宗門與教門不相干」，此即尚未通達宗門之人也。其實宗門與教門互通不二，宗門所證者乃是眞如與佛性，教門所說者乃說宗門證悟之眞如佛性，故教門與宗門不二。本書作者以宗教二門互通之見地，細說「宗通與說通」，從初見道至悟後起修之道、細說分明；並將諸宗諸派在整體佛教中之地位與次第，加以明確之教判，學人讀之即可了知佛法之梗概也。欲擇明師學法之前，允宜先讀。平實導師著，主文共381頁，全書392頁，只售成本價300元。

宗門正道—**公案拈提**第五輯：修學大乘佛法有二果須證解脫果及大菩提果。二乘人不證大菩提果，唯證解脫果；此果之智慧，名爲聲聞菩提、緣覺菩提。大乘佛子所證二果之菩提果爲佛菩提，故名大菩提果，其慧名爲一切種智函蓋二乘解脫果。然此大乘二果修證，須經由禪宗之宗門證悟方能相應。而宗門證悟極難，自古已然；其所以難者，咎在古今佛教界普遍存在三種邪見：1.以修定認作佛法，2.以無因論之緣起性空—否定涅槃本際如來藏以後之一切法空作爲佛法，3.以常見外道邪見（離語言妄念之靈知性）作爲佛法。如是邪見，或因自身正見未立所致，或因邪師之邪教導所致，或因無始劫來虛妄熏習所致。若不破除此三種邪見，永劫不悟宗門眞義、不入大乘正道，唯能外門廣修菩薩行。平實導師於此書中，有極爲詳細之說明，有志佛子欲摧邪見、入於內門修菩薩行者，當閱此書。主文共496頁，全書512頁。售價500元（2007年起，凡購買公案拈提第一輯至第七輯，每購一輯皆贈送本公司精製公案拈提〈超意境〉CD一片，市售價格280元，多購多贈）。

狂密與真密：密教之修學，皆由有相之觀行法門而入，其最終目標仍不離顯教經典所說第一義諦之修證；若離顯教第一義經典、或違背顯教第一義經典，即非佛教。西藏密教之觀行法，如灌頂、觀想、遷識法、寶瓶氣、大聖歡喜雙身修法、喜金剛、無上瑜伽、大樂光明、樂空雙運等，皆是印度教兩性生生不息思想之轉化，自始至終皆以如何能運用交合淫樂之法達到全身受樂爲其中心思想，純屬欲界五欲的貪愛，不能令人超出欲界輪迴，更不能令人斷除我見；何況大乘之明心與見性，更無論矣！故密宗之法絕非佛法也。而其明光大手印、大圓滿法教，又皆同以常見外道所說離語言妄念之無念靈知心錯認爲佛地之眞如，不能直指不生不滅之眞如。西藏密宗所有法王與徒眾，都尚未開頂門眼，不能辨別眞僞，以依人不依法、依密續不依經典故，不肯將其上師喇嘛所說對照第一義經典，純依密續之藏密祖師所說爲準，因此而誇大其證德與證量，動輒謂彼祖師上師爲究竟佛、爲地上菩薩；如今台海兩岸亦有自謂其師證量高於 釋迦文佛者，然觀其師所述，猶未見道，仍在觀行即佛階段，尚未到禪宗相似即佛、分證即佛階位，竟敢標榜爲究竟佛及地上法王，誑惑初機學人。凡此怪象皆是狂密，不同於眞密之修行者。近年狂密盛行，密宗行者被誤導者極眾，動輒自謂已證佛地眞如，自視爲究竟佛，陷於大妄語業中而不知自省，反謗顯宗眞修實證者之證量粗淺；或如義雲高與釋性圓…等人，於報紙上公然誹謗眞實證道者爲「騙子、無道人、人妖、癩蛤蟆…」等，造下誹謗大乘勝義僧之大惡業；或以外道法中有爲有作之甘露、魔術……等法，誑騙初機學人，狂言彼外道法爲眞佛法。如是怪象，在西藏密宗及附藏密之外道中，不一而足，舉之不盡，學人宜應愼思明辨，以免上當後又犯毀破菩薩戒之重罪。密宗學人若欲遠離邪知邪見者，請閱此書，即能了知密宗之邪謬，從此遠離邪見與邪修，轉入眞正之佛道。

平實導師著 共四輯 每輯約400頁（主文約340頁）每輯售價300元。

宗門正義—公案拈提第六輯：佛教有六大危機，乃是藏密化、世俗化、膚淺化、學術化、宗門密意失傳、悟後進修諸地之次第混淆；其中尤以宗門密意之失傳，爲當代佛教最大之危機。由宗門密意失傳故，易令世尊本懷普被錯解，易令世尊正法被轉易爲外道法，以及加以淺化、世俗化，是故宗門密意之廣泛弘傳與具緣佛弟子，極爲重要。然而欲令宗門密意之廣泛弘傳予具緣之佛弟子者，必須同時配合錯誤知見之解析、普令佛弟子知之，然後輔以公案解析之直示入處，方能令具緣之佛弟子悟入。而此二者，皆須以公案拈提之方式爲之，方易成其功、竟其業，是故平實導師續作宗門正義一書，以利學人。　全書500餘頁，售價500元（2007年起，凡購買公案拈提第一輯至第七輯，每購一輯皆贈送本公司精製公案拈提〈超意境〉CD一片，市售價格280元，多購多贈）。

心經密意—心經與解脫道、佛菩提道、祖師公案之關係與密意。二乘菩提所證之解脫道，實依第八識心之斷除煩惱障現行而立解脫之名；大乘菩提所證之佛菩提道，實依親證第八識如來藏之涅槃性、清淨自性、及其中道性而立般若之名；禪宗祖師公案所證之眞心，即是此第八識如來藏；是故三乘佛法所修所證之三乘菩提，皆依此如來藏心而立名也。此第八識心，即是《心經》所說之心也。證得此如來藏已，即能漸入大乘佛菩提道，亦可因證知此心而了知二乘無學所不能知之無餘涅槃本際，是故《心經》之密意，與三乘佛菩提之關係極爲密切、不可分割，三乘佛法皆依此心而立名故。今者平實導師以其所證解脫道之無生智及佛菩提之般若種智，將《心經》與解脫道、佛菩提道、祖師公案之關係與密意，以演講之方式，用淺顯之語句和盤托出，發前人所未言，呈三乘菩提之眞義，令人藉此《心經密意》一舉而窺三乘菩提之堂奧，迥異諸方言不及義之說；欲求眞實佛智者、不可不讀！　主文317頁，連同跋文及序文…等共384頁，售價300元。

宗門密意—公案拈提第七輯：佛教之世俗化，將導致學人以信仰作爲學佛，則將以感應及世間法之庇祐，作爲學佛之主要目標，不能了知學佛之主要目標爲親證三乘菩提。大乘菩提則以般若實相智慧爲主要修習目標，以二乘菩提解脫道爲附帶修習之標的；是故學習大乘法者，應以禪宗之證悟爲要務，能親入大乘菩提之實相般若智慧中故，般若實相智慧非二乘聖人所能知故。此書則以台灣世俗化佛教之三大法師，說法似是而非之實例，配合眞悟祖師之公案解析，提示證悟般若之關節，令學人易得悟入。平實導師著，全書五百餘頁，售價500元（2007年起，凡購買公案拈提第一輯至第七輯，每購一輯皆贈送本公司精製公案拈提〈超意境〉CD一片，市售價格280元，多購多贈）。

淨土聖道—兼評日本本願念佛：佛法甚深極廣，般若玄微，非諸二乘聖僧所能知之，一切凡夫更無論矣！所謂一切證量皆歸淨土是也！是故大乘法中「聖道之淨土、淨土之聖道」，其義甚深，難可了知；乃至眞悟之人，初心亦難知也。今有正德老師眞實證悟後，復能深探淨土與聖道之緊密關係，憐憫眾生之誤會淨土實義，亦欲利益廣大淨土行人同入聖道，同獲淨土中之聖道門要義，乃振奮心神、書以成文，今得刊行天下。主文279頁，連同序文等共301頁，總有十一萬六千餘字，正德老師著，成本價200元。

起信論講記：詳解大乘起信論**心生滅門**與**心眞如門**之眞實意旨，消除以往大師與學人對起信論所說**心生滅門**之誤解，由是而得了知眞心如來藏之非常非斷中道正理；亦因此一講解，令此論以往隱晦而被誤解之眞實義，得以如實顯示，令大乘佛菩提道之正理得以顯揚光大；初機學者亦可藉此正論所顯示之法義，對大乘法理生起正信，從此得以眞發菩提心，眞入大乘法中修學，世世常修菩薩正行。平實導師演述，共六輯，都已出版，每輯三百餘頁，售價各250元。

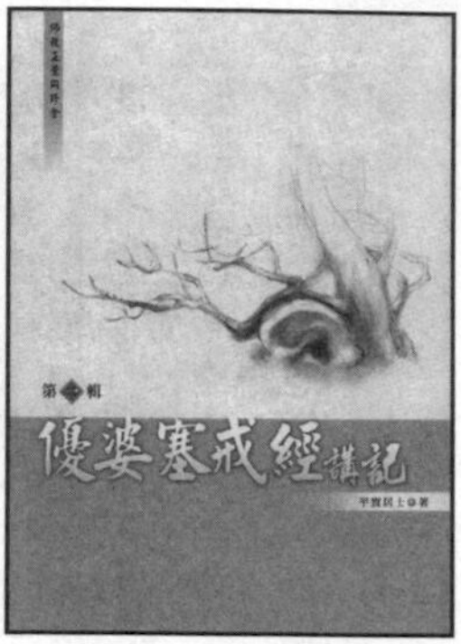

優婆塞戒經講記：本經詳述在家菩薩修學大乘佛法，應如何受持菩薩戒？對人間善行應如何看待？對三寶應如何護持？應如何正確地修集此世後世證法之福德？應如何修集後世「行菩薩道之資糧」？並詳述第一義諦之正義：五蘊非我非異我、自作自受、異作異受、不作不受……等深妙法義，乃是修學大乘佛法、行菩薩行之在家菩薩所應當了知者。出家菩薩今世或未來世登地已，捨報之後多數將如華嚴經中諸大菩薩，以在家菩薩身而修行菩薩行，故亦應以此經所述正理而修之，配合《楞伽經、解深密經、楞嚴經、華嚴經》等道次第正理，方得漸次成就佛道；故此經是一切大乘行者皆應證知之正法。平實導師講述，每輯三百餘頁，售價各250元；共八輯，已全部出版。

真假活佛—略論附佛外道盧勝彥之邪說：人人身中都有眞活佛，永生不滅而有大神用，但眾生都不了知，所以常被身外的西藏密宗假活佛籠罩欺瞞。本來就眞實存在的眞活佛，才是眞正的密宗無上密！諾那活佛因此而說禪宗是大密宗，但藏密的所有活佛都不知道、也不曾實證自身中的眞活佛。本書詳實宣示眞活佛的道理，舉證盧勝彥的「佛法」不是眞佛法，也顯示盧勝彥是假活佛，直接的闡釋第一義佛法見道的眞實正理。眞佛宗的所有上師與學人們，都應該詳細閱讀，包括盧勝彥個人在內。正犀居士著，優惠價140元。

阿含正義—唯識學探源：廣說四大部《阿含經》諸經中隱說之眞正義理，一一舉示佛陀本懷，令阿含時期初轉法輪根本經典之眞義，如實顯現於佛子眼前。並提示末法大師對於阿含眞義誤解之實例，一一比對之，證實唯識增上慧學確於原始佛法之阿含諸經中已隱覆密意而略說之，證實世尊確於原始佛法中已曾密意而說第八識如來藏之總相；亦證實世尊在四阿含中已說此藏識是名色十八界之因、之本—證明如來藏是能生萬法之根本心。佛子可據此修正以往受諸大師（譬如西藏密宗應成派中觀師：印順、昭慧、性廣、大願、達賴、宗喀巴、寂天、月稱、……等人）誤導之邪見，建立正見，轉入正道乃至親證初果而無困難；書中並詳說三果所證的**心解脫**，以及四果**慧解脫**的親證，都是如實可行的具體知見與行門。全書共七輯，已出版完畢。平實導師著，每輯三百餘頁，售價300元。

超意境ＣＤ：以平實導師公案拈提書中超越意境之頌詞，加上曲風優美的旋律，錄成令人嚮往的超意境歌曲，其中包括正覺發願文及平實導師親自譜成的黃梅調歌曲一首。詞曲雋永，殊堪翫味，可供學禪者吟詠，有助於見道。內附設計精美的彩色小冊，解說每一首詞的背景本事。每片280元。【每購買公案拈提書籍一冊，即贈送一片。】

鈍鳥與靈龜：鈍鳥及靈龜二物，被宗門證悟者說爲二種人：前者是精修禪定而無智慧者，也是以定爲禪的愚癡禪人；後者是或有禪定、或無禪定的宗門證悟者，凡已證悟者皆是靈龜。但後來被人虛造事實，用以嘲笑大慧宗杲禪師，說他雖是靈龜，卻不免被天童禪師預記「患背」痛苦而亡：「**鈍鳥離巢易，靈龜脫殼難。**」藉以貶低大慧宗杲的證量。同時將天童禪師實證如來藏的證量，曲解爲意識境界的離念靈知。自從大慧禪師入滅以後，錯悟凡夫對他的不實毀謗就一直存在著，不曾止息，並且捏造的假事實也隨著年月的增加而越來越多，終至編成「鈍鳥與靈龜」的假公案、假故事。本書是考證大慧與天童之間的不朽情誼，顯現這件假公案的虛妄不實；更見大慧宗杲面對惡勢力時的正直不阿，亦顯示大慧對天童禪師的至情深義，將使後人對大慧宗杲的誣謗至此而止，不再有人誤犯毀謗賢聖的惡業。書中亦舉證宗門的所悟確以第八識如來藏爲標的，詳讀之後必可改正以前被錯悟大師誤導的參禪知見，日後必定有助於實證禪宗的開悟境界，得階大乘眞見道位中，即是實證般若之賢聖。全書459頁，售價350元。

我的菩提路第一輯：凡夫及二乘聖人不能實證的佛菩提證悟，末法時代的今天仍然有人能得實證，由正覺同修會釋悟圓、釋善藏法師等二十餘位實證如來藏者所寫的見道報告，已爲當代學人見證宗門正法之絲縷不絕，證明大乘義學的法脈仍然存在，爲末法時代求悟般若之學人照耀出光明的坦途。由二十餘位大乘見道者所繕，敘述各種不同的學法、見道因緣與過程，參禪求悟者必讀。全書三百餘頁，售價300元。

我的菩提路第二輯：由郭正益老師等人合著，書中詳述彼等諸人歷經各處道場學法，一一修學而加以檢擇之不同過程以後，因閱讀正覺同修會、正智出版社書籍而發起抉擇分，轉入正覺同修會中修學；乃至學法及見道之過程，都一一詳述之。其中張志成等人係由前現代禪轉進正覺同修會，張志成原爲現代禪副宗長，以前未閱本會書籍時，曾被人藉其名義著文評論 平實導師（詳見《宗通與說通》辨正及《眼見佛性》書末附錄…等）；後因偶然接觸正覺同修會書籍，深覺以前聽人評論平實導師之語不實，於是投入極多時間閱讀本會書籍、深入思辨，詳細探索中觀與唯識之關聯與異同，認爲正覺之法義方是正法，深覺相應；亦解開多年來對佛法的迷雲，確定應依八識論正理修學方是正法。乃不顧面子，毅然前往正覺同修會面見平實導師懺悔，並正式學法求悟。今已與其同修王美伶（亦爲前現代禪傳法老師），同樣證悟如來藏而證得法界實相，生起實相般若眞智。此書中尚有七年來本會第一位眼見佛性者之見性報告一篇，一同供養大乘佛弟子。全書四百頁，售價300元。

我的菩提路第三輯：由王美伶老師等人合著。自從正覺同修會成立以來，每年夏初、冬初都舉辦精進禪三共修，藉以助益會中同修們得以證悟明心發起般若實相智慧；凡已實證而被平實導師印證者，皆書具見道報告用以證明佛法之眞實可證而非玄學，證明佛法並非純屬思想、理論而無實質，是故每年都能有人證明正覺同修會的「實證佛教」主張並非虛語。特別是眼見佛性一法，自古以來中國禪宗祖師實證者極寡，較之明心開悟的證境更難令人信受；至2017年初，正覺同修會中的證悟明心者已近五百人，然而其中眼見佛性者至今唯十餘人爾，可謂難能可貴，是故明心後欲冀眼見佛性者實屬不易。黃正倖老師是懸絕七年無人見性後的第一人，她於2009年的見性報告刊於本書的第二輯中，爲大眾證明佛性確實可以眼見；其後七年之中求見性者都屬解悟佛性而無人眼見，幸而又經七年後的2016冬初，以及2017夏初的禪三，復有三人眼見佛性，希冀鼓舞四眾佛子求見佛性之大心，今則具載一則於書末，顯示求見佛性之事實經歷，供養現代佛教界欲得見性之四眾弟子。全書四百頁，售價300元。

維摩詰經講記：本經係 世尊在世時，由等覺菩薩維摩詰居士藉疾病而演說之大乘菩提無上妙義，所說函蓋甚廣，然極簡略，是故今時諸方大師與學人讀之悉皆錯解，何況能知其中隱含之深妙正義，是故普遍無法爲人解說；若強爲人說，則成依文解義而有諸多過失。今由平實導師公開宣講之後，詳實解釋其中密意，令維摩詰菩薩所說大乘不可思議解脫之深妙正法得以正確宣流於人間，利益當代學人及與諸方大師。書中詳實演述大乘佛法深妙不共二乘之智慧境界，顯示諸法之中絕待之實相境界，建立大乘菩薩妙道於永遠不敗不壞之地，以此成就護法偉功，欲冀永利娑婆人天。已經宣講圓滿整理成書流通，以利諸方大師及諸學人。全書共六輯，每輯三百餘頁，售價各250元。

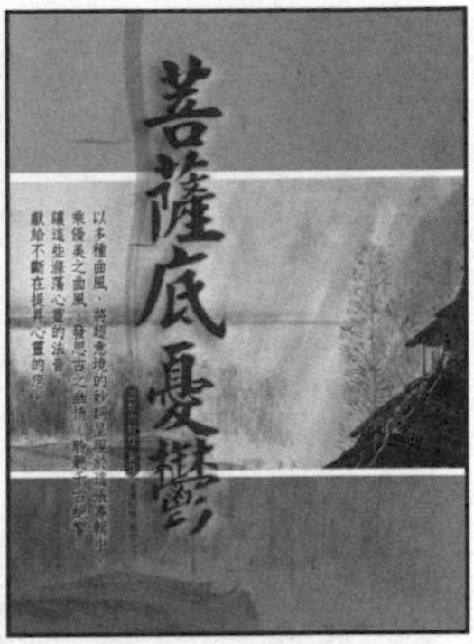

菩薩底憂鬱CD將菩薩情懷及禪宗公案寫成新詞，並製作成超越意境的優美歌曲。1.主題曲〈菩薩底憂鬱〉，描述地後菩薩能離三界生死而迴向繼續生在人間，但因尚未斷盡習氣種子而有極深沈之憂鬱，非三賢位菩薩及二乘聖者所知，此憂鬱在七地滿心位方才斷盡；本曲之詞中所說義理極深，昔來所未曾見；此曲係以優美的情歌風格寫詞及作曲，聞者得以激發嚮往諸地菩薩境界之大心，詞、曲都非常優美，難得一見；其中勝妙義理之解說，已印在附贈之彩色小冊中。2.以各輯公案拈提中直示禪門入處之頌文，作成各種不同曲風之超意境歌曲，值得玩味、參究；聆聽公案拈提之優美歌曲時，請同時閱讀內附之印刷精美說明小冊，可以領會超越三界的證悟境界；未悟者可以因此引發求悟之意向及疑情，眞發菩提心而邁向求悟之途，乃至因此眞實悟入般若，成眞菩薩。3.正覺總持咒新曲，總持佛法大意；總持咒之義理，已加以解說並印在隨附之小冊中。本CD共有十首歌曲，長達63分鐘，附贈二張購書優惠券。每片280元。

勝鬘經講記：如來藏爲三乘菩提之所依，若離如來藏心體及其含藏之一切種子，即無三界有情及一切世間法，亦無二乘菩提緣起性空之出世間法；本經詳說無始無明、一念無明皆依如來藏而有之正理，藉著詳解煩惱障與所知障間之關係，令學人深入了知二乘菩提與佛菩提相異之妙理；聞後即可了知佛菩提之特勝處及三乘修道之方向與原理，邁向攝受正法而速成佛道的境界中。平實導師講述，共六輯，每輯三百餘頁，售價各250元。

楞嚴經講記：楞嚴經係密教部之重要經典，亦是顯教中普受重視之經典；經中宣說明心與見性之內涵極爲詳細，將一切法都會歸如來藏及佛性—妙眞如性；亦闡釋佛菩提道修學過程中之種種魔境，以及外道誤會涅槃之狀況，旁及三界世間之起源。然因言句深澀難解，法義亦復深妙寬廣，學人讀之普難通達，是故讀者大多誤會，不能如實理解佛所說之明心與見性內涵，亦因是故多有悟錯之人引爲開悟之證言，成就大妄語罪。今由平實導師詳細講解之後，整理成文，以易讀易懂之語體文刊行天下，以利學人。全書十五輯，全部出版完畢。每輯三百餘頁，售價每輯300元。

明心與眼見佛性：本書細述明心與眼見佛性之異同，同時顯示了中國禪宗破初參明心與重關眼見佛性二關之間的關聯；書中又藉法義辨正而旁述其他許多勝妙法義，讀後必能遠離佛門長久以來積非成是的錯誤知見，令讀者在佛法的實證上有極大助益。也藉慧廣法師的謬論來教導佛門學人回歸正知正見，遠離古今禪門錯悟者所墮的意識境界，非唯有助於斷我見，也對未來的開悟明心實證第八識如來藏有所助益，是故學禪者都應細讀之。游正光老師著　共448頁　售價300元。

見性與看話頭：黃正倖老師的《見性與看話頭》於《正覺電子報》連載完畢，今結集出版。書中詳說禪宗看話頭的詳細方法，並細說看話頭與眼見佛性的關係，以及眼見佛性者求見佛性前必須具備的條件。本書是禪宗實修者追求明心開悟時參禪的方法書，也是求見佛性者作功夫時必讀的方法書，內容兼顧眼見佛性的理論與實修之方法，是依實修之體驗配合理論而詳述，條理分明而且極爲詳實、周全、深入。本書內文375頁，全書416頁，售價300元。

禪意無限ＣＤ平實導師以公案拈提書中偈頌寫成不同風格曲子，與他人所寫不同風格曲子共同錄製出版，幫助參禪人進入禪門超越意識之境界。盒中附贈彩色印製的精美解說小冊，以供聆聽時閱讀，令參禪人得以發起參禪之疑情，即有機會證悟本來面目，實證大乘菩提般若。本CD共有十首歌曲，長達69分鐘，每盒各附贈二張購書優惠券。每片280元。

金剛經宗通：三界唯心，萬法唯識，是成佛之修證內容，是諸地菩薩之所修；般若則是成佛之道（實證三界唯心、萬法唯識）的入門，若未證悟實相般若，即無成佛之可能，必將永在外門廣行菩薩六度，永在凡夫位中。然而實相般若的發起，全賴實證萬法的實相；若欲證知萬法的眞相，則必須探究萬法之所從來，則須實證自心如來—金剛心如來藏，然後現觀這個金剛心的金剛性、眞實性、如如性、清淨性、涅槃性、能生萬法的自性性、本住性，名爲證眞如；進而現觀三界六道唯是此金剛心所成，人間萬法須藉八識心王和合運作方能現起。如是實證《華嚴經》的「三界唯心、萬法唯識」以後，由此等現觀而發起實相般若智慧，繼續進修第十住位的如幻觀、第十行位的陽焰觀、第十迴向位的如夢觀，再生起增上意樂而勇發十無盡願，方能滿足三賢位的實證，轉入初地；自知成佛之道而無偏倚，從此按部就班、次第進修乃至成佛。第八識自心如來是般若智慧之所依，般若智慧的修證則要從實證金剛心自心如來開始；《金剛經》則是解說自心如來之經典，是一切三賢位菩薩所應進修之實相般若經典。這一套書，是將平實導師宣講的《金剛經宗通》內容，整理成文字而流通之；書中所說義理，迥異古今諸家依文解義之說，指出大乘見道方向與理路，有益於禪宗學人求開悟見道，及轉入內門廣修六度萬行。講述完畢後結集出版，總共9輯，每輯約三百餘頁，售價各250元。

真假外道：本書具體舉證佛門中的常見外道知見實例，並加以教證及理證上的辨正，幫助讀者輕鬆而快速的了知常見外道的錯誤知見，進而遠離佛門內外的常見外道知見，因此即能改正修學方向而快速實證佛法。游正光老師著。成本價200元。

空行母—性別、身分定位，以及藏傳佛教：本書作者爲蘇格蘭哲學家，因爲嚮往佛教深妙的哲學內涵，於是進入當年盛行於歐美的假藏傳佛教密宗，擔任卡盧仁波切的翻譯工作多年以後，被邀請成爲卡盧的空行母（又名佛母、明妃），開始了她在密宗裡的實修過程；後來發覺在密宗雙身法中的修行，其實無法使自己成佛，也發覺密宗對女性岐視而處處貶抑，並剝奪女性在雙身法中擔任一半角色時應有的身分定位。當她發覺自己只是雙身法中被喇嘛利用的工具，沒有獲得絲毫應有的尊重與基本定位時，發現了密宗的父權社會控制女性的本質；於是作者傷心地離開了卡盧仁波切與密宗，但是卻被恐嚇不許講出她在密宗裡的經歷，也不許她說出自己對密宗的教義與教制下對女性剝削的本質，否則將被咒殺死亡。後來她去加拿大定居，十餘年後方才擺脫這個恐嚇陰影，下定決心將親身經歷的實情及觀察到的事實寫下來並且出版，公諸於世。出版之後，她被流亡的達賴集團人士大力攻訐，誣指她爲精神狀態失常、說謊……等。但有智之士並未被達賴集團的政治操作及各國政府政治運作吹捧達賴的表相所欺，使她的書銷售無阻而又再版。正智出版社鑑於作者此書是親身經歷的事實，所說具有針對「藏傳佛教」而作學術研究的價值，也有使人認清假藏傳佛教剝削佛母、明妃的男性本位實質，因此洽請作者同意中譯而出版於華人地區。珍妮．坎貝爾女士著，呂艾倫 中譯，每冊250元。

霧峰無霧—給哥哥的信：本書作者藉兄弟之間信件往來論義，略述佛法大義；並以多篇短文辨義，舉出釋印順對佛法的無量誤解證據，並一一給予簡單而清晰的辨正，令人一讀即知。久讀、多讀之後即能認清楚釋印順的六識論見解，與眞實佛法之牴觸是多麼嚴重；於是在久讀、多讀之後，於不知不覺之間提升了對佛法的極深入理解，正知正見就在不知不覺間建立起來了。當三乘佛法的正知見建立起來之後，對於三乘菩提的見道條件便將隨之具足，於是聲聞解脫道的見道也就水到渠成；接著大乘見道的因緣也將次第成熟，未來自然也會有親見大乘菩提之道的因緣，悟入大乘實相般若也將自然成功，自能通達般若系列諸經而成實義菩薩。作者居住於南投縣霧峰鄉，自喻見道之後不復再見霧峰之霧，故鄉原野美景一一明見，於是立此書名爲《霧峰無霧》；讀者若欲撥霧見月，可以此書爲緣。游宗明 老師著 售價250元。

假藏傳佛教的神話—性、謊言、喇嘛教：本書編著者是由一首名叫「阿姊鼓」的歌曲爲緣起，展開了序幕，揭開假藏傳佛教—喇嘛教—的神秘面紗。其重點是蒐集、摘錄網路上質疑「喇嘛教」的帖子，以揭穿「假藏傳佛教的神話」爲主題，串聯成書，並附加彩色插圖以及說明，讓讀者們瞭解西藏密宗及相關人事如何被操作爲「神話」的過程，以及神話背後的眞相。作者：張正玄教授。售價200元。

達賴真面目—玩盡天下女人：假使您不想戴綠帽子，請記得詳細閱讀此書；假使您不想讓好朋友戴綠帽子，請您將此書介紹給您的好朋友。假使您想保護家中的女性，也想要保護好朋友的女眷，請記得將此書送給家中的女性和好友的女眷都來閱讀。本書爲印刷精美的大本彩色中英對照精裝本，爲您揭開達賴喇嘛的眞面目，內容精彩不容錯過，爲利益社會大眾，特別以優惠價格嘉惠所有讀者。編著者：白志偉等。大開版雪銅紙彩色精裝本。售價800元。

喇嘛性世界—揭開假藏傳佛教譚崔瑜伽的面紗：這個世界中的喇嘛，號稱來自世外桃源的香格里拉，穿著或紅或黃的喇嘛長袍，散布於我們的身邊傳教灌頂，吸引了無數的人嚮往學習；這些喇嘛虔誠地爲大眾祈福，手中拿著寶杵（金剛）與寶鈴（蓮花），口中唸著咒語：「唵．嘛呢．叭咪．吽……」，咒語的意思是說：「我至誠歸命金剛杵上的寶珠伸向蓮花寶穴之中」！「喇嘛性世界」是什麼樣的「世界」呢？本書將爲您呈現喇嘛世界的面貌。當您發現眞相以後，您將會唸：「噢！喇嘛．性．世界，譚崔性交嘛！」作者：張善思、呂艾倫。售價200元。

末代達賴—性交教主的悲歌：簡介從藏傳僞佛教（喇嘛教）的修行核心—性力派男女雙修，探討達賴喇嘛及藏傳僞佛教的修行內涵。書中引用外國知名學者著作、世界各地新聞報導，包含：歷代達賴喇嘛的祕史、達賴六世修雙身法的事蹟，以及《時輪續》中的性交灌頂儀式……等；達賴喇嘛書中開示的雙修法、達賴喇嘛的黑暗政治手段；達賴喇嘛所領導的寺院爆發喇嘛性侵兒童；新聞報導《西藏生死書》作者索甲仁波切性侵女信徒、澳洲喇嘛秋達公開道歉、美國最大假藏傳佛教組織領導人邱陽創巴仁波切的性氾濫，等等事件背後眞相的揭露。作者：張善思、呂艾倫、辛燕。售價250元。

第七意識與第八意識？—穿越時空「超意識」　「三界唯心，萬法唯識」是佛教中應該實證的聖教，也是《華嚴經》中明載而可以實證的法界實相。唯心者，三界一切境界、一切諸法唯是一心所成就，即是每一個有情的第八識如來藏，不是意識心。唯識者，即是人類各各都具足的八識心王——眼識、耳鼻舌身意識、意根、阿賴耶識，第八阿賴耶識又名如來藏，人類五陰相應的萬法，莫不由八識心王共同運作而成就，故說萬法唯識。依聖教量及現量、比量，都可以證明意識是二法因緣生，是由第八識藉意根與法塵二法爲因緣而出生，又是夜夜斷滅不存之生滅心，即無可能反過來出生第七識意根、第八識如來藏，當知不可能從生滅性的意識心中，細分出恆審思量的第七識意根，更無可能細分出恆而不審的第八識如來藏。本書是將演講內容整理成文字，細說如是內容，並已在〈正覺電子報〉連載完畢，今彙集成書以廣流通，欲幫助佛門有緣人斷除意識我見，跳脫於識陰之外而取證聲聞初果；嗣後修學禪宗時即得不墮外道神我之中，得以求證第八識金剛心而發起般若實智。平實導師 述，每冊300元。

黯淡的達賴—失去光彩的諾貝爾和平獎：本書舉出很多證據與論述，詳述達賴喇嘛不爲世人所知的一面，顯示達賴喇嘛並不是眞正的和平使者，而是假借諾貝爾和平獎的光環來欺騙世人；透過本書的說明與舉證，讀者可以更清楚的瞭解，達賴喇嘛是結合暴力、黑暗、淫欲於喇嘛教裡的集團首領，其政治行爲與宗教主張，早已讓諾貝爾和平獎的光環染污了。本書由財團法人正覺教育基金會寫作、編輯，由正覺出版社印行，每冊250元。

人間佛教—實證者必定不悖三乘菩提：「大乘非佛說」的講法似乎流傳已久，卻只是日本人企圖擺脫中國正統佛教的影響，而在明治維新時期才開始提出來的說法；台灣佛教、大陸佛教的淺學無智之人，由於未曾實證佛法而迷信日本人錯誤的學術考證，錯認爲這些別有用心的日本佛學考證的講法爲天竺佛教的眞實歷史；甚至還有更激進的反對佛教者提出「釋迦牟尼佛並非眞實存在，只是後人捏造的假歷史人物」，竟然也有少數人願意跟著「學術」的假光環而信受不疑，於是開始有一些佛教界人士造作了反對中國佛教而推崇南洋小乘佛教的行爲，使佛教的信仰者難以檢擇，導致一般大陸人士開始轉入基督教的盲目迷信中。在這些佛教及外教人士之中，也就有一分人根據此邪說而大聲主張「大乘非佛說」的謬論，這些人以「人間佛教」的名義來抵制中國正統佛教，公然宣稱中國的大乘佛教是由聲聞部派佛教的凡夫僧所創造出來的。這樣的說法流傳於台灣及大陸佛教界凡夫僧之中已久，卻非眞正的佛教歷史中曾經發生過的事，只是繼承六識論的聲聞法中凡夫僧依自己的意識境界立場，純憑臆想而編造出來的妄想說法，卻已經影響許多無智之凡夫僧俗信受不移。本書則是從佛教的經藏法義實質及實證的現量內涵本質立論，證明大乘佛法本是佛說，是從《阿含正義》尚未說過的不同面向來討論「人間佛教」的議題，證明「大乘眞佛說」。閱讀本書可以斷除六識論邪見，迴入三乘菩提正道發起實證的因緣；也能斷除禪宗學人學禪時普遍存在之錯誤知見，對於建立參禪時的正知見有很深的著墨。平實導師 述，內文488頁，全書528頁，定價400元。

童女迦葉考——論呂凱文〈佛教輪迴思想的論述分析〉之謬　童女迦葉是佛世率領五百大比丘遊行於人間的歷史事實，是以童貞行而依止菩薩戒弘化於人間的大菩薩，不依別解脫戒（聲聞戒）來弘化於人間。這是大乘佛教與聲聞佛教同時存在於佛世的歷史明證，證明大乘佛教不是從聲聞法中分裂出來的部派佛教的產物，卻是聲聞佛教分裂出來的部派佛教聲聞凡夫僧所不樂見的史實；於是古今聲聞法中的凡夫都欲加以扭曲而作詭說，更是末法時代高聲大呼「大乘非佛說」的六識論聲聞凡夫極力想要扭曲的佛教史實之一，於是想方設法扭曲迦葉菩薩為聲聞僧，以及扭曲迦葉童女為比丘僧等荒謬不實之論著便陸續出現，古時聲聞僧寫作的《分別功德論》是最具體之事例，現代之代表作則是呂凱文先生的〈佛教輪迴思想的論述分析〉論文。鑑於如是假藉學術考證以籠罩大眾之不實謬論，未來仍將繼續造作及流竄於佛教界，繼續扼殺大乘佛教學人法身慧命，必須舉證辨正之，遂成此書。平實導師 著，每冊180元。

中觀金鑑——詳述應成派中觀的起源與其破法本質　學佛人往往迷於中觀學派之不同學說，被應成派與自續派所迷惑；修學般若中觀二十年後自以為實證般若中觀了，卻仍不曾入門，甫聞實證般若中觀者之所說，則茫無所知，迷惑不解；隨後信心盡失，不知如何實證佛法；凡此，皆因惑於這二派中觀學說所致。自續派中觀所說同於常見，以意識境界立為第八識如來藏之境界，應成派所說則同於斷見，但又同立意識為常住法，故亦具足斷常二見。今者孫正德老師有鑑於此，乃將起源於密宗的應成派中觀學說，追本溯源，詳考其來源之外，亦一一舉證其立論內容，詳加辨正，令密宗雙身法祖師以識陰境界而造之應成派中觀學說本質，詳細呈現於學人眼前，令其維護雙身法之目的無所遁形。若欲遠離密宗此二大派中觀謬說，欲於三乘菩提有所進道者，允宜具足閱讀並細加思惟，反覆讀之以後將可捨棄邪道返歸正道，則於般若之實證即有可能，證後自能現觀如來藏之中道境界而成就中觀。本書分上、中、下三冊，每冊250元，已全部出版完畢。

實相經宗通：學佛之目的在於實證一切法界背後之實相，禪宗稱之爲本來面目或本地風光，佛菩提道中稱之爲實相法界；此實相法界即是金剛藏，又名佛法之祕密藏，即是能生有情五陰、十八界及宇宙萬有（山河大地、諸天、三惡道世間）的第八識如來藏，又名阿賴耶識心，即是禪宗祖師所說的眞如心，此心即是三界萬有背後的實相。證得此第八識心時，自能瞭解般若諸經中隱說的種種密意，即得發起實相般若——實相智慧。每見學佛人修學佛法二十年後仍對實相般若茫然無知，亦不知如何入門，茫無所趣；更因不知三乘菩提的互異互同，是故越是久學者對佛法越覺茫然，都肇因於尚未瞭解佛法的全貌，亦未瞭解佛法的修證內容即是第八識心所致。本書對於修學佛法者所應實證的實相境界提出明確解析，並提示趣入佛菩提道的入手處，有心親證實相般若的佛法實修者，宜詳讀之，於佛菩提道之實證即有下手處。平實導師述著，共八輯，全部出版完畢，每輯成本價250元。

真心告訴您（一）——達賴喇嘛在幹什麼？這是一本報導篇章的選集，更是「破邪顯正」的暮鼓晨鐘。「破邪」是戳破假象，說明達賴喇嘛及其所率領的密宗四大派法王、喇嘛們，弘傳的佛法是仿冒的佛法；他們是假藏傳佛教，是坦特羅（譚崔性交）外道法和藏地崇奉鬼神的苯教混合成的「喇嘛教」，推廣的是以所謂「無上瑜伽」的男女雙身法冒充佛法的假佛教，詐財騙色誤導眾生，常常造成信徒家庭破碎、家中兒少失怙的嚴重後果。「顯正」是揭櫫眞相，指出眞正的藏傳佛教只有一個，就是覺囊巴，傳的是　釋迦牟尼佛演繹的第八識如來藏妙法，稱爲他空見大中觀。正覺教育基金會即以此古今輝映的如來藏正法正知見，在眞心新聞網中逐次報導出來，將箇中原委「眞心告訴您」，如今結集成書，與想要知道密宗眞相的您分享。售價250元。

真心告訴您（二）——達賴喇嘛是佛教僧侶嗎？補祝達賴喇嘛八十大壽：這是一本針對當今達賴喇嘛所領導的喇嘛教，冒用佛教名相、於師徒間或師兄姊間，實修男女邪淫，而從佛法三乘菩提的現量與聖教量，揭發其謊言與邪術，證明達賴及其喇嘛教是仿冒佛教的外道，是「假藏傳佛教」。藏密四大派教義雖有「八識論」與「六識論」的表面差異，然其實修之內容，皆共許「無上瑜伽」四部灌頂爲究竟「成佛」之法門，也就是共以男女雙修之邪淫法爲「即身成佛」之密要，雖美其名曰「欲貪爲道」之「金剛乘」，並誇稱其成就超越於（應身佛）釋迦牟尼佛所傳之顯教般若乘之上；然詳考其理論，則或以意識離念時之粗細心爲第八識如來藏，或以中脈裡的明點爲第八識如來藏，或如宗喀巴與達賴堅決主張第六意識爲常恆不變之眞心者，分別墮於外道之常見與斷見中；全然違背 佛說能生五蘊之如來藏的實質。售價300元。

西藏「活佛轉世」制度——附佛、造神、世俗法：歷來關於喇嘛教活佛轉世的研究，多針對歷史及文化兩部分，於其所以成立的理論基礎，較少系統化的探討。尤其是此制度是否依據「佛法」而施設？是否合乎佛法眞實義？現有的文獻大多含糊其詞，或人云亦云，不曾有明確的闡釋與如實的見解。因此本文先從活佛轉世的由來，探索此制度的起源、背景與功能，並進而從活佛的尋訪與認證之過程，發掘活佛轉世的特徵，以確認「活佛轉世」在佛法中應具足何種果德。定價150元。

法華經講義：此書爲平實導師始從2009/7/21演述至2014/1/14之講經錄音整理所成。世尊一代時教，總分五時三教，即是華嚴時、聲聞緣覺教、般若教、種智唯識教、法華時；依此五時三教區分爲藏、通、別、圓四教。本經是最後一時的圓教經典，圓滿收攝一切法教於本經中，是故最後的圓教聖訓中，特地指出無有三乘菩提，其實唯有一佛乘；皆因眾生愚迷故，方便區分爲三乘菩提以助眾生證道。世尊於此經中特地說明如來示現於人間的唯一大事因緣，便是爲有緣眾生「開、示、悟、入」諸佛的所知所見——第八識如來藏妙眞如心，並於諸品中隱說「妙法蓮花」如來藏心的密意。然因此經所說甚深難解，眞義隱晦，古來難得有人能窺堂奧；平實導師以知如是密意故，特爲末法佛門四眾演述《妙法蓮華經》中各品蘊含之密意，使古來未曾被古德註解出來的「此經」密意，如實顯示於當代學人眼前。乃至〈藥王菩薩本事品〉、〈妙音菩薩品〉、〈觀世音菩薩普門品〉、〈普賢菩薩勸發品〉中的微細密意，亦皆一併詳述之，開前人所未曾言之密意，示前人所未見之妙法。最後乃至以〈法華大意〉而總其成，全經妙旨貫通始終，而依佛旨圓攝於一心如來藏妙心，厥爲曠古未有之大說也。平實導師述　已於2015/05/31起開始出版，每二個月出版一輯，共有25輯。每輯300元。

解深密經講記：本經係 世尊晚年第三轉法輪，宣說地上菩薩所應熏修之唯識正義經典，經中所說義理乃是大乘一切種智增上慧學，以阿陀那識—如來藏—阿賴耶識爲主體。禪宗之證悟者，若欲修證初地無生法忍乃至八地無生法忍者，必須修學《楞伽經、解深密經》所說之八識心王一切種智；此二經所說正法，方是眞正成佛之道；印順法師否定第八識如來藏之後所說萬法緣起性空之法，是以誤會後之二乘解脫道取代大乘眞正成佛之道，尚且不符二乘解脫道正理，亦已墮於斷滅見中，不可謂爲成佛之道也。平實導師曾於本會郭故理事長往生時，於喪宅中從首七開始宣講，於每一七各宣講三小時，至第十七而快速略講圓滿，作爲郭老之往生佛事功德，迴向郭老早證八地、速返娑婆住持正法。茲爲今時後世學人故，將擇期重講《解深密經》，以淺顯之語句講畢後，將會整理成文，用供證悟者進道；亦令諸方未悟者，據此經中佛語正義，修正邪見，依之速能入道。平實導師述著，全書輯數未定，每輯三百餘頁，將於未來重講完畢後逐輯出版。

佛法入門：學佛人往往修學二十年後仍不知如何入門，茫無所入漫無方向，不知如何實證佛法；更因不知三乘菩提的互異互同之處，導致越是久學者越覺茫然，都是肇因於尚未瞭解佛法的全貌所致。本書對於佛法的全貌提出明確的輪廓，並說明三乘菩提的異同處，讀後即可輕易瞭解佛法全貌，數日內即可明瞭三乘菩提入門方向與下手處。○○菩薩著 出版日期未定。

阿含經講記—小乘解脫道之修證：數百年來，南傳佛法所說證果之不實，所說解脫道之虛妄，所弘解脫道法義之世俗化，皆已少人知之；從南洋傳入台灣與大陸之後，所說法義虛謬之事，亦復少人知之；今時台灣全島印順系統之法師居士，多不知南傳佛法數百年來所說解脫道之義理已然偏斜、已然世俗化、已非眞正之二乘解脫正道，猶極力推崇與弘揚。彼等南傳佛法近代所謂之證果者多非眞實證果者，譬如阿迦曼、葛印卡、帕奧禪師、一行禪師……等人，悉皆未斷我見故。近年更有台灣南部大願法師，高抬南傳佛法之二乘修證行門爲「捷徑究竟解脫之道」者，然而南傳佛法縱使眞修實證，得成阿羅漢，至高唯是二乘菩提解脫之道，絕非究竟解脫，無餘涅槃中之實際尚未得證故，法界之實相尚未了知故，習氣種子待除故，一切種智未實證故，焉得謂爲「究竟解脫」？即使南傳佛法近代眞有實證之阿羅漢，尚且不及三賢位中之七住明心菩薩本來自性清淨涅槃智慧境界，則不能知此賢位菩薩所證之無餘涅槃實際，仍非大乘佛法中之見道者，何況普未實證聲聞果乃至未斷我見之人？謬充證果已屬逾越，更何況是誤會二乘菩提之後，以未斷我見之凡夫知見所說之二乘菩提解脫偏斜法道，焉可高抬爲「究竟解脫」？而且自稱「捷徑之道」？又妄言解脫之道即是成佛之道，完全否定般若實智、否定三乘菩提所依之如來藏心體，此理大大不通也！平實導師爲令修學二乘菩提欲證解脫果者，普得迴入二乘菩提正見、正道中，是故選錄四阿含諸經中，對於二乘解脫道法義有具足圓滿說明之經典，預定未來十年內將會加以詳細講解，令學佛人得以了知二乘解脫道之修證理路與行門，庶免被人誤導之後，未證言證，干犯道禁，成大妄語，欲升反墮。本書首重斷除我見，以助行者斷除我見而實證初果爲著眼之目標，若能根據此書內容，配合平實導師所著《識蘊眞義》《阿含正義》內涵而作實地觀行，實證初果非爲難事，行者可以藉此三書自行確認聲聞初果爲實際可得現觀成就之事。此書中除依二乘經典所說加以宣示外，亦依斷除我見等之證量，及大乘法中道種智之證量，對於意識心之體性加以細述，令諸二乘學人必定得斷我見、常見，免除三縛結之繫縛。次則宣示斷除我執之理，欲令升進而得薄貪瞋痴，乃至斷五下分結…等。平實導師述，共二冊，每冊三百餘頁。每輯300元。

修習止觀坐禪法要講記：修學四禪八定之人，往往錯會禪定之修學知見，欲以無止盡之坐禪而證禪定境界，卻不知修除性障之行門才是修證四禪八定不可或缺之要素，故智者大師云「性障初禪」；性障不除，初禪永不現前，云何修證二禪等？又：行者學定，若唯知數息，而不解六妙門之方便善巧者，欲求一心入定，未到地定極難可得，智者大師名之為「事障未來」：障礙未到地定之修證。又禪定之修證，不可違背二乘菩提及第一義法，否則縱使具足四禪八定，亦不能實證涅槃而出三界。此諸知見，智者大師於《修習止觀坐禪法要》中皆有闡釋。作者平實導師以其第一義之見地及禪定之實證證量，曾加以詳細解析。將俟正覺寺竣工啓用後重講，不限制聽講者資格；講後將以語體文整理出版。欲修習世間定及增上定之學者，宜細讀之。平實導師述著。

★聲明★

本社於2015/01/01開始調整本目錄中部分書籍之售價，以因應各項成本的持續增加。

喇嘛教修外道雙身法，墮識陰境界，非佛教

弘揚如來藏他空見的覺囊派才是真正藏傳佛教

總經銷：　飛鴻 國際行銷股份有限公司
231 新北市新店區中正路 501 之 9 號 2 樓
Tel.02－82186688（五線代表號）　Fax.02-82186458、82186459

零售：1.**全台連鎖經銷書局：**
三民書局、誠品書局、何嘉仁書店
敦煌書店、紀伊國屋、金石堂書局、建宏書局
諾貝爾圖書城、墊腳石圖書文化廣場
2.**台北市**：佛化人生 **大安區**羅斯福路 3 段 325 號 6 樓之 4　台電大樓對面
3.**新北市**：春大地書店 **蘆洲區**中正路 117 號
4.**桃園市**：御書堂 **龍潭區**中正路 123 號
5.**新竹市**：大學書局 **東區**建功路 10 號
6.**台中市**：瑞成書局 **東區**雙十路 1 段 4 之 33 號
佛教詠春書局 **南屯區**永春東路 884 號
文春書店 **霧峰區**中正路 1087 號
7.**彰化市**：心泉佛教文化中心 南瑤路 286 號
8.**高雄市**：政大書城 **苓雅區**光華路 148-83 號
明儀書局 **三民區**明福街 2 號\
青年書局 **苓雅區**青年一路 141 號
9.**宜蘭市**：金隆書局　中山路 3 段 43 號
10.**台東市**：東普佛教文物流通處 博愛路 282 號
11.**其餘鄉鎮市經銷書局**：請電詢總經銷**飛鴻**公司。
12.**大陸地區請洽：**
香港：樂文書店
旺角店 :香港九龍旺角西洋菜街 62 號 3 樓
電話 : (852) 2390 3723　email: luckwinbooks@gmail.com
銅鑼灣店 :香港銅鑼灣駱克道 506 號 2 樓
電話 : (852) 2881 1150　email: luckwinbs@gmail.com
廈門：廈門外圖臺灣書店有限公司
地址：廈門市思明區湖濱南路809 號 廈門外圖書城3 樓 郵編：361004
電話：0592-5061658（臺灣地區請撥打 86-592-5061658）
E-mail：JKB118@188.COM
13.**美國：世界日報圖書部**：紐約圖書部　電話 7187468889#6262
洛杉磯圖書部　電話 3232616972#202

14.**國內外地區網路購書：**
正智出版社 書香園地　http://books.enlighten.org.tw/
（書籍簡介、經銷書局可直接聯結下列網路書局購書）
三民 網路書局　http://www.sanmin.com.tw
誠品 網路書局　http://www.eslitebooks.com

博客來 網路書局　http://www.books.com.tw
金石堂 網路書局　http://www.kingstone.com.tw
飛鴻 網路書局　http://fh6688.com.tw

附註：1.請儘量向各經銷書局購買：郵政劃撥需要十天才能寄到（本公司在您劃撥後第四天才能接到劃撥單，次日寄出後第四天您才能收到書籍，此八天中一定會遇到週休二日，是故共需十天才能收到書籍）若想要早日收到書籍者，請劃撥完畢後，將劃撥收據貼在紙上，旁邊寫上您的姓名、住址、郵區、電話、買書詳細內容，直接傳眞到本公司 02-28344822，並來電 02-28316727、28327495 確認是否已收到您的傳眞，即可提前收到書籍。 **2**.因台灣每月皆有五十餘種宗教類書籍上架，書局書架空間有限，故唯有新書方有機會上架，通常每次只能有一本新書上架；本公司出版新書，大多上架不久便已售出，若書局未再叫貨補充者，書架上即無新書陳列，則請直接向書局櫃台訂購。 **3**.若書局不便代購時，可於晚上共修時間向正覺同修會各共修處請購（共修時間及地點，詳閱**共修現況表**。每年例行年假期間請勿前往請書，年假期間請見共修現況表）。 **4**.郵購：郵政劃撥帳號 19068241。 **5**.正覺同修會會員購書都以八折計價（戶籍台北市者爲一般會員，外縣市爲護持會員）都可獲得優待，欲一次購買全部書籍者，可以考慮入會，節省書費。入會費一千元（第一年初加入時才需要繳），年費二千元。**6.尚未出版之書籍，請勿預先郵寄書款與本公司，謝謝您！** **7**.若欲一次購齊本公司書籍，或同時取得正覺同修會贈閱之全部書籍者，請於正覺同修會共修時間，親到各共修處請購及索取；**台北市讀者**請洽：103 台北市承德路三段 267 號 10 樓（捷運淡水線 圓山站旁）請書時間：週一至週五爲 18.00~21.00，第一、三、五週週六爲 10.00~21.00，雙週之週六爲 10.00~18.00 請購處專線電話：25957295-分機 14（於請書時間方有人接聽）。

敬告大陸讀者：

大陸讀者購書、索書捷徑（尚未在大陸出版的書籍，以下二個途徑都可以購得，電子書另包括結緣書籍）：

1.**廈門外國圖書公司**：廈門市思明區湖濱南路 809 號 廈門外圖書城 3F
郵編：361004　電話：0592-5061658　網址：http://www.xibc.com.cn/

2.**電子書**：正智出版社有限公司及正覺同修會在台灣印行的各種局版書、結緣書，已有『**正覺電子書**』陸續上線中，提供讀者於手機、平板電腦上購書、下載、閱讀正智出版社、正覺同修會及正覺教育基金會所出版之電子書，詳細訊息敬請參閱『正覺電子書』專頁：
http://books.enlighten.org.tw/ebook

關於平實導師的書訊，請上網查閱：

成佛之道　http://www.a202.idv.tw
正智出版社 書香園地　http://books.enlighten.org.tw/

中國網採訪佛教正覺同修會、正覺教育基金會訊息：

http://big5.china.com.cn/gate/big5/fangtan.china.com.cn/2014-06/19/content_32714638.htm

http://pinpai.china.com.cn/

★ 正智出版社有限公司售書之稅後盈餘，全部捐助財團法人正覺寺籌備處、佛教正覺同修會、正覺教育基金會，供作弘法及購建道場之用；懇請諸方大德支持，功德無量。

★ 聲　明 ★

本社於 2015/01/01 開始調整本目錄中部分書籍之售價，以因應各項成本的持續增加。

＊ 喇嘛教修外道雙身法、墮識陰境界，非佛教 ＊

＊ 弘揚如來藏他空見的覺囊派才是真正藏傳佛教 ＊

換書及道歉公告

《法華經講義》第十三輯，因謄稿、印製等相關人員作業疏失，導致該書中的經文及內文用字將「**親近**」誤植成「清淨」。茲為顧及讀者權益，自 2017/8/30 開始免費調換新書；敬請所有讀者將以前所購第十三輯初版首刷及二刷本，攜回或寄回本社免費換新，或請自行更正其中的錯誤之處；郵寄者之回郵由本社負擔，不需寄來郵票。同時對因此而造成讀者閱讀、以及換書的困擾及不便，在此向所有讀者致上最誠懇的歉意，祈請讀者大眾見諒！錯誤更正說明如下：

一、第 256 頁第 10 行~第 14 行：【就是先要具備「**法親近處**」、「**眾生親近處**」；法**親近**處就是在實相之法有所實證，如果在實相法上有所實證，他在二乘菩提中自然也能有所實證，以這個作為第一個**親近**處——第一個基礎。然後還要有第二個基礎，就是瞭解應該如何善待眾生；對於眾生不要有排斥或者是貪取之心，平等觀待而攝受、親近一切有情。以這兩個**親近**處作為基礎，來實行其他三個安樂行法。】。

二、第 268 頁第 13 行：【具足了那兩個「**親近處**」，使你能夠在末法時代，如實而圓滿的演述《法華經》時，那麼你作這個夢，它就是如理作意的，完全符合邏輯去完成這個過程，就表示你那個晚上，在那短短的一場夢中，已經度了不少眾生了。】

正智出版社有限公司 敬啓

國家圖書館出版品預行編目資料

楞嚴經講記／平實導師述．　—初版—
臺北市：正智，2009.11—　〔民98—　〕
冊；　公分

ISBN 978-986-6431-04-3（第1輯：平裝）
ISBN 978-986-6431-05-0（第2輯：平裝）
ISBN 978-986-6431-06-7（第3輯：平裝）
ISBN 978-986-6431-08-1（第4輯：平裝）
ISBN 978-986-6431-09-8（第5輯：平裝）
ISBN 978-986-6431-10-4（第6輯：平裝）
ISBN 978-986-6431-11-1（第7輯：平裝）
ISBN 978-986-6431-13-5（第8輯：平裝）
ISBN 978-986-6431-15-9（第9輯：平裝）
ISBN 978-986-6431-16-6（第10輯：平裝）
ISBN 978-986-6431-17-3（第11輯：平裝）
ISBN 978-986-6431-22-7（第12輯：平裝）
ISBN 978-986-6431-23-4（第13輯：平裝）
ISBN 978-986-6431-25-8（第14輯：平裝）
ISBN 978-986-6431-28-9（第15輯：平裝）

1.秘密部
221.94　　98019505

楞嚴經講記——第七輯

著述者：平實導師
音文轉換：曾邱賢 劉惠莉
校　對：章乃鈞 陳介源 蔡禮政 傅素嫻 王美伶
出版者：正智出版社有限公司
電話：〇二 28327495 28316727（白天）
傳眞：〇二 28344822
111台北郵政73-151號信箱
郵政劃撥帳號：一九〇六八二四一
正覺講堂：總機〇二 25957295（夜間）
總經銷：飛鴻國際行銷股份有限公司
231新北市新店區中正路501-9號2樓
電話：〇二 82186688（五線代表號）
傳眞：〇二 82186458 82186459
初版首刷：二〇一〇年十一月三十日 二千冊
初版六刷：二〇一七年十月 二千冊
定　價：三〇〇元